판타스틱
한국사
1

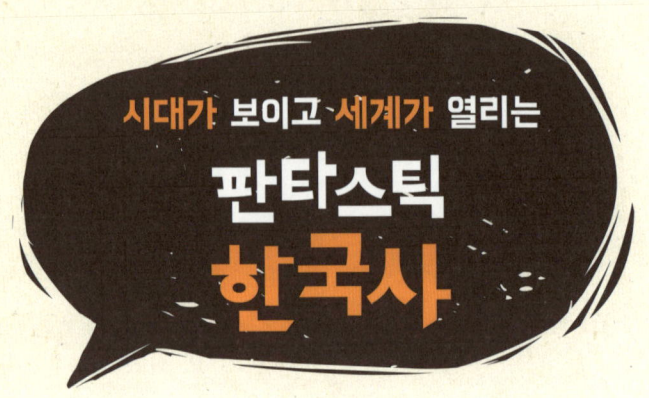

조각난 정보 읽기에 지친
우리 아이를 위한 **통 한국사**

각종 별면과 팁, 각주 등 흩어져 있는 역사 정보를 하나의 이야기로 읽는다.

오른쪽 왼쪽에 치우치지 않고
생각의 길을 열어 주는 **균형 잡힌 한국사**

역사적 사실을 사실 그 자체로 전하여 편향된 역사관을 심어 주지 않고
스스로 생각할 수 있는 힘을 길러 준다.

한·중·일을 아우르며 하나로 읽는
세계 속 한국사

우물 안 개구리가 아니라, 동아시아와 세계사 속 한국을 함께 알아보는
〈생생 한중일 역사 토론〉이 진지하게 펼쳐진다.

음악, 영화, 미술, 건축, 문학, 시조 등
역사 읽기의 즐거움이 있는 **융합 한국사**

융합과 통합 교육의 시대에 역사 또한 그 흐름에 따라 분야를 넘나들며
생동감 넘치는 서술로 다각적이고 입체적인 역사 교육을 추구한다.

따로 또 같이 하루에 한 단원씩
읽어 가는 **매일매일 한국사**

방대하고 양이 많은 한국사 어떻게 읽어야 할까?
매일매일 시대별로 일주일씩 30일간 이어지는 한국사 이야기를 따라
옛이야기를 읽듯 차근차근 한 편씩 읽다 보면, 구슬을 꿰듯
하나로 이어지는 한국사와 만나게 된다.

전쟁사, 정치사, 경제사, 생활사,
현장 답사까지 **두루두루 한국사**

전쟁과 정치에 국한된 딱딱한 한국사가 아니라 귀족과 서민들의 생활사,
대중문화, 역사의 현장을 돌아보는 현장 답사 길잡이까지
생생한 한국사와 만난다.

판타스틱 한국사 1

초판 1쇄 발행 2017년 5월 25일 ＼**초판 3쇄 발행** 2020년 1월 5일
지은이 이광희 ＼**감수자** 정태윤 우현주 ＼**그린이** 이경국
펴낸이 이영선
책임편집 김문정
편집 강영선 김선정 김문정 김종훈 이민재 김연수 이현정 ＼**디자인** 김회량
독자본부 김일신 김진규 정혜영 박정래 손미경 김동욱
펴낸곳 파란자전거 ＼**출판등록** 1999년 9월 17일(제406-2005-000048호)
주소 경기도 파주시 광인사길 217(파주출판도시) ＼**전화** (031)955-7470 ＼**팩스** (031)955-7469
홈페이지 www.paja.co.kr ＼**이메일** booksea21@hanmail.net

ⓒ 이광희·파란자전거, 2017
ISBN 979-11-86075-91-3 74910
　　　979-11-86075-90-6 (세트)
이 도서의 국립중앙도서관 출판예정도서목록(CIP)은 서지정보유통지원시스템 홈페이지(http://seoji.nl.go.kr)와
국가자료공동목록시스템(http://www.nl.go.kr/kolisnet)에서 이용하실 수 있습니다.(CIP제어번호: CIP2017009611)

* 사진을 제공해 주시고 게재를 허락해 주신 분들께 감사드립니다. 일부 저작권자를 찾지 못한 사진에 대해서는
　확인되는 대로 정해진 절차에 따라 사용료를 지불하겠습니다.

파란자전거는 도서출판 서해문집의 어린이 책 브랜드입니다. 페달을 밟아야 똑바로 나아가는 자전거처럼
파란자전거는 어린이와 청소년이 혼자 힘으로도 바르게 설 수 있도록 도와줍니다.

어린이제품안전특별법에 의한 제품 표시
제조자명 파란자전거 ＼**제조년월** 2020년 1월 ＼**제조국** 대한민국 ＼**사용연령** 만 10세 이상 어린이 제품

시대가 보이고
세계가 열리는

판타스틱 한국사

선사 시대부터 남북국 시대까지

이광희 지음 정태윤 우현주 감수 이경국 그림

파란자전거

감수의 말

나의 삶으로 연결되는 역사를 배우다

이 책의 감수를 맡은 저는 지금 다섯 살 딸아이를 둔 아빠입니다. 요즘 아이가 '캐리와 장난감 친구들'이라는 영상을 즐겨 봅니다. 그 영상은 '캐리'라는 이름을 가진 어른이 장난감을 가지고 노는 법을 알려 줍니다. 단순히 어떻게 사용하는가를 설명하는 것이 아니라 장난감에 생명을 불어넣어 서로 대화를 합니다. 영상을 다 본 후 아이는 꼭 비슷한 장난감을 가지고 와 놀아 달라고 합니다. 여기에서 새로운 것을 깨달았습니다.

'아이들은 장난감을 원한 것이 아니라 이야기에 흥미를 갖은 것이구나!'

아이들은 이야기에 빠져듭니다. 나뭇가지에도 역할을 부여하고 말을 시작하면 아이들은 재미있어합니다. 역사를 배우는 방법도 마찬가지입니다. 딱딱한 역사에 사람이 들어가고 대화를 하기 시작하면 아이들은 흥미를 갖게 됩니다. 이러한 점에서 외계에서 온 토리가 역사 분야 작가인 이 작가에게 한국사 수업을 받는다는 설정의 《판타스틱 한국사》는 아이들이 역사를 재미있게 배울 수 있는 조건을 갖추고 있습니다. 아이들은 마치 주인공 토리가 된

것으로 생각해 책에 푹 빠져들 수 있습니다. 게다가 우주라는 미지의 공간에 대한 호기심은 상상력을 더욱 자극합니다. 토리는 자신의 과거를 숨기려고 하는데, 이 작가에 의해 비밀이 하나씩 드러납니다. 토리가 어떤 외계인인지 알고 싶어서라도 아이들은 책을 놓지 못할 것입니다. 책을 끝까지 읽지 않는 습관을 가진 아이를 둔 부모님은 아이가 끝까지 역사책을 읽는 놀라운 광경을 기대하셔도 좋습니다.

역사를 학습하는 방법은 여러 가지가 있습니다. 연표를 통해 시간의 흐름을 파악하고, 영웅들을 통해 교훈을 얻고, 과거의 삶과 지금을 비교하기도 합니다. 저는 중학교, 고등학교에서 10년간 역사 교사로 생활을 하면서 수업에 대한 고민을 놓지 못했습니다. 초임 때는 교과서 내용을 요약하고 구조화하여 효율적으로 전달하려고 노력했습니다. 이 방법은 시험을 잘 보게 하는 데는 유리하지만 역사를 자신의 삶과 연결시키기는 힘듭니다. 어차피 역사란 과거 사람들이 어떻게 살았는가에 대한 이야기이기 때문에 현재 나의 삶과 관련이 있어야 도움이 됩니다. 지금은 이러한 생각을 수업에 반영하기 위해 학생들에게 질문을 받고 서로 대화하는 시간을 많이 갖습니다.

토리와 이 작가는 단순히 교사-학생의 수직적인 형태가 아니라 서로 대화하는 관계입니다. 토리는 단순히 학습자의 역할에서 벗어나 중국, 일본에서 수업을 받고 온 것을 토대로 이 작가에게 도발적인 질문을 던집니다. 외계에서 살아온 것과 지구 사람들이 살아온 것을 비교하고, 지구인의 행동에 의

문을 제기합니다. 이 작가는 토리가 흥미를 느낄 수 있게 대답을 재미있게 풀어냅니다. 장난과 칭찬을 적절히 섞어서 학습자와 친근한 관계를 유지합니다. 게다가 토리는 신비한 능력으로 이 작가를 도와주기도 합니다. 수업할 때와는 역할이 바뀌어 토리가 위험에 빠진 이 작가를 구해 줍니다. 교사와 학생이 구분되지 않는 수업이 가장 이상적인 배움입니다. 이 책을 읽은 아이들은 교사에게 질문하는 것을 망설이지 않고, 나아가 자신의 이야기를 선생님에게 설명하는 것을 두려워하지 않을 것입니다.

이외에도 이 책은 많은 장점을 가지고 있습니다. 교과서에 나오지 않는 재미있는 이야기가 많이 실려 있습니다. 단편적인 사실만을 제시한 교과서와 달리 흥미를 자극하는 역사가 많이 담겨 있습니다. 또한 서로 묻고 답하고 이야기를 주고받으면서 끊임없이 진행되기 때문에 리듬과 호흡이 좋습니다. 아이들이 《판타스틱 한국사》를 통해 역사란 사람 사는 이야기이고, 재미있는 학문이라는 것을 깨닫게 되기를 바랍니다. 첫인상이 좋으면 끝까지 좋은 느낌을 가지고 갈 수 있듯이, '역사'라는 과목에 대해 좋은 인상을 줄 수 있을 것입니다.

정태윤
수원칠보고등학교 역사 교사

추천의 말

다양하고 다각적이며
모두가 하나로 뭉쳐 재미와 신뢰를 더한다!

우리 역사를 다루는 책에서 외계인이 등장하다니 처음에는 많이 생경했고, 조금은 호기심이 발동했습니다. 자기가 살고 있는 별의 문제를 해결하기 위해 과거의 모습을 하고 있는 지구를 방문해 탐사 중이라는 토리는 중국과 일본을 방문해 역사를 배우고 이제는 한국사를 배우기 위해 이 작가를 찾아옵니다. 어린이 역사책을 15여 년간 써 온 이 작가는 외계인과의 첫 만남에 두려움이 앞섰지만, 결국 자신만의 노하우를 십분 발휘해 외계 소년 토리의 한국사 공부를 돕게 됩니다. 이렇게 《판타스틱 한국사》는 내 마음을 강렬하게 두드렸습니다.

무엇보다 지구가 토리네 별의 과거 모습이고, 토리네 별이 지구의 미래 모습이라는 상상이 참신합니다. 또한 다양하고 입체적인 설명 방식은 독자로 하여금 역사뿐만 아니라 나, 우리, 사회, 국가, 세계를 전반적으로 아우르며 생각할 수 있게끔 이끌어 나갑니다. 이 지구 절반의 사람, 여성을 제대로 대우해 주지 않던 역사를 반성하면서 고려 시대 여성이 조선 시대보다 훨씬 평등한 삶을 살았다고 알려 주는 이 작가, 지구의 미래에 살고 있는 토리는 남자와 여자가 평등하지 않은 삶을 이해하지 못합니다. 작은 땅덩이에서 시대를 거듭해 오며 개발한 각종 살상 무기를 이용해 그 땅에 터 잡고 살고 있는 사람들의 삶을 송두리째 앗아 가는 전쟁의 역사를 이해하지 못합니다. 급진이니 온건이니, 진보니 보수니 하면서 가치관이나 이해관계가 다르다는 이유로 죽고 죽이는 역사를 토리는 이해하지 못합니다. 과거를 딛고 일어선 지구의 미래는 평등과 평화의 세상입니다!

또한 토리는 우리에게 역사란 무엇인가, 역사는 왜 배우는가를 묻습니다. 지구별에 처음 왔고 한국의 역사가 생소하지만 역사를 진지하고도 재미나게 배워 가는 모습은 마치 한국사를 처음 접하는 우리의 아이들과 별반 다르지 않습니다. 토리와 함께 만나는 수많은 역사 속 인물들. 순간순간 그들이 선택한 길이 옳은지, 나라면 어땠을지 등을 상상하고, 비록 다른 시대를 살고 있지만 역사 속 인물들의 마음속을 들여다보면 그때의 상황과 심경을 가슴으로 이해하게 됩니다. 그 시대를 온전히 이해하고 싶어집니다. 그리고 나는 어떻게 살 것인가를 질문하게 됩니다. 역사 이야기의 마무리는 때론 4구절 시로, 때론 영화로, 때론 역사동화와 접목시키는 센스를 발휘하기도 합니다. 이미 중국과 일본에 다녀온 토리는 해석이 달라서 혼돈되는 문제를 이해하기 위해 한·중·일 3자 대면 동시통역 역사 토론도 진행합니다.

    다양하고, 다각적입니다. 그러나 이 모두가 흩어지지 않고 하나로 똘똘 뭉쳐 재미와 신뢰를 더합니다. 역사는 현재와 과거의 대화이면서 서로 다른 세계에 대한 진심 어린 이해이고 성찰임을 알려 줍니다. 토리와 이 작가를 만날 아이들의 모습을 기대하며, 서로를 이해하고 여럿이 함께라면 더 큰 지혜를 나누는 세상을 만들 수 있다는 내공을 길러 주기를 바랍니다.

우현주
경기북과학고등학교 역사 교사, 의정부역사교사모임 회장

차 례

감수의 말 • 8
추천의 말 • 11

어느 날, 그가 온 이유 • 16

첫째 날 ···· 나라를 처음 세운 이야기

첫 번째 이야기　　단군의 나라 고조선 • 32
두 번째 이야기　　고구려를 세운 주몽 • 48
세 번째 이야기　　백제를 세운 NO. 3 온조 • 58
네 번째 이야기　　밝은 빛으로 세상을 다스린 박혁거세 • 68
판타스틱 생활사 3분 특강　　철기 시대 사람들 • 79

둘째 날 ···· 삼국 전성기 이야기

첫 번째 이야기　　근초고왕, 당당하게 위대하게 • 92
두 번째 이야기　　광개토대왕을 모르면 외계인 • 104
세 번째 이야기　　부전자전 장수왕 • 116
네 번째 이야기　　배신도 작전 진흥왕 • 128
판타스틱 생활사 3분 특강　　삼국 시대의 신분 • 139

셋째 날 ···· 삼국 통일 이야기

첫 번째 이야기　　연개소문과 김춘추의 평양 회담 • 148
두 번째 이야기　　황산벌 대혈투 계백과 김유신 • 162
세 번째 이야기　　평양성 최후의 날 • 176
네 번째 이야기　　당나라 몰아내고 삼국 통일 완성 • 188
다섯 번째 이야기　　동북아시아의 강국 발해 이야기 • 200
판타스틱 생활사 3분 특강　　부처님을 믿는 사람들 • 217

넷째 날 ---- 고구려인, 백제인 이야기

- **첫 번째 이야기**   호동왕자의 사랑과 전쟁 • 228
- **두 번째 이야기**   온달, 국민 바보에서 고구려 영웅으로 • 236
- **세 번째 이야기**   수나라와 당나라 침략을 물리친 고구려인 • 248
- **네 번째 이야기**   서동과 선화공주 이야기 • 268
- **다섯 번째 이야기**   백제 부흥을 꿈꾼 비운의 장수 흑치상지 • 277
- **판타스틱 생활사 3분 특강**   무덤으로 보는 삶 • 286

다섯째 날 ---- 신라인 이야기

- **첫 번째 이야기**   이차돈은 순교자인가 희생양인가 • 296
- **두 번째 이야기**   원효는 거칠 것이 없다 • 306
- **세 번째 이야기**   신라 천재 최치원의 좌절 • 317
- **네 번째 이야기**   장보고, 청해진을 부탁해! • 325
- **판타스틱 생활사 3분 특강**   서라벌 사람들 • 336

여섯째 날 ---- 비행접시 타고 유적 답사

- 고구려 유적 고분 벽화 • 344
- 백제 최고의 조각 마애삼존불상 • 351
- 신라 건축물의 꽃 불국사 3층 석탑과 다보탑 • 355
- 백제 도래인들의 흔적 법륭사 • 361

부록

남북국 시대 왕계표 • 370
동아시아의 역사 변천 • 372
연표로 보는 한국사와 세계사 • 374

찾아보기   • 378

어느 날, 그가 온 이유

꿈을 꾸었다.

나는 잔혹하기로 소문난 몽골 전사와 운명을 건 한판 승부를 앞두고 있었다. 마침내 녀석이 지평선 너머에서 말을 달려왔다. 작은 점처럼 보이던 녀석이 점점 더 또렷하게 보일 무렵, 나도 말을 타고 달려 나갔다. 둘 사이의 거리는 점점 좁혀졌고, 이때다 싶었을 때 녀석과 나는 하늘을 향해 동시에 튀어 올랐다. 예리한 칼끝이 내 허리를 깊숙이 베고 지나간 뒤 나는 비명을 지르며 잠에서 깨어났다.

휴우. 온몸이 땀에 젖어 있었다. 며칠 전부터 원고 마감 때문에 악몽의 강도가 점점 세지긴 했지만 칼에 찔려 피까지 흘릴 줄이야. 아유, 끔찍해.

정신을 차리기 위해 거실로 나왔다. 올해의 연기대상 프로그램을 시청하던 아들 녀석이 걱정스런 눈빛으로 나를 바라보았다.

"아빠, 괜찮으세요?"

아내도 한마디 거들었다.

"또 악몽이에요? 아예 그 내용으로 책을 내지 그래요. 그러면 내년 연기대상 시상식에서 각본상쯤은 문제없을 텐데. 호호호."

현실도 악몽이군. 찬바람을 쐬어야겠다 싶어 옥상에 올라갔다. 겨울밤 찬 공기를 들이마시니 기분이 한결 나아졌다.

때마침 새해맞이 카운트다운이 시작되었다. 길거리에 나와 있던 젊은이들이 쓰리, 투, 원, 제로! 하고 외침과 동시에 고가 도로 건너편 한강에서 폭죽이 터졌다. 나는 칼칼한 겨울바람을 콧구멍으로 들이마시며 몽롱한 눈으로 불꽃이 피어나는 하늘을 바라보았다. 그렇게 삼 분쯤 하늘을 바라보다가 유난히 긴 꼬리를 그리며 떨어지는 불꽃 하나를 좇아 시선을 아래로 떨어뜨렸다. 바로 그때 이상한 물체 하나가 내 눈앞에 턱, 하고 나타났다.

너무 놀란 나는 눈 쌓인 바닥에 엉덩방아를 찧었다. 등골이 오싹해지고 머리는 멧돼지 털처럼 쭈뼛 섰다. 나는 너무 무서워 눈을 감아 버렸다. 그러곤 생각했다.

'밤잠도 자지 않고 작업을 열심히 하다 보니 헛것이 다 보이는구나. 눈을 감고 있으면 저 물체는 사라지지 않을 것이다. 저것을 물리치는 방법은 단 하나. 겁나더라도 두 눈을 똑바로 뜨고 째려보는 것이다!'

나는 과감하게 눈을 뜨고 헛것을 향해 레이저보다 강력한 눈빛을 발사했다. 하지만 헛것은 사라지지 않고 외려 커다란 눈으로 나를 쳐다볼 뿐이었다. 내가 미쳐! 도망치려 했지만 팔다리가 말을 듣지 않았다. 나는 어쩔 도리 없이 이상하게 생긴 그에게 말을 걸었다.

"누, 누구냐, 너는?"

"보시는 대로."

"혹시 외계인?"

그는 그렇다는 듯 두 눈을 깜박했다. 외계인한테 잡혀가도 정신만 차리면 산다는 말이 떠올랐다. 마음을 다잡고 그를 바라보았다. 내 허리쯤 오는 키에, 사람 머리보다 두 배는 더 커 보이는 머리통, 검고 커다란 두 눈, 길쭉한 입과 긴 팔이 눈에 들어왔다. 영화 주인공 ET와도 조금 다르고, 〈아기 공룡 둘리〉에 나오는 도우너와도 살짝 다르게 생겼다. 자칭 외계인이라는 그가 입을 열었다.

"놀라게 해서 미안해. 그럴 마음은 없었어."

"그럴 마음이 없는 사람이, 아니 외계인이 이렇게 불쑥 지구인 앞에 나타나도 되는 거냐? 예기치 않은 곳에서 널 보니까 공자님 말씀이 떠오르는구나. 공자 왈, 여기서 이러시면 안 되느니라. 못 본 걸로 할 테니까 어서 떠나."

"그럴 수 없어. 임무를 완수할 때까진."

"임무라니. 지구 정복이라도 하시겠다는 건가?"

"아니. 지구를 정복할 마음도 없고 당신을 해칠 마음도 없으니 안심해. 나는 단지 지구 역사를 탐구하려는 것뿐이야. 그 일을 위해서 두 달 전 지구에 왔어."

"인류 역사를 탐구하기 위해 두 달 동안 너 혼자 전 지구를 돌아다녔다?"

"나 혼자 온 건 아니고……."

외계인 말은 이랬다. 지구 역사를 탐구하기 위해 외계인 열 명이 지구에 파견됐다. 그들은 두 달 동안 대륙별로 조사 구역을 나눠 각자 맡은 지역의 역사를 탐구해 왔다. 이를테면 서아시아, 동아시아, 북아프리카, 남아프리카, 북아메리카, 남아메리카, 오세아니아, 북유럽, 동유럽, 서유럽 하는 식으로. 지금 한국에 온 저 외계 생명체는 지구 역사 탐험대 동아시아 담당관인데 한국사 강의를 듣기 위해 나를 찾아왔단다.

어떻게 하면 이 상황에서 벗어날 수 있을까. 이러다가 외계인에게 납치돼 우주 쓰레기로 버려지는 건 아닐까. 이럴 줄 알았으면《외계인을 만났을 때 현명하게 대처하는 101가지 방법》같은 책을 읽어 두거나, 외계인에 의한 납치 보험이라도 들어 둘걸. 나는 위기에서 벗어나기 위해 머리를 굴렸다.

"밀 그리 미리를 굴려? 짐시민 시긴 내시 도와주면 되는데."

"누가 머리를 굴려. 근데 이유나 좀 알자. 지구 역사를 탐구하려는 이유가 뭐야?"

"그건 아직 비밀이야. 한국사 이야기 들려주면 알려 줄게."

"오호, 그건 아니지. 인류 역사 알아다 어디 써먹을지도 모르는데 내가 어떻게 도와줘. 나중에 지구 팔아먹은 매국노로 인류사에 남으면 어쩌려고. 난 못 해."

"지금 농담할 시간 없어. 어서 필요한 거 챙겨서 나와. 한 달이면 돼."

"왜 하필 나야? 초대박 베스트셀러 작가도 있고, 대학에서 역사를 가르치는 교수들도 325명이나 되는데."

"물론 모두 훌륭한 분들이지. 하지만 당신에겐 다른 사람에게 없는 특별

한 능력이 있잖아."

"특별한 능력이라니……. 너 혹시 내가 코딱지 총알로 파리 잡는 거라도 본 거냐?"

"우왝! 그게 아니고 당신이 쓴 책을 봤어. 전쟁에 관해 쓴 책 머리말에 이런 말이 있더군. '어느 날 나는 머리가 어지러워 잠시 머리를 식힐 겸 지구를 벗어나 먼 우주로 날아갔다. 그곳에서 총알보다 수십 배 빠른 속도로 태양 주위를 도는 지구를 바라보며 인간들 세상을 내려다보았다.' 어느 책에선 이런 말도 했지. '나는 시간을 달리는 기자가 되어 수백만 년 전 과거로 날아가 다양한 사건들을 만나고 그 사실을 기록했다.' 그 글들을 읽고 당신한테 한국사 강의를 들으면 좋겠다고 생각했어."

"이렇게 순진한 외계인을 봤나. 그건 장치야, 장치. 이야기를 재미있게 풀어 가기 위한 장치라고."

그가 잠깐 실망하는 표정을 짓더니 말했다.

"알았어. 그냥 갈게. 원래 지구 역사 탐구 계획에 한국사 따윈 없었어. 그런데 중국과 일본에서 강의 듣다 보니까 한국 얘기가 자꾸 나와서 특별히 당신을 찾아왔더니, 뭐? 못 하겠다고? 그럼 우리 별에 돌아가서 내가 들은 대로 기록해도 되지? 중국과 일본에서 들었는데 한국은 수천 년 동안 중국의 속국이었다가 1백 년 전 일본의 식민 지배 덕분에 겨우 근대화해서 먹고 살게 됐다며? 또 뭐라더라, 한국은 멍청하고 어리석은 국가라던데?"

나는 화가 났지만 그렇다고 어디서 온 줄도 모르는 녀석을 따라가긴 싫었다.

"그래도 난 못 가. 미안한데, 아침 햇살에 저도 모르게 남도 모르게 사라지는 이슬처럼 어서 사라져 줄래?"

"사라져 달라고? 그러고도 당신이 역사책 작가야? 당신이 어린이 역사책을 15년 넘게 쓰고도 왜 여태 베스트셀러가 없는지 그 이유를 이제야 알겠군. 제대로 된 역사책을 쓰겠다는 소명 의식도 없이 영혼 없는 글쓰기만 해댔으니 요 모양 요 꼴이지. 이 한심한 B급 작가야!"

아오! 순간 좌심방에서 터져 나온 뜨거운 핏줄기가 목덜미를 타고 뒷골로 뻗쳐올라 대뇌 전두엽을 뚫고 정수리를 강타한 충격을 받았다.

"헌다 해. 내가 디리워서라도 역사 강의힌디, 이렇게 말할 줄 알았냐?"

"할 수 없군. 그렇다면 메뉴얼대로 하는 수밖에."

"메뉴얼이라니?"

"지구 역사 탐험대 임무 수칙 제2조 1항. 선택된 지구인이 거부할 경우, 그 사람이 가장 사랑하는 사람을 데려간다. 당신에게 어여쁜 아내가 하나 있는 걸로 아는데. 후후."

"아내가 하나지 둘 있는 사람도……, 뭐? 내 아내를 데려가겠다고? 그렇다면 어쩔 수 없지."

"진작 그렇게 나올 것이지. 고맙습니다, 이 작가님. 헤헤."

"고맙긴 뭐, 데려가."

아내를 데려가라는 말에 그는 뭐 저런 인간이 다 있나 하는 눈으로 나를 쳐다봤다.

"좋아. 당신이 정 그렇게 나온다면 데려가 주지."

"이봐, 외계인 친구. 한 가지 부탁이 있네. 지구를 벗어나거든 내 아내에게 꼭 전해 주게. 당신을 정말 사랑했노라고. 흑흑흑."

"알았어. 네 아빠는 너를 무척 사랑하셨단다, 이러면 되는 거지?"

"안 돼애애~!"

나는 아들을 데려가겠다는 말에 백기를 들었다. 하나밖에 없는 아들을 먼 우주로 날려 보낼 수 없는 노릇이었으니까.

나는 씩씩대며 옥상 문을 획 열고 계단을 내려갔다. 내려가면서 가겠다고 말한 걸 후회했다. 혹시 집에 들어가서 문 꼭 걸어 잠그고 나오지 말까 생각도 해 봤지만 그럴 순 없었다. 저 외계인이 어떤 능력이 있는지도 모르는 상황에서 자칫 꼼수를 부렸다가 아들이 해를 당하지 않을까 염려됐기 때문에.

집에 들어갔을 때 아내와 아들 녀석은 자고 있었다. 나는 간단한 옷가지와 세면도구, 참고가 될 만한 책 몇 권을 배낭에 쑤셔 넣었다. 그리고 휴대용 엘피(LP) 플레이어와 엘피 레코드 몇 장을 챙겨 들고 집을 나섰다.

옥상에 도착하자 아까 보았던 외계인 모습이 보이지 않았다. 두리번거리며 주위를 살펴보는데 갑자기 그 녀석이 내 눈앞에 획 나타났다.

"아, 깜짝이야! 사라진 줄 알고 내가 얼마나 좋아했는지 알아?"

"실망시켜서 미안. 자, 그럼 슬슬 떠나 보실까요?"

"뭐 타고 온 거 없어? 접시라든가."

"영화를 많이 보셨나 봐. 일단 이거 걸쳐. 다른 사람 눈에 안 띄게."

이게 그 해리포터에서 보던 투명 망토? 외계인이 은빛 옷 한 벌을 내게 주었다. 텔레비전에서 보았던, 머리부터 발끝까지 모두 가리는 반도체 공장 노동자들 작업복 같은 옷이었다. 그 옷을 입고 고글처럼 생긴 안경을 착용했다. 그 순간 몸이 붕 뜨더니 어디론가 쑥 빨려 들어가는 느낌이 들었다. 그사이 잠깐 정신을 잃었던 것 같다. 정신을 차렸을 땐 UFO로 짐작되는 비행체 안이었고, 어디론가 날아가는 느낌이 들더니 어느새 어둠 한복판에 착륙했다. 이 모든 일들이 순간적으로 일어났다.

"여기가 어디야? 혹시 너네 별?"

"걱정 마. 한국 땅이야. 사람 발길이 닿지 않는 산속."

어둠 한가운데 집채만 한 바위가 떡 버티고 서 있었다. 외계인이 바위에 다가가 버튼을 누르자 스르르 문이 열렸다. 그 모습을 보고 나는 피식 웃었다. 뭐야, 알리바바의 열려라 참깨? 너무 식상한 거 아냐? 나는 혼자 보기 아까운 광경이란 생각을 하며 큰 바위 안으로 들어갔다.

큰 바위 안에는 번쩍번쩍 빛나는 보물 따윈 없었다. 대신 여느 집과 똑같은 구조에 화장실이 딸린 방 두 개와 거실이 있었고 그 거실에 탁자와 의자 네 개가 놓여 있었다. 한 가지 눈에 띄는 건 다락방처럼 생긴 조그만 방이었다. 그 방문에 '지구 역사 탐사대 상황실'이라는 글이 떡 붙어 있었다.

도대체 이렇게 깊은 산속에 누가 이런 집을 지은 걸까. 어쩌면 외계인들이 집을 통째로 옮겨다 놓고 삼 분 만에 후딱 바위를 뒤집어씌웠는지 모른다. 저 녀석이라면 그렇게 하고도 남을 능력이 있을 것이다. 그런데 저 녀석은 도대체 어디서 왔을까? 지구까지 어떻게 날아왔을까? 궁금한 게 많았지만 참았다. 쉬고 싶었기 때문이다. 내가 방으로 들어가려 하자 외계인이 말했다.

"어디 가? 한국사 탐구 시작해야지."

"오늘은 너무 늦었어. 좀 자고 내일부터 시작하자. 지구 속담에 내일 할 일을 오늘로 앞당기지 말라는 말이 있거든."

"우리 별엔 오늘 할 일을 내일로 미루지 말라는 속담이 있는데?"

"같은 말이네. 아무튼 오늘은 여기까지 온 것만 해도 아주 큰일 한 거야. 그러고 보니 인사가 좀 늦은 거 같은데, 오늘은 인사나 나누자. 한국말은 존댓말로 할지 반말로 할지 위아래를 정해야 이야기를 시작할 수 있거든. 넌 이름이 뭐냐?"

"토롤압쿨라시움사마르친디움복스리베아르미나미라르소노메라디우차리."

"뭐가 이렇게 길어? 그냥 앞 글자랑 맨 뒤 글자 따서 토리로 해라. 하늘에서 온 토리. 나이는?"

"열두 살."

"그래? 그럼 지금부터 이 아저씨한테 존댓말을 쓰도록 해라."

"나 그런 거 못 해, 아자씨."

"아자씨가 아니라, 아저씨. 근데 왜 못 한다는 거냐?"

"나는 상대방이 말하는 대로밖에 말 못 하거든."

"아, 그러셔요, 토리 님?"

"네, 그렇습니다, 이 작가님."

"졌다. 편하게 해라. 미국에선 위아래 없이 모두 반말한다는데 하물며 우주를 넘나드는 너랑 무슨 존댓말이 필요하겠냐. 나는 그만 주무셔야겠다. 잘 자라, 토리야."

나는 토리에게 손을 흔들고 방으로 들어갔다. 방에는 커튼이 쳐진 조그만 창문이 있었나. 창을 열고 밤하늘을 바라보았다. 하늘에 별들이 가득했다. 매일 보는 별이지만 오늘은 왠지 달라 보였다. 살아 있는 느낌이랄까. 나는 별을 보며 생각했다.

'어디서 왔는지 모르는 외계인을 상대로 팔자에도 없는 한국사 강의를 해야 하다니. 내 신세도 참.'

혼란스러웠다. 나는 과연 저 녀석이 요구하는 대로 한국사 강의를 다 마치고 무사히 집으로 돌아갈 수 있을까? 종잡을 수 없는 불안과 혼돈을 느끼며 잠을 청했다.

첫째 날

나라를 처음 세운 이야기

첫 번째 이야기	단군의 나라 고조선
두 번째 이야기	고구려를 세운 주몽
세 번째 이야기	백제를 세운 NO. 3 온조
네 번째 이야기	밝은 빛으로 세상을 다스린 박혁거세
판타스틱 생활사 3분 특강	철기 시대 사람들

한눈에 보는 한국·중국·일본

기원전 〉 70만 년 전	8000	7000경	6000	2333(단군기원)	2000경
한 구석기, 인류 살기 시작	한 신석기, 정착 생활	일 조몬 토기 문화	한 농사 시작	한 고조선 건국	한 청동기 시대 (~1000)
1600경	1100경	11세기	770	700경	403
중 은 왕조 창시	중 비파형 동검 등장	중 주나라 건국	중 춘추 시대	한 중국과 교역	중 전국 시대
300경	221	202	200경	108	
한 철기 일 야요이 시대 (~기원후 250경)	중 진, 중국 통일	중 한 건국(~220)	한 고조선 번성기	한 고조선 멸망 중 한, 고조선에 군현 설치	

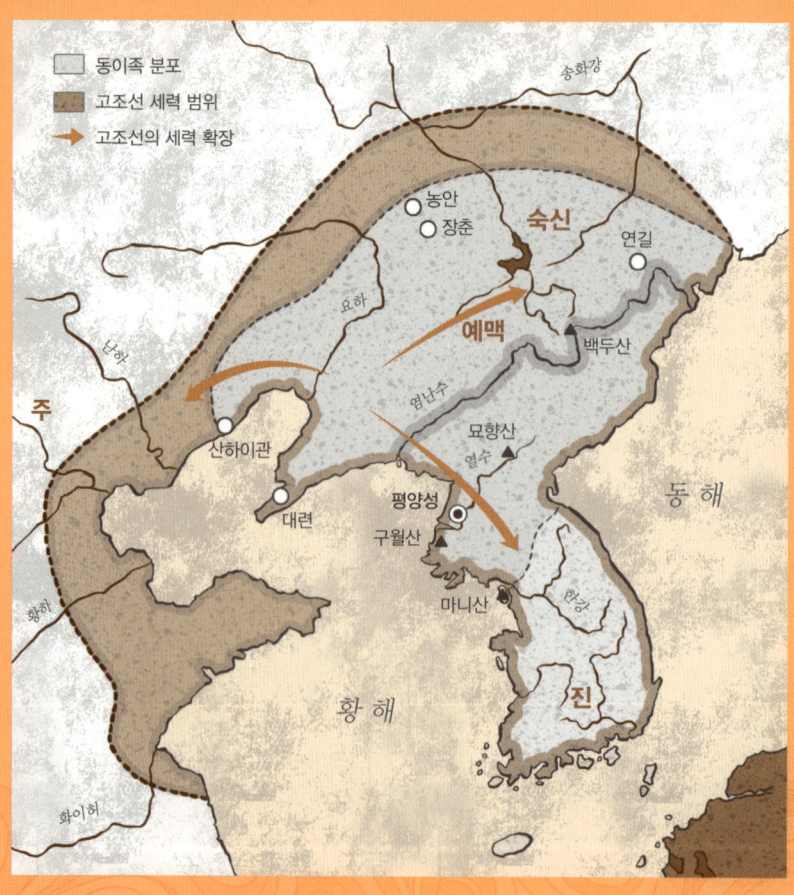

• 고조선의 성립과 발전

첫 번째 이야기

단군의 나라 고조선

새소리에 눈을 떴다. 낯선 공간, 분명 집은 아니었다. 어젯밤 내게 벌어진 일들이 제발 꿈이기를 간절히 빌며 잠이 들었건만. 이제 나는 수능 끝날 때까지 외부와 차단당한 채 갇혀 지내야 하는 수능 출제 위원들처럼, 이 낯선 곳에 갇혀 인간인지 외계인인지 모르는 토리와 한 달을 지내야 하는 신세가 된 것이다.

생각할수록 한숨만 나왔다. 피할 수 없다면 어찌해야 하나. 부딪힐 수밖에. 나는 그런 각오로 힘차게 방문을 열었다. 토리가 나를 보자 반갑게 인사를 건넸다.

"아저씨, 안녕!"

"그래. 근데 너 밥은 먹고 다니냐?"

"그럼, 당근이지. 잠은 잘 잤어, 아자씨?"

잠? 잘 잤다. 납치당한 처지에 이렇게 잘 자도 되나 싶을 정도로 아주 잘 잤다. 분명 신선한 숲 속 공기 덕분일 것이다.

"내가 아자씨 방을 숙면 최적화 상태로 맞춰 놨지. 온도, 습도, 밝기, 향기, 분위기, 환상적인 꿈 유도 장치까지. 헤헤."

헐. 남의 방 잠자리 상태까지 조절한다고? 그렇다면 언제라도 자기 맘에 안 들면 내 방에 독가스를 뿌릴 수도 있다는 거잖아.

"뭔 머리를 또 그렇게 굴리셔? 그런 일 없을 테니 염려 놓으시고 어서 강의나 시작하시죠, 이 작가님. 참, 강의 전에 세 가지 부탁 말씀. 첫째, 휴대폰 사용 금지. 둘째, 이 집에서 반경 100미터를 벗어나지 말 것. 셋째, 지구 역사 탐사대 상황실이라고 쓰여 있는 저 다락방엔 절대 들어가지 말 것. 이상입니다."

"알았다. 네가 아주 나를 확실하게 감금하는구나. 휴대폰은 안 터지는 거 어제 이미 확인했고, 100미터 안에서 산책하면 되고, 그리고 저 방엔 뭐 우렁 각시라도 사나 보지? 알았다, 안 본다. 흠흠. 그럼 지금부터 한국사 5천 년 이야기를 시작하겠다. 오늘은 우리 역사가 어떻게 시작됐는지 그 이야기를 하도록 하겠다.

대한민국 초등학생이라면 누구나 다 아는 노래가 있는데 한번 들어 봐라. 흠흠. 아름다운 이 땅에 금수강산에 단군 할아버지가 터 잡으시고 홍익인간 뜻으로 나라 세우니 대대손손 훌륭한 인물도 많아. 이 노래 가사처럼 우리 역사는 단군이 세운 고조선 이래 훌륭한 인물이 많이 나왔단다. 오늘은 고조선부터 삼국이 나라를 세운 이야기까지 할 건데 굉장히 중요한 내용이니까 정신 똑바로 차리고 잘 들어라. 참, 고조선 시작하기 전에 반드시 알아둬야 할 이야기 하나 하고 가야겠다."

"중요한 얘기? 뭔데?"

"토리, 너 태양계로 오는 길에 지구가 태양 주위를 돌고 있는 거 봤지? 우리 지구가 언제 생겨난 줄 아냐? 자그마치 46억 년 전이다. 46억 년 전에 대폭발이 일어나 지구가 생겨났고 그때부터 태양 주위를 돌고 있다. 지구가 태양을 돌아 제자리로 오는 데 1년 걸리니까 46억 번 돌았단 얘기지. 지구가 생긴 이후에……."

"잠깐만!"

토리가 내 말을 잘랐다.

"지구가 태양 주위를 도는 것도 봤고 빅뱅이라면 우주에서 심심치 않게 봤으니까 어서 한국사 이야기 들려줘."

나는 경기가 시작되자마자 상대편 골문을 향해 기세 좋게 공을 몰고 가다가 몇 발짝 못 가 상대 선수에게 공을 뺏긴 공격수처럼 민망했다. 자존심이 상했지만 우주에 관해선 나보다 토리가 더 많은 지식을 가지고 있을지도 모르니 인정.

"좋다. 그렇다면 진짜진짜 중요한 이야기 하나만 하고 바로 본론으로 들어가겠다. 지금 네 앞에 있는 이 아저씨 보이지? 나처럼 생긴 종족을 인간

혹은 인류라 부른다. 영어로는 휴먼(Human), 라틴어로는 호모(Homo)라고 하지. 인류는 약 400만 년 전 아프리카에 살던 유인원에서 진화하기 시작했단다. 그 유인원을 남쪽 원숭이란 뜻의 오스트랄로피테쿠스라고 부른다. 오스트랄로피테쿠스 이후 인류는 도구를 사용하기 시작한 호모 하빌리스, 직립 보행과 불을 이용할 줄 알았던 호모 에렉투스, 슬기로운 사람이란 뜻의 호모 사피엔스, 인류의 직접 조상으로 일컬어지는 호모 사피엔스 사피엔스로 진화했단다. 그 호모들이 살던 시대를 구석기 시대라고 하는데……."

"잠깐만! 동굴에 살면서 떼어 만든 뗀석기를 이용해 동물을 사냥하거나 나무 열매를 따 먹다가 먹을거리 떨어지면 무리 지어 이동하며 살았다는 구석기인 이야기와 바닷가나 강가에 움집을 짓고 정착 생활을 하며 갈아 만든 간석기를 이용해 물고기를 잡고 농사를 지으며 살았다는 신석기인 이야기하려는 거지? 미안한데 그 이야기는 중국사 탐구 때 왕 선생님한테 이미 다 들었걸랑."

이번에도 나는 멋지게 드리블을 하다가 왕 서방 태클에 걸려 3미터 상공으로 붕 떴다가 바닥에 처박힌 기분이었다. 기분이 아주 바닥이었다. 하지만 짐짓 여유 있는 표정을 지어 보였다.

"하하, 그랬구나. 거 잘됐네. 왕 선생이 내 수고를 덜어 주셨어. 참 고마운 분이시구나. 안 그러냐, 토리야?"

"맘에 없는 말 그만하고 어서 본론으로 들어가시죠, 이 작가님."

"좋아. 왕 선생한테 석기 시대 이야기 대충 들은 것 같으니 한반도에서 펼쳐진 역사의 흐름만 짧게 얘기하고 가겠다. 지금 우리가 살고 있는 한반도에 사람이 살기 시작한 건 대략 70만 년 전이라고 한다. 그때는 당연히 구석기 시대였지. 그 뒤로 수십만 년 동안 한반도는 구석기인이 지배했단다. 불을 발견해 맹수를 쫓고 동굴에 살며 돌도끼, 돌을 뾰족하게 만들어 엮은

• 구석기인들이 사용하던 슴베찌르개(위쪽)와 주먹도끼들. ⓒ국립중앙박물관 소장

슴베찌르개 등으로 사냥을 하고 나무 열매를 따 먹던 사람들이지.

세월이 흘러 1만 년 전부터 신석기 시대가 시작됐단다. 때마침 지구는 날씨가 따뜻해지는 간빙기에 접어들었지. 얼음이 녹으면서 바닷물과 강물이 불어나 하나였던 땅이 여럿으로 나뉘고 강과 바다에는 물고기가 넘쳐났단다. 그래서 신석기인은 강과 바닷가에 움집을 짓고 살며 물고기를 잡고 농사를 지으며 생활했어.

신석기 시대부터 시작된 농사는 인류가 정착 생활을 하는 데 가장 큰 영향을 끼쳐서 제1의 혁명이라고까지 이야기해. 그렇게 농사를 지으며 정착 생활을 하던 한반도인은 기원전 2000년 무렵 청동기 시대를 맞는다. 구리에 주석과 아연을 섞어 만든 청동을 도구로 사용하던 시대였어. 그 청동기 시대에 우리 역사의 첫 국가였던 고조선이 등장하는데 내가 지금 얘기하려는 바로 그 나라란다."

나는 뒤이어 고조선 이야기를 시작했다.

옛날 옛날 아주 먼 옛날, 환인의 아들 환웅이 있었단다. 환웅은 하늘 아래 세상에 관심이 많았어. 그래서 늘 인간 세상을 내려다보며 언제 저기에 내려가서 내 뜻을 펼치나 하고 생각했지. 아들 이기는 부모 없다고, 아들의 뜻을 안 환인이 어디가 좋을까 하고 내려다보니까 태백산 봉우리 아래가 인간을 널리 이롭게 할 만해 보였어. 그래서 아들을 그곳으로 내려보냈지.

 환웅은 무리 3천 명을 이끌고 태백산 꼭대기 신단수 아래로 내려왔어. 그곳에서 환웅은 바람을 관장하는 풍백, 비를 관장하는 우사, 구름을 관장하는 운사를 거느리고 곡식, 생명, 질병, 형벌, 선악 등 인간 세상의 360여 가지 일을 주관하며 세상을 다스렸어.

 그러던 어느 날, 같은 동굴에 살고 있던 곰 한 마리와 호랑이 한 마리가 환웅을 찾아왔어. 찾아와 하는 말이, 사람이 되고 싶다는 거야. 아마 토리 네가 나를 찾아왔을 때처럼 간절한 눈빛으로 빌지 않았을까 싶어. 환웅이 그들을 가상히 여겨 쑥 한 다발과 마늘 스무 개를 주며 말했어.

 "너희가 이것을 먹고 백 일 동안 삼가면 사람이 될 것이다."

 곰과 호랑이가 그것을 받아 들고 동굴에 들어갔어. 그러고는 우걱우걱 쑥과 마늘을 먹기 시작했지. 그렇게 삼칠일이 지나자 곰은 금기를 잘 지켜 어여쁜 여자 몸으로 변신하는 데 성공했지만 견디지 못한 호랑이는 굴 밖으로 뛰쳐나갔단다.

 사람이 된 웅녀는 너무 기뻤어. 꿈은 이루어진다는 걸 체험했으니 왜 기쁘지 않았겠니. 그래 이번에는 매일 신단수 아래 찾아가 아이를 낳게 해 달라고 빌었어. 이런 거 보면 곰 머리가 보통이 아닌 거 같아. 사람이 되게 해 달래서 사람으로 만들어 줬더니 이젠 아이를 낳고 싶다고? 캬, 진짜 고단수야 고단수.

 웅녀의 간절한 바람을 외면하지 못한 환웅은 잠시 사람의 몸으로 변신해 웅녀와 혼인을 했고, 웅녀는 건강한 사내아이를 낳았어. 이 아이가 바로 단군왕검이란다. 단군왕검은 평양성에 도읍을 정하고 나라 이름을 조선이라 지었어. 단군 조선, 또는 고조선이라고 부르는 바로 그 나라야.

단군왕검은 얼마 뒤 도읍을 아사달로 옮겨 그곳에서 1천5백 년 동안 나라를 다스렸어. 그러던 어느 날, 중국 주나라에서 기자라는 귀족이 찾아오자 산속으로 들어가 산신이 되었지. 이때 나이가 1908세였다는구나.

이야기를 듣던 토리는 뭔가 미심쩍은 표정을 지었다.
"중국과 일본에는 못 미치지만 한국도 만만치 않은걸."
"무슨 말이야?"
"왕 선생님이 그러는데 중국은 반고가 만들었대. 알 속에 웅크리고 있던 반고가 알을 깨고 나와 두 다리와 두 팔로 하늘과 땅을 갈라놓고 눈물로 강을 만들고 숨결로 바람을 만들고 목소리로 천둥을, 눈빛으로 번개를 만들었다는 거야. 그래서 나는 이게 무슨 은하수에서 우유 흘러내리는 소린가 하고 황당했는데 나카무라 상은 한술 더 뜨시더라고."
"나카무라 상이 뭐랬는데?"
"하늘에서 혼돈의 바다를 내려다보던 신령이 세상을 창조하기 위해 남신과 여신을 만들었대. 남신인 이자나기가 창을 바다에 휘젓다가 창끝에 묻은 소금 방울이 떨어져 일본 열도가 생겨났고, 이자나기가 여신 이자나미와 결혼해 혼슈와 규슈 같은 섬을 만들었대. 중국이나 일본이나 다들 역사를 무슨 그리스 로마 신화로 아는지. 그런데 단군 이야기 들어 보니 만만치 않은 것 같아."

"하하. 그 얘기였어? 왕 서방네 대륙 사람들이 원래 뻥이 좀 세. 나카무라 상네 열도 사람들도 지어내기 선수고. 그런데 그건 어느 나라에나 있는 창조 신화일 뿐이야. 반도 땅 한국도 별다를 건 없어. 다만 우린 창조 신화는 없고 건국 신화가 있을 뿐인데, 창조 신화든 건국 신화든 그 속에 담겨 있는 의미를 잘 살펴보면 지구인을 이해하는 데 도움이 될 거다. 내가 단군 이야기를 한 건 우리 민족의 시조가 정말 곰에서 태어났다는 걸 말하려는 게 아니다. 안 되겠다. 잘 들어. 단군 신화에는 몇 가지 숨겨진 의미가 있어. 예컨대 환웅이 하늘에서 내려왔다는 건 이주해 온 집단이라는 뜻이고, 환웅이 거느리고 온 풍백·운사·우사는 모두 농사와 관련 있는 것으로 당시 사회에서 이미 농사를 지었다는 걸 암시하지. 호랑이와 곰 중에 곰이 사람으로 변해 환웅과 결혼해 단군을 낳았다는 건 이주해 온 환웅 집단이 곰을 숭배하는 집단과 결합해 나라를 세웠다는 뜻이다.

그럼 단군이 어떻게 1천5백 년이나 나라를 다스리고 1908세까지 살았냐? 그건 한 사람의 단군왕검이 아니라 대를 이어 나라를 다스렸다는 의미로 보면 돼. 1대 단군, 2대 단군, 3대 단군, 이런 식으로. 이제 좀 알겠냐? 단군 조선 얘기는 이 정도로 하고 이제 고조선이 언제 어떻게 멸망했는지 말해 줄게. 다른 건 몰라도 나라가 언제 건국되고 어떻게 망했는지는 꼭 알아야

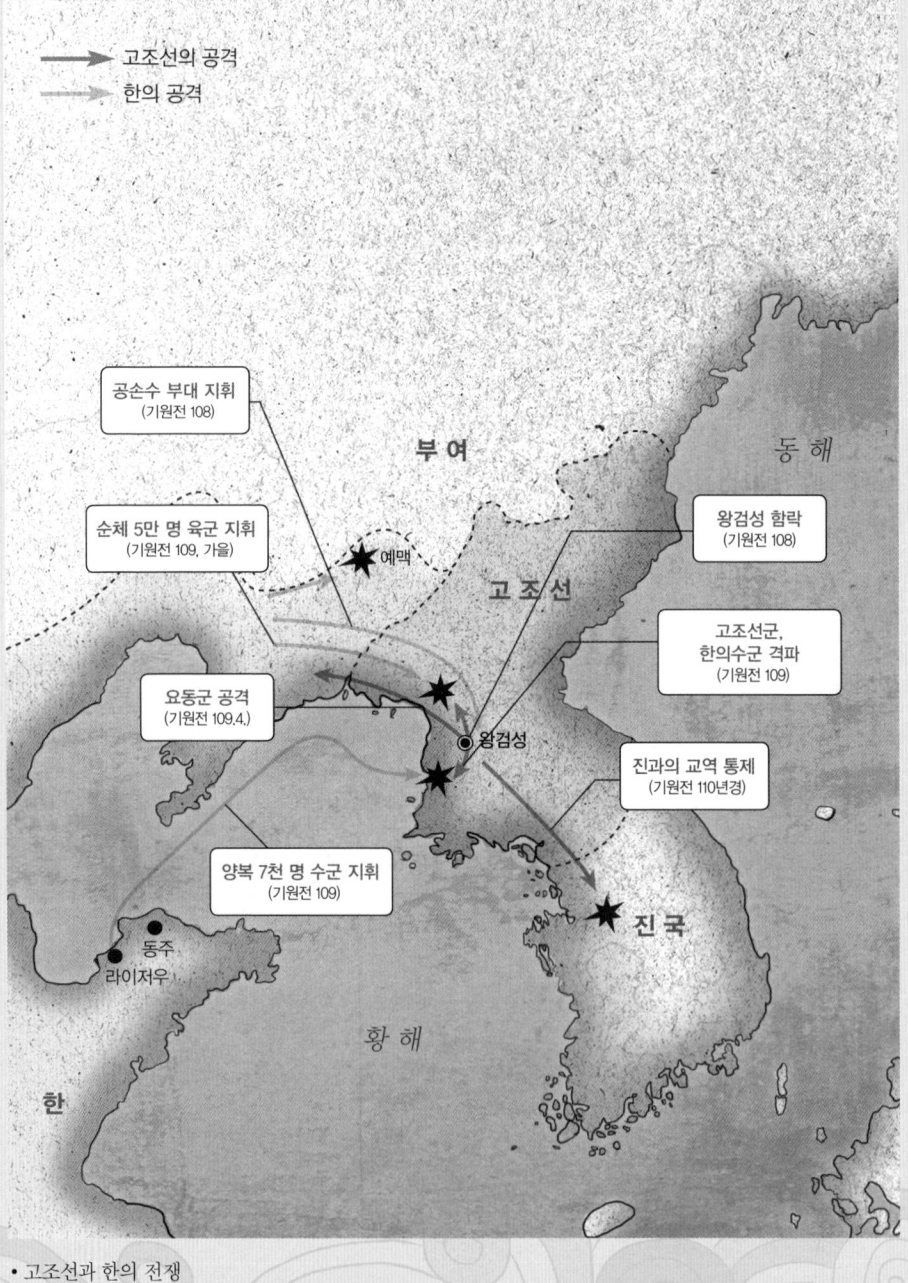

• 고조선과 한의 전쟁

하니까."

나는 고조선이 멸망한 이야기를 시작했다.

❀

2천 년 넘게 이어 온 고조선은 기원전 109년 중대한 위기를 맞았단다. 중국 한나라가 고조선에 쳐들어왔거든. 한나라가 왜 고조선을 침공했냐고? 이유가 있지.

당시 한나라는 무제가 다스리고 있었는데 한 무제는 아주 강력한 통치자였단다. 이를테면 중국을 괴롭히던 북쪽 흉노를 제압하고 서쪽과 남쪽 등 중국 주변 세력을 모두 정벌할 만큼. 그렇게 사방팔방을 무릎 꿇렸는데 동쪽에 있는 고조선만은 한나라에 머리를 숙이지 않았어. 게다가 고조선은 이웃 나라들과 한나라와의 통로를 막아 중계 무역으로 짭짤한 수익을 올리고 있었어.

고조선에게 그러지 말라고 해도 말을 안 듣자 한 무제는 화가 많이 났어. 그래서 사신을 보내 마지막으로 고조선을 달랬지. 그래도 고조선은 아랑곳하지 않았어. 그런데 별 성과 없이 돌아가던 한나라 사신이 고조선 관리를 죽이고 한나라로 도망쳤지 뭐야. 한 무제는 그 사신을 고조선과 국경을 맞댄 지역의 책임자로 임명했어.

고조선 우거왕은 화가 났지. 고조선 관리를 살해하고 도망간 것도 괘씸한데 그 살인자를 고조선과 가장 가까운 지역의 책임자로 임명했으니 얼마나 화가 났겠니. 그래 군사를 보내 한나라 사신을 죽여 버렸어. 그러자 한 무제가 이를 문제 삼아 고조선 침략에 나선 거란다.

한나라 군대는 두 갈래로 쳐들어왔어. 한 축은 배를 타고 황해를 건너왔고 다른 한 축은 요동을 거쳐 고조선 왕검성으로 쳐들어왔지. 전쟁은 1년 가까이 계속됐어. 우거왕은 한나라 군대의 침공을 잘 막아 냈어. 그런데 전쟁이 1년 가까이 지속되자 고조선 일부 관리들이 우거왕에게 적당히 항복하고 편하게 살자고 요구했어. 그러자 우거왕이 말했지.

"그게 무슨 소리요? 이렇게 잘 싸우고 있는데 항복이라니."

왕이 계속 싸우겠다고 하자 어떤 관리는 한나라로 가 버렸고 어떤 관리는 고조선 남쪽으로 내려가 버렸어. 그런 와중에 어떤 관리가 사람을 시켜 우거왕을 몰래 죽였단다. 우거왕이 죽자 이번엔 성기 장군이 남은 군사와 백성들을 이끌고 한나라 군대에 맞섰어. 그런데 성기 장군마저 고조선 관리가 보낸 자객에게 살해되고 말았어. 성기 장군이 죽고 난 뒤 고조선은 결국 망했단다.

안타까운 일이지. 막강한 한나라 군대를 맞아 잘 싸우다 내분으로 망했으니. 하지만 이런 일들은 그 뒤로도 우리 역사에서 자주 벌어지는 일이니까 크게 이상할 것 없어. 그래서 이런 말이 생긴 건지도 몰라. 적은 내부에 있다, 자나 깨나 내부 조심 착한 우리 편도 다시 보자. 고조선 강의는 여기까지 할까?

나는 토리에게 고조선 이야기가 재미있었는지 물었다.

"정~말 재밌었어. 무지무지 재밌어서 10년 전에 막혔던 내 눈물샘이 다시 터진 거 같아. 내 눈 좀 봐. 여기."

"허허, 참. 너 요거 좀 된다."

나는 오른손을 입가에 대고 캐스터네츠를 연주하듯 열었다 닫았다 했다.

"진짜라니까. 감동이 철철 흘러넘쳐. 근데 왕 선생님이 그러셨는데 고조선은 한나라의 지방 정권 가운데 하나였고, 그 전쟁은 한나라가 말 안 듣는 고조선을 가볍게 손봐 준 거라던데."

"왕 선생인지 왕 서방인지 순진한 외계 고등 지능 생명체한테 아주 위험한 말씀을 하셨군. 고조선은 2천 년 이상 이어 온 우리 민족 최초의 국가야. 그리고 무슨 가볍게 손봐 준 전쟁을 1년 동안이나 하냐? 내가 말했잖아. 고조선은 한나라 군대에 멸망한 게 아니라 내분으로 무너졌다고. 그 전쟁이 끝나고 한나라에서 무슨 일이 있었는지 알면 네 생각이 바뀔 거다."

"무슨 일이 있었는데? 왕 선생님이 다른 얘기 안 해 주시던데."

"생각해 보니 나도 안 했다. 들어 봐. 전쟁이 끝나자 최고 사령관 중 한 사람은 목이 잘려 시장 거리에 내버려졌고, 또 한 사령관은 처형 직전 어마어마한 돈을 바치고 겨우 목숨을 건졌어. 또 전쟁 중 파견됐던 지휘관 둘 다 처형됐고. 이게 무슨 의미겠냐? 전쟁이 한 무제 뜻대로 안 됐다는 거다. 왕 선생 그분은 사마천이 지은 지구촌 최고 역사서 《사기》에도 버젓이 나와 있는 이야기도 안 해 주고 뭐 하신 거냐?"

"정말이야? 근데 나카무라 상도 단군 조선은 신화일 뿐이라고 했어."

"나 참, 까무러치겠네. 너 정말 나한테 안 들르고 갔으면 아주 큰 실수할 뻔했구나. 그건 일본에서 하는 말이다. 그 사람들은 고조선을 신화라고 부정해. 있었대도 기원전 3, 4세기에 한반도 북부에 있었던 작은 나라였다고 주장하지. 우리 역사를 깎아내리려는 전형적인 역사 왜곡이야. 내가 정확히 알려 주지. 고조선은 기원전 2333년 건국한 우리 민족 최초의 국가다. 고조선 역사가 일본에서 얘기하는 것처럼 그렇게 짧지도 않았고, 영역도 그렇게 작지 않았단 얘기다. 알겠냐?"

"알겠다. 내 이럴 줄 알고 아자씨한테 한국사 강의 해 달라고 온 거잖아."

"원래 지구 역사 탐구 계획에 한국사는 포함도 안 됐었다며."

"물론 처음엔 중국과 일본 역사까지만 탐구하고 돌아가려 했어. 왜냐하면 사전 조사차 세계사 책을 좀 봤는데 중국하고 일본은 나오는데 한국 이야기는 별로 안 나오더라고. 그래서 한국사는 패스하려고 했는데, 왕 선생하고 나카무라 상한테 강의를 듣다 보니 한국 이야기가 계속 나오지 뭐야. 중국이 한반도에 있는 고구려를 정벌했다, 불교와 유교 문화를 전해 줬다, 조선이 조공을 바쳤다, 이런 식으로. 또 일본에선 고대부터 한반도에 일본 식민지를 건설했고 근래에도 식민지로 삼아 조선을 발전시켜 줬다, 이렇게. 그래서 이왕 온 김에 중국과 일본에 끼어 있는 한국사도 끼워 넣기로 계획을 수정했지."

자존심 상했지만 한편으론 이해가 갔다. 4년 전 아들과 함께 유럽 여행을 하는데 만나는 유럽인들마다 나한테는 일본인이냐고 묻고 아들에겐 중국에서 왔냐고 묻는 바람에 태극기를 배낭에 꽂고 다닌 적이 있다. 때마침 터져 나온 싸이의 〈강남스타일〉이 아니었다면 한 달 내내 그러고 다녔을지 모른다. 어쨌거나.

"한 달 뒤 강의를 마칠 쯤엔 네가 알고 있는 내용 가운데 잘못된 게 많다는 걸 알게 될 거다. 고조선 이야기는 이걸로 마치고 다음엔 고조선 이후 한반도 역사를 일궈 온 삼국의 건국 영웅 이야기를 들려주마."

휴, 첫날 첫 강의를 무사히 마쳤다.

한눈에 보는 한국·중국·일본

기원전	300경	108	99	57	37	18
	일 야요이 시대 (~기원후 250경)	한 고조선 멸망	중 전한 시대 (~기원후 8)	한 박혁거세, 서라벌(신라) 건국(~기원후 4)	한 주몽, 졸본에서 고구려 건국 (~19)	한 온조, 위례성에서 백제 건국(~28)

기원후	8	25
	중 신 시대(~23)	중 후한 시대 (~220)

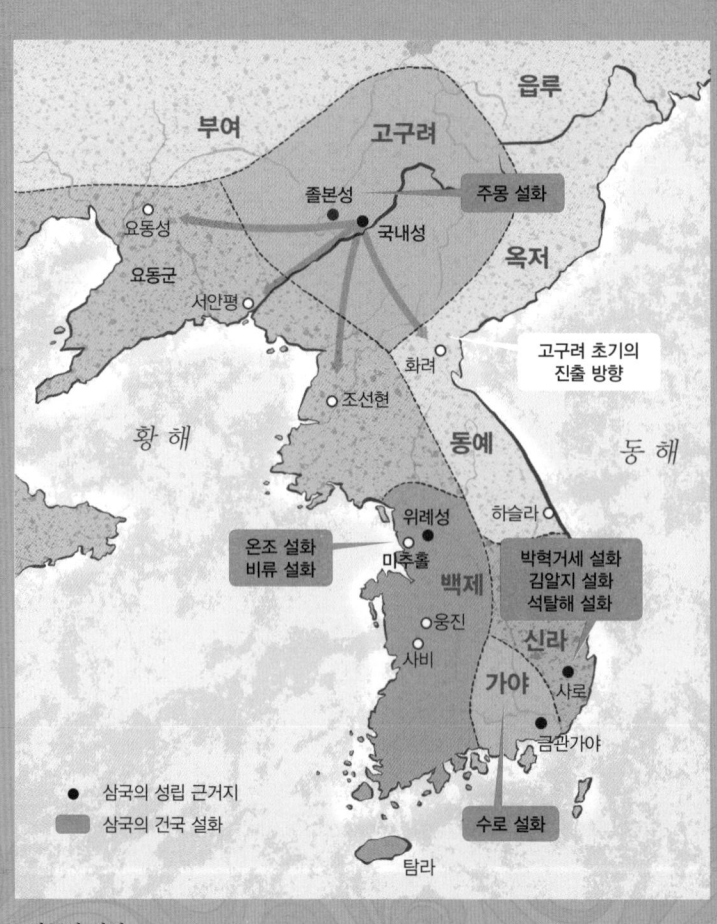

• 삼국의 성립

두 번째 이야기

고구려를 세운 주몽

천 리 길도 한 걸음부터라더니. 단군 이야기를 시작하기 전까지만 해도 언제 대한민국 이야기까지 하나 걱정했는데, 막상 단군 이야기를 마치고 나니 마음이 한결 가벼워졌다. 게다가 가속도가 붙은 적토마처럼 막 달리고 싶은 욕구까지 생겼다. 나는 지체 없이 다음 이야기를 시작했다.

"내가 재미있게 읽은 책이 하나 있는데 들어 볼래? 일본 작가가 쓴 《로마인 이야기》라는 책이야. 그 책에는 시대를 풍미했던 로마의 수많은 영웅과 찌질이들이 나오지. 그 인물 가운데 작가가 가장 큰 애정을 가진 인물이 누군지 아냐? 내가 볼 땐 카이사르라는 인물 같다. 2천 년 전 로마 제국의 초석을 다진 로마인."

"단군 이야기할 땐 46억 년 전 지구 탄생 이야기부터 시작하더니, 이번엔 또 뭘 얘길 하려고 한중일 역사와 관계도 없는 로마 시대 이야기야?"

"우리 역사에도 로마 시대 못지않게 흥미로운 인물들이 많았다는 얘기지. 특히 카이사르가 이탈리아와 프랑스와 영국과 이집트와 오늘날 터키 일대인 소아시아 지역에서 맹활약하던 바로 그때 만주와 한반도에서는 걸출한 삼국 영웅들이 나타나 나라를 세우고 본격적인 삼국 시대를 열어젖혔다."

"그러니까 카이사르 시절 한반도에도 훌륭한 인물들이 많았다?"

"빙고! 하나를 알려 주면 열 개를 알아듣는구나. 그럼 지금부터 고조선 멸망 이후 전개된 삼국 시대 이야기를 들려주겠다. 고구려를 세운 주몽, 백제를 세운 온조, 신라를 건국한 박혁거세 이야기다. 먼저 고구려를 세운 주몽 이야기부터 시작해 볼까?"

고구려를 창업한 주몽 이야기를 하려니까 강을 건넌 세 남자 이야기가 생각나는구나. 인류 역사에서 남자가 강을 건넌다는 게 무슨 의미인 줄 아니? 그건 운명을 건다는 뜻이야. 도박처럼 자기의 모든 걸 걸고 새로운 운명을 개척하겠다는 의지의 표현이지.

운명의 강을 건넌 첫 번째 남자는 로마의 카이사르야. 시저라고 부르는 인물이지. 2천여 년 전 어느 날, 카이사르는 오늘날 프랑스 지역에 해당하는 갈리아 지방을 정복한 뒤 귀환길에 올라야 했어. 카이사르의 인기가 날로 치솟자 로마의 최고 정치 기관인 원로원이 카이사르를 제거하려고 그를 로마로 불러들였기 때문이야.

카이사르가 군대를 이끌고 루비콘 강에 도착했어. 로마 원로원은 카이사르에게 무장을 해제하고 강을 건너라고 명했어. 해외 원정에 나섰던 장군이 로마로 들어올 때는 무장을 해제해야 했으니까. 하지만 로마 원로원이 왜 자기를 불러들였는지 그 이유를 너무나 잘 알고 있던 카이사르는 무장을 해제하지 않고 강을 건넜단다. 강을 건너기 전 카이사르가 이런 말을 했어.

"주사위는 던져졌다."

결단을 내렸다는 뜻이야. 카이사르가 군대를 이끌고 강을 건너자 카이사르의 라이벌이던 폼페이우스는 도망갔고 원로원은 벌벌 떨었어. 로마에 돌아온 카이사르는 원로원의 우려대로 로마 권력을 손에 쥐었단다.

강을 건넌 두 번째 남자는 고려 장수 이성계야. 이성계는 명나라 땅 요동을 정벌하라는 우왕과 최영 장군의 명을 받고 요동 원정길에 나섰어. 압록강 중간에 있는 위화도에 도착한 이성계는 웬일인지 요동 정벌에 나서지 않고 그곳에 머물렀지. 왜 그랬을까?

요동 정벌을 처음부터 반대했던 그는 아무리 생각해도 요동 정벌이 어렵다고 판단했어. 그렇다고 그냥 돌아가면 반란이 될 테니 이래저래 고민이 많았지. 고심하던 이성계는 마침내 결단을 내렸어. 요동 정벌을 포기하는 대신 고려의 수도 개성을 정벌하자! 이것이 그 유명한 위화도 회군인데, 위화도 회군 이후 고려를 무너뜨리고 조선을 창업했으니 이성계의 결단도 카이사르처럼 꽤나 성공적이었다고 할 수 있지.

운명의 강을 건넌 세 번째 사나이는 박정희란다. 대한민국 육군 소장 박정희는 1961년 5월 16일 새벽 자기를 따르는 군인들과 함께 한강을 건너. 4·19혁명의 성과로 들어선 민주 정부를 뒤엎은 군사 반란이었지. 쿠데타에 성공한 박정희는 이후 18년 동안 독재 권력을 휘둘렀어. 그 때문에 국민들이 고통을 당했지만 한강을 건넌 그의 쿠데타는 성공한 셈이야.

강을 건넌 세 남자 이야기를 꺼낸 건 고구려를 세운 주몽 때문이야. 주몽도 세 남자처럼 강 앞에서 일생일대의 위기를 맞은 적이 있거든. 시퍼런 강물이 앞을 가로막고, 뒤에서는 주몽을 죽이려는 군사들이 코앞까지 추격해 오는 위기일발 상황. 그때 주몽은 어떻게 했을까~요?

이야기를 끊자, 토리가 황당해하며 갑자기 멈춰 선 적토마에게 채찍이라도 휘두를 기세로 나를 노려보았다.

"궁금해? 궁금하면 지는 건데. 하하."

"으이씨, 지금 장난해? 주몽이 왜 도망치는 건지, 강을 건넜는지 못 건넜는지 얘기를 해 줘야 할 거 아냐."

"뭔 외계 고등 지능 생명체가 이렇게 성질이 급해? 주몽이 왜 강 앞에 섰는지 궁금하지? 지금부터 그 사연을 들려줄게."

나는 신비스런 주몽의 출생 이야기부터 시작했다.

어느 날 동부여의 금와왕이 우발수라는 강가를 거닐던 중 울고 있는 한 여인을 발견했단다. 금와왕은 여인에게 무슨 사연이 있기에 여기서 울고 있냐고 물었지. 여인이 대답했어.

"저는 물의 신 하백의 딸, 유화라고 합니다. 어느 날 동생들과 이곳에서 놀고 있는데 웬 사내가 나타나더니 자기가 천제의 아들 해모수라며 저를 압록강 가에 있는 어느 집에 데려가 동침을 했습니다. 집에 돌아가 아버지께 그 사실을 말씀드렸더니 중매 없이 남자와 정을 통했다며 저를 이곳에 귀양 보냈습니다. 그래서 이렇게 흑흑."

유화의 딱한 사정을 들은 금와왕은 유화를 데리고 궁으로 돌아왔어. 그러고는 유화를 방 안에 가두었지. 그런데 그날부터 햇빛이 유화의 배를 비추기 시작했어. 유화가 햇빛을 피하면 햇빛이 유화를 따라다니며 계속 비쳤어. 그 일이 있고 난 뒤 유화가 임신을 했고, 얼마 뒤 닷 되만 한 알을 낳았단다.

사람이 알을 낳았으니 동부여 궁궐은 발칵 뒤집혔지. 금와왕은 대단히 불길한 징조라며 알을 개와 돼지에게 던져 주었어. 그런데 이것들이 알을 먹지 않는 거야. 그러자 이번에는 알을 길에 내다 버렸어. 그랬더니 지나가던 소와 말이 알을 슬슬 피해 다니네. 그래서 이번에는 들판에 내다 버렸어. 그러자 새가 나타나 날개로 알을 품어 주었어. 보다 못한 금와왕이 알을 가져와 깨뜨리라고 명했어. 하지만 아무리 강한 쇳덩이로 내리쳐도 알은 깨지지 않았어. 결국 금와왕은 알 깨기 작전을 접고 유화에게 도로 가져다주었어. 그 뒤에 어떤 일이 벌어졌는지 아니? 얼마 뒤 건장한 사내아이가 알을 깨고 나왔어.

그 아이가 일곱 살이 되어 직접 활을 만들어 쐈는데 백발백중이었어. 예부터 부여에서는 활 잘 쏘는 사람을 주몽이라 불렀어. 그래서 이 아이에게 주몽이라는 이름을 붙여 주었지. 주몽은 활 솜씨가 무척 뛰어나서 당해 낼 사람이 없었어. 그러자 금와왕의 아들인 왕자 대소가 아버지에게 말했어.

"주몽은 사람에게서 난 자식이 아닙니다. 게다가 부여에서 그의 활 솜씨를 따를 자가 없습니다. 만일 주몽을 살려 두면 장차 나라에 큰 해가 될 것입니다. 죽여야 합니다."

금와왕은 주몽을 죽이는 대신 말을 기르는 천한 일을 시켰어. 주몽은 날랜 말은 먹이를 적게 주어 비쩍 마르게 하고, 우둔한 말은 먹이를 많이 주어 보기 좋게 만들었어. 그러자 금와왕이 살진 말을 자기가 갖고 비쩍 마른 말은 주몽에게 주었어. 주몽은 그런 생활을 하며 겨우 위기에서 벗어났어.

그 뒤로도 주몽은 왕자들과 함께 사냥을 다니곤 했는데 주몽이 활을 워낙 잘 쏘니까 화살을 적게 주고 사냥을 해도 다른 왕자들보다 사냥감을 더 많이 잡았어. 동부여는 온통 주몽 이야기뿐이었어. 태어난 것도 신비로운데 활까지 잘 쏘니 사람들이 주몽, 주몽 할 수밖에.

대소 왕자는 위기를 느꼈어. 주몽을 살려 뒀다간 왕 자리를 빼앗길지 모른다고 생각했지. 그래서 몰래 주몽을 제거하려는 계획을 세웠어. 주몽 어머니 유화가 이 음모를 알아채고 주몽에게 그 사실을 알려 주었단다.

"어서 여기를 떠나거라. 너의 지략과 재주라면 어디선들 뜻을 펼치지 못하겠느냐."

그날 밤 주몽은 잘 길러 둔 말을 타고 그를 따르는 오이, 마리, 협보와 함께 동부여를 탈출했어. 주몽이 도망쳤다는 걸 알아챈 대소 왕자가 급히 군사를 보내 주몽을 쫓게 했지. 주몽과 부여 군사의 추격전이 시작됐어. 주몽 일행은 필사적으로 말을 달려 남으로, 남으로 도망쳤어. 그런데 압록강 지류인 엄사수에 이르자 강을 건널 다리가 보이지 않았어. 앞에서는 시퍼런 강물이 그들을 가로막고, 뒤에서는 대소 왕자의 군사들이 흙먼지를 일으키며 코앞까지 추격해 오는 위기일발 상황. 그때 주몽은 하늘을 향해 외쳤단다.

"나는 천제의 아들이요, 물의 신 하백의 외손자다. 지금 군사들이 코앞에 들이닥쳤으니 이 일을 어찌한단 말인가."

그러자 기적 같은 일이 일어났어. 물고기와 자라들이 나타나더니 다리를 만들어 준 거야. 주몽 일행은 자라 등을 밟고 힘차게 운명의 강을 건넜지. 주몽이 강을 다 건너자 물고기와 자라는 온데간데없이 사라졌어. 부여 군사들은 닭 쫓던 개 지붕 쳐다보는 신세가 되어 강 건너 주몽을 바라보았지. 그길로 주몽은 뒤도 돌아보지 않고 말을 달려 마침내 졸본 지역에 이르렀단다.

※

 토리가 신기하다는 듯 큰 눈을 더 크게 뜨고 말했다.
 "알에서 태어난 것도 신비로운데 물고기와 자라 다리를 건너 위기를 탈출하다니, 정말 대단하다. 주몽 짱인데."
 "하지만 주몽의 출생과 탈출 이야기가 아무리 멋져도 주몽이 소서노를 만난 이야기에는 결코 미치지 못할 거다."
 "서소노? 그게 누군데?"
 "서소노가 아니라 소서노. 시간이 좀 지났지만 그 이야기 마저 하고 주몽 극장 문을 닫아야겠다.《삼국사기》에 따르면 운명의 강을 건넌 주몽이 졸본에 이르러 고구려를 건국했는데 이때가 기원전 37년이야.《삼국사기》는 주몽이 나라를 세우는 데 숨겨진 이야기가 있다며 다음 이야기를 덧붙였어.
 주몽이 졸본 부여에 이르자 그곳 왕이 주몽이 보통 사람이 아닌 줄 알아채고 둘째 딸을 주몽의 아내로 삼게 했어. 주몽의 아내가 된 여인이 바로 소서노야. 여장부였던 소서노는 재물과 힘을 보태 주몽이 고구려를 건국하는 데 큰 힘이 됐다고 해.
 주몽은 고구려 깃발을 세운 뒤 주변의 작은 나라들을 하나하나 복속시키며 힘을 키워 나갔어. 복속이라는 말은 역사에서 자주 나오는 말인데, 한 나라가 힘이 센 나라에 복종하고 그 나라를 따르는 걸 말해. 주몽 시대 때 고구려는 다섯 개의 부족이 연합한 연맹 국가였는데, 1세기 태조왕 대에 이르러 중앙 집권 국가의 기반을 마련했지. 중앙 집권 국가란 왕의 힘이 점점 세져 왕위를 한 부족이 독점적으로 계승하고, 관료 조직을 갖추고 정복 활동을 벌여 영토를 확장하는 국가를 말해. 고구려가 중앙 집권 국가로서 동아시아 강국으로 성장해 가는 이야기는 내일 해 줄게. 오늘은 삼국이 건국한 이야기 다 마쳐야 하니까. 자, 그럼 고구려 건국 이야기 살펴봤으니 백제로 넘어가 볼까?"

"잠깐! 궁금한 게 있어. 주몽이 알에서 태어났다고 했잖아. 그럼 주몽은 파충류야 조류야?"

뭐지, 이 예상치 못한 곳에서 미끄러져 고꾸라진 것 같은 이 느낌은? 나는 짐짓 모른 척하고 물었다.

"네가 볼 땐 뭐 같냐?"

"글쎄, 물고기랑 자라 등을 밟고 건널 정도면 몸이 가벼운 조류가 아닐까?"

"넌 지금 내가 새로 보이지?"

"아니. 아저씨로 보이는데."

"으이그. 주몽 이야기는 고구려 건국 신화야. 고구려 후손들이 자기 조상을 하늘에서 내려온 특별한 존재로 만들려고 지어낸 이야기라고. 주몽이 진짜 새의 알에서 태어났다는 게 아니고. 알겠냐, 토리야?"

토리는 여전히 고개를 갸우뚱했다. 곰 이야기로 시작해 알 이야기로 이어졌으니 그럴 만도 하지.

한눈에 보는 한국·중국·일본

기원전 〉 300경
- 일 야요이 시대 (~기원후 250경)

108
- 한 고조선 멸망

99
- 중 전한 시대 (~기원후 8)

57
- 한 박혁거세, 서라벌(신라) 건국(~기원후 4)

37
- 한 주몽, 졸본에서 고구려 건국 (~19)

18
- 한 온조, 위례성에서 백제 건국(~28)

기원후 〉 8
- 중 신 시대(~23)

25
- 중 후한 시대 (~220)

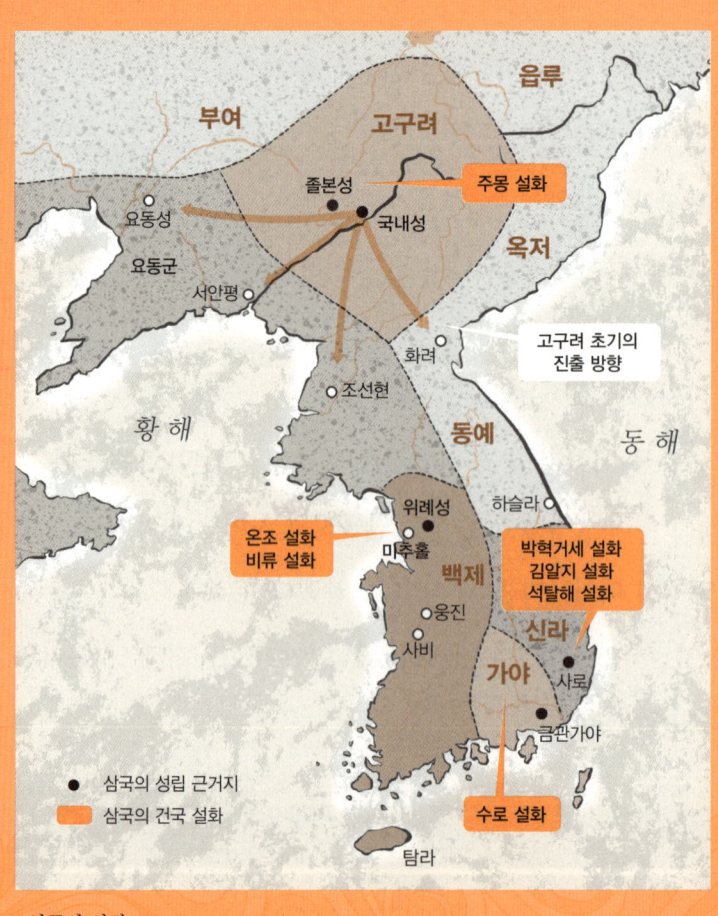

• 삼국의 성립

세 번째 이야기
백제를 세운 no.3 온조

'잘못 쏜 화살 하나에서 백제 건국은 시작되었다.'

고구려 건국 이야기를 마친 나는 그다음 주제인 백제 건국 이야기를 어떻게 시작할까 고민하다 유리의 화살을 생각해 냈다.

"토리야, 너 혹시 이런 말 들어 봤냐? 베이징에 있는 나비가 날갯짓을 하면 뉴욕에선 태풍이 분다."

"아니, 못 들어 봤어. 왕 선생님이 그런 말 안 해 주셨는데."

"넌 무슨 말만 하면 왕 선생 타령이냐? 왕 서방이 그렇게 좋으면 베이징으로 돌아가서 왕서방표 왕만두나 왕창 먹든가."

"시비야, 질투야? 어른이 유치하긴. 아저씨, 블랙홀로 빨려 들어갔다가 화이트홀로 나오기도 전에 흔적도 없이 연기처럼 사라지고 싶어?"

농담인지 진담인지. 이 녀석이라면 충분히 나를 우주 쓰레기로 만들 수도 있겠다 싶었다.

"아유, 왜 그래. 말이 그렇다는 거지, 누가 진짜 베이징으로 돌아가라는 거냐. 베이징 얘기 나왔으니 베이징 나비 이야기 마저 해야겠다. 베이징의 나비가 날개를 살랑살랑 흔들면 다음 달 뉴욕에서는 태풍이 분다는 말이 있는데, 그건 아주 사소한 움직임 하나가 뜻하지 않은 큰 결과를 만들어 낸다는 뜻이다. 이런 현상을 나비 효과라고 해."

"이번엔 또 무슨 말씀을 하시려고 나비 타령이실까?"

"베이징에 있는 나비의 날갯짓이 뉴욕에 태풍을 만든 것처럼, 잘못 쏜 화살 하나가 고구려와 백제 역사에 태풍을 몰고 왔다는 말씀."

"아유, 뜸 좀 그만 들이고 얼른 본론으로 들어가시지."

"알았다. 그럼 백제 건국 이야기로 출바알~."

주몽이 부여를 탈출할 때 주몽 부인 배 속에는 주몽의 아이가 들어 있었단다. 부인 예씨는 주몽이 떠나고 얼마 뒤 사내아이를 낳았어. 그 아이의 이름이 유리야. 어느 날 유리가 참새를 잡으려고 화살을 쐈는데, 그만 물 긷는 아낙의 항아리를 맞혀서 깨뜨렸지 뭐야. 유리도 아버지처럼 활쏘기를 좋아하긴 했지만 실력은 아버지만 못했던 모양이야.

아낙이 유리에게 말했어.

"네가 아비 없이 크더니 이처럼 못되게 노는구나. 쯧쯧쯧."

유리는 슬펐어. 항아리를 깨뜨린 건 잘못한 일이지만 그렇다고 아비 없는 자식이란 소리까지 들어야 하나 생각했지. 집에 돌아온 유리가 어머니에게 물었어.

"어머니, 제 아버지는 어떤 사람입니까? 지금 어디 계십니까?"

막장 드라마라면 이 대목에서 마당을 쓸던 마당쇠가 나타나 "실은 내가 니 아비다." 뭐 이러고 나왔겠지만 실제는 그렇지 않았단다.

어머니가 말했어.

"네 아버지는 비상한 분이란다. 그래서 이곳 부여에서는 받아들여지지 않았지. 네 아버지가 떠나시던 그날 밤 내게 이런 말씀을 하셨다. '당신이 아들을 낳으면 내가 남긴 물건을 찾아오라고 전하시오. 내가 남긴 물건은 일곱 모난 돌 위 소나무 아래 감추어 두었소. 만약 그것을 찾는다면 내 아들일 것이오.' 하고 말이다."

유리는 그날부터 일곱 모난 돌 위 소나무 아래 감춘 물건을 찾아 나섰어. 하지만 아무리 찾아도 찾지 못했지. 그러던 어느 날 마루에 앉아 쉬고 있는데 기둥과 주춧돌 사이에서 이상한 소리가 들리는 거야. 다가가 보니 그 주춧돌이 바로 칠각형 아니겠니. 유리는 기둥 아래를 뒤져 부러진 칼 한 조각을 찾아냈단다. 그러고는 그길로 친구 몇 명과 함께 고구려로 떠났지.

고구려에 도착한 유리는 아버지 주몽에게 부러진 칼 조각을 내밀었어.

칼을 받아 든 주몽이 자기가 가지고 있던 칼을 꺼내 맞춰 봤어. 칼이 하나가 되었지. 그러자 주몽이 크게 기뻐하며 유리를 태자로 삼았단다.

역사책에 기록되진 않았지만 이날 유리는 아마 아버지를 만난 기쁨과 그동안 아비 없이 자란 설움이 북받쳐 펑펑 울지 않았을까 싶어. 그런데 주몽 부자의 감격적인 만남 장면을 좀 걱정스레 바라보는 눈들이 있었어. 주몽의 둘째 부인으로 주몽이 고구려를 세울 때 자기 재산을 털어 고구려 건국을 도운 소서노와, 주몽과 소서노 사이에서 난 비류와 온조 왕자였지.

느닷없이 유리가 나타나 태자 자리를 꿰차자 고구려 왕권을 이어받기로 돼 있던 비류는 무척 낙심했어. 넘버 투에서 졸지에 넘버 쓰리로 밀려난 비류 동생 온조도 마찬가지였고. 하지만 두 왕자보다 더 낙심한 사람은 소서노였어. 주몽이 부여에서 졸본으로 도망쳐 왔을 때 있는 거 없는 거 다 팔아서 고구려 건국을 도왔건만, 첫째 아들 유리가 나타나자 크게 기뻐하며 그를 태자로 삼았으니 어떻게 실망하지 않을 수 있었겠어.

소서노 모자에게 결단의 시간이 찾아왔어. 피비린내 나는 권력 투쟁을 벌여 왕권을 차지할 것인가, 아니면 떠날 것인가. 고민 끝에 그들은 떠나기로 결심했어. 그리하여 마침내 소서노와 비류와 온조는 신하들과 따르는 백성들을 이끌고 고구려를 떠났단다.

나는 이야기를 멈추고, 토리에게 질문을 던졌다.

"네가 만약 비류나 온조라면 어떻게 했겠냐?"

"글쎄, 난 떠나는 거 싫은데. 같이 행복하게 살면 안 되나?"

"물론 그럴 수 있다면야 좋지. 우리 속담에 정은 나눌 수 있어도 권력은 나눌 수 없다는 말이 있어. 비류와 온조가 고구려에 남아서 권력 투쟁을 벌였다면 당시를 기록한 역사 페이지는 피비린내가 진동했을 거야. 하지만 그들이 떠남으로써 우리 역사의 새 장이 열렸지."

"새장? 혹시 이번에도 주몽처럼 조류 이야기야?"

나는 숨을 크게 한 번 쉬었다.

"비류와 온조가 고구려를 떠나 새로운 역사의 문을 열었다는 뜻이다. 안 되겠다. 토리 네가 또 새 소리 하기 전에 바로 백제 건국 이야기로 들어가야겠다."

고구려를 떠난 소서노 일행은 산 넘고 물 건너 남쪽으로 내려갔단다. 어떤 주장에 따르면 원래 비류와 온조는 주몽이 낳은 친아들이 아니었대. 그럼 누구 자식이냐. 소서노가 우태라는 사람과 결혼해 낳은 아들이라는 거야. 소서노가 우태와 결혼해 비류와 온조를 낳았는데 우태가 일찍 죽는 바람에 아들들을 데리고 친정집에 돌아와 있었대. 그때 주몽이 졸본에 와서 고구려를 건국하고 소서노를 왕비로 삼았다는 거지. 소서노는 주몽이 고구려 기초를 닦을 때 가진 재산을 다 털어 주몽을 도왔고, 주몽도 비류와 온조를 친아들처럼 아꼈다는 거야. 유리가 주몽을 찾아오기 전까진 말이야. 그런데 어느 날 부여에서 유리가 찾아오자 소서노와 그의 아들들이 고구려를 떠나게 됐다는 말씀.

비류와 온조 일행은 지금의 서울 북한산에 이르러 살 만한 곳을 살펴봤어. 형 비류가 사방을 둘러보더니 말했어.

"저 멀리 서쪽 끝에 있는 바닷가에 도읍을 정하는 게 좋겠다."

그러자 신하들이 비류를 말렸어.

"이곳 하남은 북으로 한수를 띠처럼 두르고, 동으로 높은 산에 의지하고, 남으로 비옥한 들판이 있고, 서쪽으로 바나에 막혀 있으니 이곳에 도읍을 정하심이 좋겠습니다."

비류는 신하들의 만류에도 끝내 고집을 꺾지 않고 오늘날 인천인 미추홀로 갔단다. 온조는 하남 위례성에 도읍을 정하고 나라 이름을 '십제'라고 했어. 백제는 언제 나오냐고? 조금만 기다려 봐.

비류가 도읍을 정한 미추홀은 땅이 습하고 짜서 사람이 터 잡고 살기 힘들었어. 그래서 비류는 얼마 있다 무리를 이끌고 다시 위례로 돌아왔지. 돌아와 보니 동생 온조가 세운 나라는 안정되고 태평해 보였어. 비류는 그 모습을 보고 부끄러워서 병이 나고 말았어. 그리고 얼마 뒤 세상을 떠났다는구나. 온조는 형이 데리고 온 사람들을 모두 받아들이고 백성들이 즐겁게 따랐다는 뜻으로 나라 이름을 '백제'로 고쳤지. 여기까지가 백제가 건국한 이야기란다.

❊

"백제 건국 이야기하면서 왜 베이징 나비의 날갯짓을 예로 들었는지 이제 알겠냐?"

"그러~엄. 뜻하지 않게 잘못 쏜 화살 하나 때문에 유리가 아버지를 찾아 나섰고, 아버지 주몽이 유리를 태자로 삼자 비류와 온조 형제는 고구려를 떠났고, 형 비류가 도읍을 잘못 정했다가 병을 얻어 죽는 바람에 마침내 넘버 쓰리였던 온조가 백제를 세워 한국사의 새로운 문을 열게 됐다, 뭐 이런 얘기잖아."

"토리 다시 봐야겠는데?"

"뭐 이 정도 가지고. 근데 정말 백제 역사가 잘못 쏜 화살 하나 때문에 시작된 거야?"

"물론 아니지. 잘못 쏜 화살이 아니더라도 유리가 다른 계기로 아버지를 찾아갈 수도 있었을 거다."

"어쨌거나 좀 밋밋한 거 같아."

"뭐가? 내 강의가? 너 설마 이 아저씨의 열혈 강의를 무시하냐?"

"그게 아니고, 강의는 재미있는데 백제 이야기가 좀 그렇단 얘기야. 단군처럼 신비롭다거나 주몽처럼 엄청나게 웅장하다거나 뭐 그런 맛이 없잖아."

"그렇게 생각할 만도 해. 하지만 백제는 그리 밋밋한 나라가 아니었어. 고구려, 신라와 함께 당당히 삼국 시대의 한 축을 담당했던 나라였지. 물론 건국 이야기뿐만 아니라 이후 역사에서도 고구려와 신라에 비해 특징이 없어 보이는 건 사실이다. 고구려가 중국과 맞짱 뜨며 호전적이고 무예를 중시하는 나라로 인식되고, 신라는 삼국 통일이라는 대업을 이룬 나라로 여겨진 반면, 백제는 뭔가 탁 잡히는 게 없으니까. 하지만 백제는 삼국 가운데 문화가 가장 발달한 나라였다. 그래서 백제를 세련된 문화의 나라라고 부르지. 백제 이야기는 앞으로 기회가 있으니까 차차 또 하기로 하고 이제 좀 쉬었다가 오늘의 마지막 강의를 하도록 할까?"

토리와 나는 문을 열고 밖으로 나왔다. 큰 바위 하우스 주변엔 어느새 어둠이 내려앉았다. 도리는 고개를 들어 먼 하늘을 바라보았다. 반짝이는 별을 보는 토리의 눈이 좀 애처로워 보였다. 고향 생각이라도 하는 걸까? 어른인 나도 이런데 너는 오죽하겠냐. 그런 생각을 하자 토리가 좀 안쓰러운 생각이 들었다. 그렇다고 내가 해 줄 수 있는 것도 없고. 들어가자 토리야.

한눈에 보는 한국·중국·일본

기원전 300경	108	99	57	37	18
일 야요이 시대 (~기원후 250경)	한 고조선 멸망	중 전한 시대 (~기원후 8)	한 박혁거세, 서라벌(신라) 건국(~기원후 4)	한 주몽, 졸본에서 고구려 건국 (~19)	한 온조, 위례성에서 백제 건국(~28)

기원후 8	25
중 신 시대(~23)	중 후한 시대 (~220)

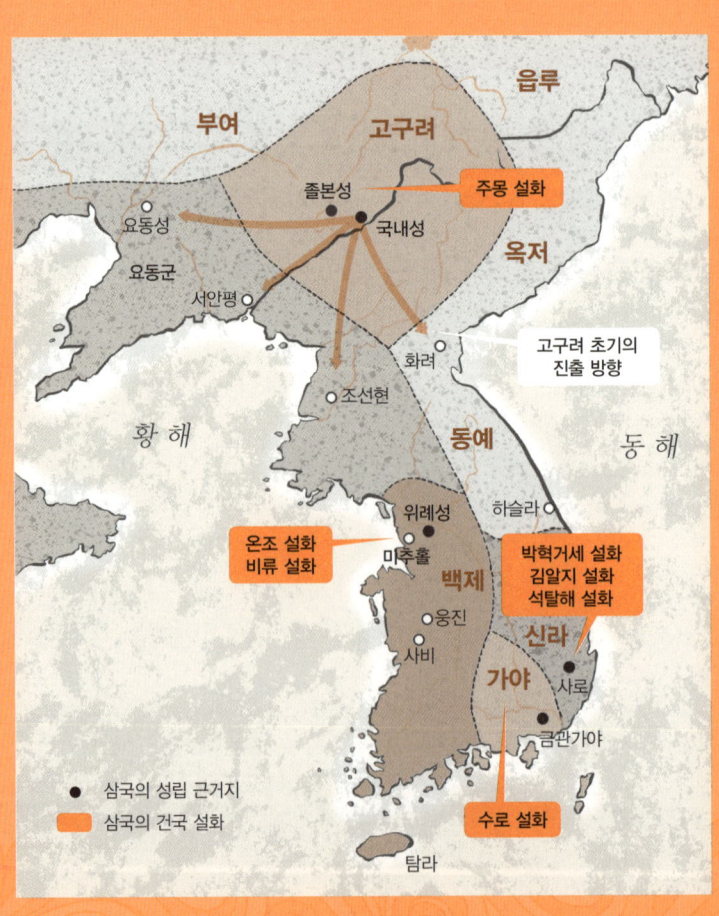

• 삼국의 성립

네 번째 이야기
밝은 빛으로 세상을 다스린 박혁거세

밖은 어두웠지만 큰 바위 하우스 실내는 밝고 따뜻했다. 강의 첫날이어서 조금 긴장한 데다 꽤 오랜 시간 이야기를 해서 그런지 살짝 피곤했다. 그렇다고 피곤하다고 할 수도 없고.

"저녁이 되니 이제야 좀 힘이 나는 것 같구나. 역시 난 어둠의 기운을 받아야 힘이 나는 모양이다. 그럼 오늘의 마지막 강의를 시작해 볼까?"

나는 하얀 종이 위에 우리나라 지도를 그렸다. 그런 다음 지도 위에 고구려 백제 신라를 표시했다.

"봐라. 여기가 고구려 초기 수도인 졸본이다. 요기, 압록강 건너편 지금은 중국 땅이지. 거기서 남쪽으로 쭉 내려오면 요기가 한강 유역의 백제고. 오늘 강의할 신라는 한강에서 다시 남쪽으로 쭉 내려오다 오른쪽 구석에 있는 오늘날의 경주란다. 네가 아는지 모르겠다만 역사를 공부할 때는 지도를 같이 봐야 해. 그래야 이해하는 데 도움이 되거든. 알겠냐?"

"지도라면 나도 다 가지고 있어. 지구 입체 지도뿐만 아니라 대륙별, 나라별 지도까지 이미지 폴더에 다 저장돼 있다고. 아자씨가 아는지 모르겠지만 강의 들으면서 그 지도 위에 지명 표시 다 해 두고 있었다고. 한번 보실랑가?"

토리가 손가락으로 거실 한쪽 벽면을 가리키자 한반도 지도가 나타났고 그 지도 위에 한나라가 고조선을 침공한 진격로, 왕검성의 위치, 주몽이 부여를 탈출한 경로, 졸본 위치, 한강 이남의 위례성 등이 연도와 함께 표시돼 있었다.

대박! 안 되는 게 없는 토리다. 토리의 능력은 도대체 어디까지란 말인가.

"뭘 그리 놀라셔. 이 정도 가지고. 우린 10만 미터 상공에서 땅을 기어 다니는 개미 앞다리까지 찍을 수 있는데. 아자씨 아들 콧등에 난 점이 왼쪽에 있던가, 오른쪽에 있던가?"

무서운 녀석. 그 정도로 정밀하게 촬영을 할 수 있다니. 그보다, 왜 내 아들 콧등에 난 점까지 파악하고 있지?

"아유, 걱정 붙들어 매셔. 우주 관광 데려가도 아자씨만 데려갈 테니까. 헤헤."

"내가 그런 거 가지고 쫄 줄 아냐? 암튼 신라 이야기 시작하자. 내가 강의 첫 시간에 고조선 얘기했지? 고조선이 멸망하자 고조선 유민 일부가 남쪽으로 내려와 지금 경주 부근에 여섯 마을을 이루고 살았다. 그곳은 마한, 진한, 변한의 삼한 가운데 진한 땅이었는데 신라는 진한에 속한 하나의 부족 집단이었다. 아까 백제 건국 이야기가 좀 밋밋하다고 했지? 신라 건국 신화 들어 보면 그런 생각이 쏙 들어갈 거다."

나는 뒤이어 **신라 박혁거세** 이야기를 시작했다.

❁

옛날 어느 봄날, 사로국의 여섯 촌장들이 마을 언덕에 모여 이러쿵저러쿵 회의를 했단다. 아마 당시 나라 정세에 대해 이야기를 했던 것 같다. 촌장들은 대단히 심각한 표정으로 다들 한마디씩 했어.

"우리 6촌은 왕이 백성을 다스리지 않아서 백성들이 오만방자합니다."

"맞습니다. 백성들이 제 하고픈 대로만 하려고 하니 대략 난감입니다."

"그렇습니다. 어서 덕 있는 사람을 군주로 삼아 나라를 세우고 도읍을 정해야 합니다."

"그렇긴 한데 덕 있는 사람이 어디 있어야지요."

여섯 촌장들이 이런 한탄을 쏟아 놓고 있는데, 남쪽에 있는 나정이란 우물가에 하늘로부터 이상한 기운이 드리운 게 보였어. 촌장들이 신기해하며 바라보니 그곳에 흰말 한 마리가 무릎을 꿇고 앉아 절을 하고 있는 게 아니겠어?

강아지나 고양이라면 모를까, 말이 무릎을 꿇고 있다니. 내가 말 많은 제주도에서 7년 넘게 살면서 수많은 말을 봤다만 무릎 꿇고 앉아 있는 말이 있다는 얘기는 들어 보지도 못했고 보지도 못했어. 촌장들도 신기했겠지. 그래서 촌장들은 서둘러 우물가로 몰려갔어. 그곳에 가 보니 흰 말이 자줏빛 알을 향해 절을 하고 있는 거야. 말은 촌장들을 보더니 크게 한 번 울고 나서 하늘로 날아갔단다.

한 촌장이 말했어.

"어서 알을 깨 봅시다!"

다른 촌장이 자줏빛 알을 깨뜨렸어. 그랬더니 그 알에서 용모가 단정하고 아름다운 사내아이가 나왔어. 촌장들은 놀랍기도 하고 기쁘기도 하여 그 사내아이를 냇물에 데려가 정성스레 씻겼지. 그러자 아이의 몸에서 광채가 나면서 새와 짐승이 춤을 추고 천지가 진동하며 해와 달이 맑아지는 거야.

촌장들은 그 모습을 보고 알에서 난 아이에게 '혁거세'란 이름을 붙여 주었어. 밝은 빛으로 세상을 다스린다는 뜻으로. 촌장들은 이 아이가 자기들이 찾던 덕 있는 군주가 될 거라 믿었어. 왜냐하면 당시 사람들은 흰 말을 하늘의 사자라고 여겼고 알을 하늘에서 내려 준 하늘 자손이라고 생각했거든.

아이를 보고 한 촌장이 말했지.

"하늘에서 천자가 내려왔으니 이제 덕 있는 왕후를 찾아 짝을 맺어 드려야 합니다."

촌장들이 그런 생각을 하고 있는 걸 어찌 알았는지, 알영정이라는 우물에서 신비한 일이 또 벌어졌단다. 용이 우물에서 나타나더니 왼쪽 옆구리로 여자아이를 낳고 사라진 거야. 그런데 자세히 보니 여자아이가 얼굴은 예쁜데, 입술이 닭 부리처럼 길게 나와 있었어. 그래서 사람들이 여자아이를 데려가 냇물에 씻겼지. 그랬더니 부리가 떨어져 나가고 아주 예쁜 모습이 되었단다.

촌장들은 남산 기슭에 궁궐을 짓고 그곳에서 두 아이를 키웠어. 남자아이는 박처럼 생긴 알에서 낳았다 하여 성을 박씨로 정해 주고 이름을 혁거세라 불렀어. 여자아이는 태어난 우물 이름을 따서 알영이라고 불렀지. 그리고 박혁거세가 13세가 되는 해, 왕으로 세우고 나라 이름을 서라벌이라 지었어. 훗날 신라라고 부르는 바로 그 나라란다. 이때가 기원전 57년이었다던가.

토리가 들뜬 표정으로 말했다.

"하늘에서 흰말 내려오고 자줏빛 알에서 사내아이 태어나고 용 옆구리에서 여자아이 나오고, 완전 판타스틱 3종 세트네. 혹시 내가 은하수 건너올 때 안드로메다에서 본 말이 그 말이었나?"

"어구, 그러셔? 왜, 안드로메다에서 시커먼 연기 내뿜으며 달리는 은하철도 999는 못 봤고? 아저씨가 너만 할 때 그 노래 엄청 불렀다. 들어 볼래? 흠흠. 기차가 어둠을 헤치고 은하수를 건너면 우주 정거장엔, 정거장엔……, 그다음이 뭐더라? 그렇지. 햇빛이 쏟아지네. 행복 찾는 나그네의 눈동자는 불타오르고. 엄마 잃은 소년의 가슴엔 그리움이 솟아오르네. 힘차게 달려라 은하철도 999. 힘……"

"그만해."

"왜, 얼마나 멋진 노랜데. 난 이 부분이 제일 멋지더라. 행복 찾는 나그네의 캬, 눈동자는 불타오르고. 엄마 잃은 소년의 가슴엔 그리움이 솟아오르네. 힘……"

"그만 좀 하라니까!"

토리가 소리를 빽 질렀다. 슬프게 화가 난 표정으로.

짜식, 까칠하긴. 듣기 싫으면 듣기 싫다 그러지, 왜 화를 내고 난리람?

"미안하다. 4차원 입체 방식으로 실감나게 강의해 주려고 한 건데 기분 나빴다면 사과하마."

"아니 그게 아니고……. 내가 좀 심했어, 아저씨."

언제 그랬냐는 듯 토리가 생글생글 웃었다.

"신라 건국 이야기는 여기까지 하자. 고구려나 백제처럼 작은 나라에서 출발한 신라는 주변 나라들을 하나 둘 복속시키며 큰 나라로 성장해 갔단다. 그리고 마침내 한반도 중남부를 장악하고 700년 뒤엔 삼국을 통일했지. 자, 고조선과 삼국의 건국 이야기를 마쳤으니 강의 첫날에 우리 역사의 출발은 다 살펴본 셈이다."

이런, 생각해 보니 가야가 빠졌다. 여기서 그냥 끝낼까 가야까지 하고 갈까 잠깐 고민하다 하기로 했다. 작은 일에도 최선을 다하라고 했는데, 나와 내 자식의 운명이 걸린 큰 문제를 소홀히 할 수는 없는 일이므로.

"끝내기 전에 한 가지만 더 말할 게 있는데……."

토리야, 신라가 알에서 난 혁거세가 세운 나라라고 했지? 삼국 시대 때 실은 한반도 남부에 가야라는 나라가 하나 더 있었어. 가야 역시 알에서 난 아이들이 성장해서 세웠다고 해. 가야 건국 신화도 신라처럼 신비롭고 흥미로운 부분이 있으니까 잘 들어 보렴.

옛날 변한 땅에 아홉 명의 추장이 살고 있었어. 변한이 어디냐 하면 지금의 김해와 낙동강 주변이야. 어느 날 추장들과 부족 사람들이 냇가에서 봄맞이 잔치를 벌이고 있었는데 구지봉이라는 언덕에서 이상한 소리가 들려왔어.

"하늘이 내게 이곳에 내려와 새로운 나라를 세워 임금이 되라고 하셨다. 너희들은 구지봉에서 흙을 파며 〈구지가〉를 불러라. 그러면 대왕을 맞이하여 기뻐 춤을 추게 될 것이다."

이상한 소리를 듣고 아홉 추장과 사람들이 구지봉에서 흙을 파며 일명 거북이 노래를 불렀지.

"거북아, 거북아, 네 목을 내밀어라. 그렇지 않으면 구워 먹겠다."

사람들이 노래를 부르자 하늘에서 붉은 보따리가 내려왔어. 추장들이 보따리를 펼치자 그 안에 황금 상자가 있었지. 황금 상자를 열자 황금 알 여섯 개가 들어 있었어. 감동한 추장들이 황금 알을 한 추장 집으로 옮겼어. 그 일이 있고 12일이 지나자 황금 상자 안에 있던 알이 여섯 명의 아이로 변해 있지 뭐니.

알에서 태어난 아이들이 열흘 남짓 지나자 키가 9척 크기로 자랐어. 한 척이 30센티미터 정도 되니까 어느 정도인지 알겠지? 촌장들은 그 가운데 가장 먼저 태어난 수로를 임금으로 모시고 나라를 세웠어. 그 후 수로왕은 지금의 인도 땅으로 추정되는 아유타국의 허황옥을 아내로 맞아 왕비로 삼았지. 그 나라가 바로 가락국으로 부르는 가야란다. 나머지 다섯 친구들도 여섯 가야 중 한 나라씩 맡아서 임금이 됐어.

나는 두 팔을 번쩍 들며 외쳤다.

"강의 끄읕!"

"한 가지 물어볼 게 있어. 아까 아자씨가 가야 이야기 할까 말까 고민했었잖아. 왜 그런 거야? 가야가 중요하지 않은 거야?"

"중요하지 않아서가 아니라 고구려, 백제, 신라에 비해 덜 중요하게 다뤄져서 나도 할까 말까 고민했던 거다. 그렇다고 가야 역사가 중요하지 않다는 건 아니야. 가야는 삼국뿐만 아니라 중국이랑 일본과도 교류하며 5백여 년 동안 역사를 이어 왔으니까."

"그런데 가야가 왜 한국 역사에서 대접을 못 받는 거야? 한국 사람들이 가야 대접을 제대로 해 주지 않아서 나카무라 상이 그런 말을 한 건가?"

"나카무라 상이 또 뭐라던?"

"삼국 시대 때 일본이 임나가야라는 지역에 식민지 기관을 설치하고 한반도 남부를 다스렸다던데."

"내 그럴 줄 알았다. 그건 일본이 주장하는 임나일본부설이다. 그 이야긴 내일모레쯤 할 기회가 있으니까 그때 하기로 하자. 암튼 가야가 우리 역사에서 큰 주목을 받지 못한 건 사실이다. 왜냐하면 삼국처럼 강력한 고대 국가로 성장하지 못한 채 연맹 국가 형태로 머물다 신라에 복속됐거든. 하지만 어떤 역사학자는 삼국 시대를 가야까지 포함해서 4국 시대로 불러야 한다고 주장하기도 해. 가야도 나름 우리 역사에서 대우받을 만한 충분한 가치가 있기 때문에. 가야는 특히 질 좋은 철을 많이 생산해서 삼국뿐만 아니라 바다 건너 중국이나 일본과도 활발하게 해상 무역 활동을 펼친 나라였어. 군사적으로도 문화적으로도 삼국에 비해 결코 뒤지지 않았지. 자, 오늘 강의 다 마쳤는데 네 소감 한번 들어 보자. 이 작가의 한국사 강의 어땠냐?"

"완전 짱이야. 이 작가 강의 짱짱!"

"또, 또, 그건 당연한 거고. 간단하게 강의 소감 한마디 해 봐."

"재미있었어. 하늘에서 내려오고 알에서 태어나고, 고조선이나 삼국이나 모두 신비롭게 태어난 사람들이 나라를 세웠다는 게 인상적이었어."

"물론 신화지만 그 이야기 안에는 당시 사람들의 생각이 담겨 있다. 자기네 건국자들은 하늘에서 내려온 신성한 존재라는 걸 말하고 싶었던 거다. 동그란 알은 태양을 상징하고, 주로 새들이 알에서 태어나는데 새는 하늘을 날 수 있고, 태양과 새는 하늘에 있으니 건국자가 하늘에서 내려온 존재라는 거지. 하늘에서 내려왔다는 건 이주해 온 이주 집단이 토착 세력과 힘을 합쳐 나라를 세웠다는 뜻이고. 이해가 되냐?"

"원더풀! 어쩜 그렇게 머리에 쏙쏙 들어오게 정리해 줄 수 있어?"

"오버하기는. 내일부턴 정말 흥미진진한 역사 이야기가 펼쳐질 테니까 감탄은 그때 가서 해도 늦지 않아. 자, 오늘은 여기까지! 하려고 했는데, 하나만 더 얘기해야겠다."

"웬일이야? 이렇게 자발적일 때도 있네."

"다, 이유가 있지. 이왕 하는 거 제대로 해야 할 거 같아서. 오늘 고조선과 삼국의 건국 이야기를 했는데 아무래도 그 시대 사람들이 어떻게 살았는지 그 이야기를 해 줘야 할 것 같다. 역사란 게 영웅들이 나라 세우고 싸우고 그런 이야기이기도 하지만, 한편으론 이름 없는 사람들이 먹고 자고 싸며 생활해 온 이야기이기도 하니까. 그 부분을 잠깐 들려줄게. 이름하여 이 작가의 판타스틱 생활사 3분 특강. 어떠냐, 재밌겠지? 삼 분 쉬고 시작한다. 하하하."

철기 시대 사람들

"이 작가님, 삼 분 지났거든요. 이 작가의 판타스틱 생활사 3분 특강 어서 시작하시죠?"

내가 거실에서 왔다 갔다 서성대자 토리가 재촉했다.

"기둘려 봐. 강의 구상 중이시니까. 핵심 내용을 효과적으로 전달하기 위한 준비 작업이다."

"효과적인 전달도 중요한데 그러다 날 새겠어. 우리도 잠은 자야 한다고."

"알았다, 알았어. 오케이, 시작하자! 지금부터 이야기할 내용을 정리해 보마. 첫째 석기 시대 이후 철기 시대까지 어떠한 변화가 있었는지, 둘째 각 시대마다 이 땅에 어떤 나라들이 있었고, 셋째 그 나라 사람들은 어떻게 살았는지."

"이거 뭐 정말 미안한데 구석기, 신석기 시대 얘기라면 이미 왕 선생님한테 지구 공통 역사 과목에서 다 들었다니까. 아자씨 또 공 몰고 가다가 태클 걸려서 하늘로 붕 떴다가 바닥으로 처박히는 기분 느끼고 싶어?"

"뭔 외계 소년이 이렇게 태클을 잘 걸어. 월드컵 나가면 태클 부분 MVP 먹겠네. 그러지 말고 잘 들어 봐. 우리 한반도에서는 대륙이나 섬나라와 다른 이곳 나름의 색다른 국가와 문화가 형성돼 왔어. 그 이야기를 하려는 거야."
나는 목소리를 가다듬고 강의를 시작했다.

시대를 구분할 때 우리 지구에서는 흔히 구석기, 신석기, 청동기, 철기 시대로 나눈단다. 이건 대부분의 한국 초등학생들이 다 아는 내용이야. 동굴에서 생활하며 사냥과 채집을 하다가 먹을거리가 떨어지면 무리 지어 이동 생활을 했던 구석기 시대 이야기는 앞에서도 말했으니까 생략할게. 중요한 건 그다음 신석기 시대란다.

1만 년 전 빙하기가 끝나고 간빙기가 시작되면서 얼음이 녹아내렸어. 그러자 바닷물과 강물이 불어나 물고기들이 넘쳐났지. 그래서 동굴에서 살던 사람들이 바닷가나 강가에 움집을 짓고 살기 시작했어. 여기까진 앞에서 말했던 내용이다. 중요한 건 그다음부터야. 이때 사람들은 따뜻한 날씨 덕에 농사를 짓기 시작했어.

신석기 시대 시작된 농사는 인류 생활사에 엄청난 변화를 몰고 왔단다. 농사지어 농작물을 수확하기 시작하면서부터 정착 생활이 시작되었으니까. 이 변화가 얼마나 대단했으면 '신석기 혁명'이라고까지 말하겠니. 신석기 혁명의 핵심이 바로 농사야. 신석기 시대 때 또 하나의 큰 변화는

• 움집과 빗살무늬 토기

신석기 사람들은 강가나 해안가에 움집을 짓고 살았다. 서울 암사동 유적지에 복원된 움집의 모습니다. 신석기 시대를 대표하는 빗살무늬 토기는 주로 곡식을 저장할 때 사용했다. ⓒ 국립중앙박물관 소장

토기 발명이야. 토기는 곡식을 저장하고 나르고 조리하는 데 꼭 필요한 생활 도구였어. 신석기 시대 때 한반도에서 최신 유행 토기는 빗살무늬 토기였어.

 신석기 시대 이후 세상에 없던 도구가 발명되면서 인류 역사는 또 한 번 큰 변화를 겪게 되었지. 그 새로운 도구가 바로 청동기. 청동기는 구리에 주석을 섞어 만든 금속이야. 사람들은 청동으로 그때까지 듣도 보도 못한 신기한 물건을 만들어 냈어. 청동 검, 청동 방울, 청동 거울 등등. 물론 이 도구들은 농사짓는 데 사용한 건 아니었어. 청동이 굉장히 구하기 어렵고 귀했거든. 그리고 청동의 주원료인 구리가 너무 물러서 농사짓는 데 적당하지 않았고. 그래서 농사는 여전히 나무로 만든 농기구나 석기를 사용했지. 그래도 어쨌든 청동 도구가 처음 발명된 이 시기를 청동기 시대, 즉 브론즈 에이지(bronze age)라 부른단다. 이 청동기 시대 때 신석기 농업 혁명에 견줄 만한 아주 획기적인 변화가 일어났는데, 그게 바로 사유 재산과 계급과 국가와 전쟁의 탄생이란다. 이 이야기는 너무 중요해서 한 박자 쉬었다 강의하고 싶은 유혹을 느낄 정도지만, 흐름을 이어 가기 위해서 계속 이야기하마. 일단 계급과 국가의 탄생!

 그럼 청동기 시대 이전엔 그런 게 없었냐? 없었지. 물론 사유 재산은 신석기 시대 말부터 생겨났다고 얘기하기도 해. 인류 문명 발상지라는 이집트나 인도 메소포타미아 지방에는 신석기 시대부터 국가가 존재했으니까. 하지만 우리나라에선 계급과 국가의 출현을 청동기 시대 이후로 본단다. 사유 재산과 계급과 국가가 생긴 이유는 간단해. 농사를 짓기 시작하면서부터 남아도는 농산물이 생기자 이것을 개인이 소유하기 시작했어. 그 전엔 다 함께 사냥하고 채집해서 똑같이 나눠 먹었지. 평등하게. 그러다 농산물이 남아돌자 힘 있는 자들이 더 많이 가지게 됐어. 그러자 그 사람들은 더 부유해지고 힘이 세져서 마침내 지배자가 된 거야. 지배하는 자와 지배받는 자의 계급이 발생한 거지. 이 사람들이 모여 있는 부족들이 전쟁을 통해 더 큰 집단을 이루기 시작했는데, 이게 바로 국가의 탄생이란다. 이때부터 부족 간의 끔찍한 전쟁이 빈번해졌어. 돌도끼나 나무 가지고 치고받고 싸우던 때와 달리 청동 검으로 찌르고 베는 무시무시한 살육진이.

 청동기 시대 때 생겨난 우리 민족 최초의 국가가 바로 고조선이야. 고조선은 기원전 약 2000년부터 시작됐는데, 한나라에 멸망하는 기원전 108년까지 만주와 한반도에서 청동기 문화를 발전시켰단다. 비파라는 악기 모양을 닮은 비파형 동검을 사용하고, 귀족들은 위아래 색깔 맞춤 비단옷을 입고 가죽 신발을 신고, 전쟁에 나갈 땐 철제 갑옷도 갖춰 입었어. 당시 고조선에서는 오늘날과 같이 법으로 사람들을 다스렸다고 해. 그 기록이 한나라 역사책인 《한서》의 〈지리지〉에 남아 있는데 대략 이런 거야. 사람을 죽인 자는 사형, 남을 다치게 한 사람은 곡식으로 갚아야 하고, 남의 물건을 훔친 자는 노예가 되거나 용서를 받으려면 50만 전이라는 막대한 벌금을 물어야 했어. 이것을 보면 고조선 사회가 개인의 생

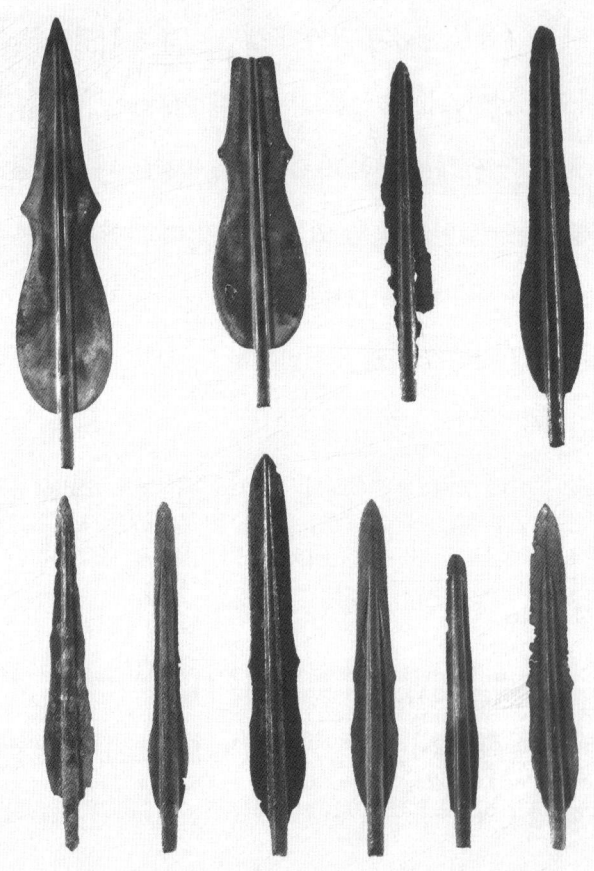

• 비파형 동검. ⓒ 국립중앙박물관 소장

명을 존중하고 사유 재산을 인정하며, 경제 활동에서 화폐를 사용했다는 것을 알 수 있지.

자, 이제 마지막으로 오늘의 본론인 철기 시대에 있던 우리 민족에 대해서 이야기해야겠다. 한반도에 철기 문화가 들어온 건 기원전 400년쯤이라고 해. 그땐 고조선이 존재할 때였으니까 고조선 말엽에 이미 철기가 보급됐다고 봐야지.

철기는 철광석을 용광로에 녹여 불순물을 제거하고 남은 순수한 철을 가공하여 만든 도구야. 청동기보다 단단하고 날카로운 도구를 만들 수 있지. 철의 원료인 철광석은 청동기의 원료인 구리와 주석보다 흔하게 구할 수 있기 때문에 농기구도 만들어 쓸 수 있었어. 그런데 왜 청동기보다 쓸모 있는 철기를 늦게 사용하게 된 거냐고? 그건 기술이 필요했기 때문이야. 청동기를 만들려면 800도가량의 온도가 필요한 반면, 철기를 만들려면 1000~1500도가량의 온도가 필요해. 그만큼 더 발전된 기술이 필요했지. 높은 온도에서 만들어진 철기는 청동기보다 강하고 단단하단다. 이러한 철기가 보급되면서 사람들은 청동기보다 몇 배 강력한 무기를 만들어 더욱더 규모가 크고 잔혹한 전쟁을 치렀고, 철제 농기구를 사용해 훨씬 더 많은 농산물을 생산했어. 생산물이 늘어나고 전쟁 규모가 커지자 만주와 한반도 여기저기서 크고 작은 나라들이 생겨났단다. 철기 시대 때 만주와 한반도에 있던 나라들은 고조선을 비롯해 북만주에 부여, 압록강 유역에 고구려, 한반도 북부에 옥저와 동예, 한반도 중남부에 삼한이야. 여기서 삼한 이야기 잠깐 할게.

삼한은 마한, 진한, 변한, 세 나라를 뜻해. 나라라고 하지만 하나의 큰 나라가 아니고 인구 몇만, 혹은 몇천 명이 사는 팔십여 나라가 모여 있는 형태였어. 하지만 작다고 무시하면 안 돼. 이 삼한을 모태로 백제와 신라,

- 연맹 왕국의 성장과 사회

그리고 가야가 탄생했거든. 처음에 백제는 마한에 속한 작은 나라였다가 나중에 마한 전체를 통합했고, 신라도 진한에 속한 작은 나라에서 출발해 신라라는 왕국을 만들었지. 철이 많이 나기로 유명한 변한에서 여섯 가야가 탄생했고. 고조선이 멸망한 이후 어느 날 갑자기 고구려, 백제, 신라, 삼국 시대가 열린 게 아니라는 말씀. 그러니 이 삼한을 우리 민족이 세운 고대 국가의 모태라고 하는 거야. 우리나라 국호인 한국의 '한(韓)'이 바로 삼한에서 나온 말이야.

철기 시대 국가들은 지형과 생산물에 따라 서로 다른 생활 풍습을 가지고 있었어. 만주 북쪽 너른 평원에 있던 부여는 곡식이 풍성했고 평원에서 기른 말이 유명했어. 말, 소, 돼지, 개의 이름을 딴 부족의 귀족들은 왕이 잘못하면 왕도 갈아 치울 만큼 힘이 셌대. 중국 기록에 따르면 부여 사람들은 낮이나 밤이나 노래를 부르고 다닐 만큼 노래 부르는 걸 좋아했어.

옥저는 오늘날 함경도 지방에 있던 작은 부족 국가인데, 동쪽으로 바닷가에 접해 있어서 해산물이 풍부했다고 해. 특이한 건 옥저에는 민며느리 제도가 있었는데, 이게 뭐냐면 남자 집에서 여자아이를 데려다 시집갈 나이가 될 때까지 키워서 며느리로 삼는 거야. 여자 집에 사위를 머무르게 하는 고구려의 서옥제도 있어. 동예는 오늘날 강원도 동해안에 있던 부족인데 길이가 짧고 강력한 활인 단궁과, 과일 나무 아래를 지나도 될 만큼 키가 작아 과하마로 불리는 말과, 바다표범 가죽으로 만든 반어 피가 유명했어. 옥저와 동예는 나중에 모두 고구려에 복속돼.

철기 시대 사람들 생활 풍습 하나만 이야기하고 마칠게. 부여, 고구려 그리고 삼한 사람들은 농사가 끝나는 가을과 겨울에 하늘에 제사를 지내는 풍습이 있었어. 이를 제천 행사라고 하지. 부여는 영고, 고구려는 동맹, 동예는 무천이라고 해. 삼한에서는 추수 때뿐만 아니라 5월에도 제천 행사를 열었다고 해. '제천 행사'는 수확을 하게 해 준 하늘에 감사하는 행사인데, 이때 죄를 지은 자들도 심판하고 이것이 끝나면 술 마시고 노래하고 춤추며 신나게 놀았다는구나. 오늘날 우리의 추석이나, 서양의 추수감사절이라고 보면 될 거야. 오늘 강의 진짜 끝!

"생활사 3분 특강이라더니 삼십 분 특강이구만."
"그래서 뭐 불만 있냐?"
"뭐 중요하다는 건 알겠는데 곰이 사람으로 변신하고 알에서 막 사람 태어나고 말이 하늘로 올라가고 뭐 이런 이야기보다 흥미진진하진 않다 이 말이지."
"어떻게 사람이 떡으로만 살 수 있냐. 밥도 먹고 빵도 먹고 그러는 거지. 아무튼 알았다. 내일부턴 생활사 3분 특강 제목에 걸맞게 핵심만 요약해서 간단하게 알려 주마."

나는 책과 노트를 챙겨 들고 방으로 들어왔다. 긴장이 풀리자 움직이기 힘들 정도로 몸이 무거웠다. 음악이 필요한 시간. 나는 몇 장 안 되는 음반 가운데 오펜바흐의 오페라 〈호프만의 이야기〉 중 〈뱃노래〉를 꺼내 들었다. 〈인생은 아름다워〉라는 영화에서 나치 수용소에 수용된 주인공이 그곳 어딘가에 수감돼 있는 사랑하는 아내에게 확성기를 통해 들려주었던 노래.

그 노래를 듣고 있자니 내 신세가 수용소에 갇힌 주인공 같단 생각이 들었다. 여기서 강의를 다 마치고 아무 일 없이 집에 돌아갈 수 있을까? 그런 걱정을 하는데 토리가 맞춰 놓은 수면 최적화 분위기 때문인지 졸음이 몰려왔다. 근데 토리는 내가 은하철도 999를 부를 때 왜 그렇게 슬프게 화를 낸 걸까? 에라, 모르겠다. 눈꺼풀이 삼천 근이다. 자자, 자.

둘째 날
삼국 전성기 이야기

첫 번째 이야기	근초고왕, 당당하게 위대하게
두 번째 이야기	광개토대왕을 모르면 외계인
세 번째 이야기	부전자전, 장수왕
네 번째 이야기	배신도 작전, 진흥왕
판타스틱 생활사 3분 특강	삼국 시대의 신분

한눈에 보는 한국·중국·일본

기원후 220	250	280	304	346	369
중 삼국 시대 (~280)	일 통일 국가 야마토 정권 수립(~710)	중 진(晉), 중국 통일	중 5호 16국 시대 (~439)	한 백제, 근초고왕 즉위(~375)	한 백제, 마한 정복 | 고구려 고국원왕 1차 침입 격퇴
371	407	420	427	433	439
한 백제, 고구려 2차 침입 격퇴 | 고국원왕 사망	한 고구려, 요동 정벌	중 동진 멸망, 송 건국	한 고구려, 평양 천도	한 백제, 신라와 나제 동맹 체결	중 위진 남북조 시대
513	538	589	593		
한 백제, 왜에 오경박사 보냄	한 백제, 왜에 불교 전함	중 수, 남북조 통일	일 아스카 시대 (~710)		

• 백제의 전성기와 대외 관계

첫 번째 이야기

근초고왕, 당당하게 위대하게

꿈을 꾸었다. 새가 날갯짓하듯 두 팔을 위아래로 흔들자 몸이 붕 떠올랐다. 그러더니 몸이 내 마음대로 움직이기 시작했다. 두 팔을 위아래로 휘저으면 위로 날아올랐고 두 팔을 앞으로 뻗으면 슈퍼맨처럼 날았다. 아, 하늘을 나는 기분이라는 게 이런 거구나. 그렇게 한참을 날다가 큰 바위 하우스로 내려왔다. 숙면을 위한 최적화 상태로 유지되는 방에서 잤더니 이렇게 환상적인 꿈을 꾸게 될 줄이야. 방에서 나오자 토리가 인사를 건넸다.

"아저씨 잘 잤어? 얼굴 좋아 보이네."

"네 덕분에 잠도 잘 자고 환상적인 꿈도 꿔서 그런가 보다."

"하늘을 나는 꿈이라도 꿨나 보지?"

허걱. 도대체 이 녀석은 어디까지 나를 들여다보고 있는 걸까?

"그래. 메텔 아줌마랑 은하철도 999 타고 안드로메다로 소풍 갔다 왔다. 됐냐? 꿈 이야기 그만하고, 오늘은 어제 삼국의 건국 이야기에 이어 삼국이 가장 잘나갔던 전성기에 대한 이야기를 하겠다. 말하자면 삼국의 하이라이트, 사람으로 치면 화양연화라고나 할까?"

"아이고, 어렵네. 하이라이트는 알겠는데 화양연화는 또 뭐야?"

"비슷한 말이다. 사람으로 치면 인생의 가장 아름다운 시절이라고나 할까? 영화 제목이다."

"영화? 아저씨는 역사 강의하는데 뭘 그렇게 열심히 갖다 붙여?"

"네가 뭘 모르는구나. 영화는 21세기 지구촌에서 가장 영향력 있는 문화야. 심심하면 너도 외계인이 꼭 봐야 할 지구 영화 100편 다운 받아 보도록 해라. 자자, 본론으로 직진하자. 오늘 첫 시간엔 삼국의 전성기 가운데 백제 이야기를 해 주겠다. 백제는 삼국 가운데 가장 늦게 건국했지만 전성기는 가장 빨랐는데 그 이유가 뭐였는지 아냐?"

"글쎄, 오늘 강의를 다 들어 봐야 알 거 같은데."

"하긴. 백제가 가장 먼저 전성기를 누린 건 경기도, 충청도, 전라도 평야에서 나는 풍부한 농산물과 서해의 수산물, 그리고 발달된 철제 무기로 주변 나라들을 정복했기 때문인데, 결정적으로는 이분의 등장 덕분이었다. 바로 강력한 군대를 이끌고 백제 최고 전성기를 이끈 매우 뛰어난 정복 군주 근초고왕!"

"잠깐, 군사 강국은 고구려 아닌가? 백제 하면 문화고?"

"대체적으로 그렇긴 한데 근초고왕 때는 둘 다야. 원 플러스 원, 군사 + 문화. 한마디로 짱이었다. 왜 그런지 지금부터 이야기해 줄 테니까 잘 들어 봐라."

나는 근초고왕의 정복 활동 이야기를 시작했다.

❀

근초고왕이 어떤 왕이었는지 아니? 《삼국사기》에 따르면 체격이 크고 용모가 기이하며 원대한 식견이 있었어. 외모와 인품에 어울리는 큰 업적을 남겼다는 뜻이지.

근초고왕(백제 제13대 왕)의 업적 가운데 369년 이야기를 빼놓을 수가 없단다. 그해 백제는 국가적으로 아주 중요한 이벤트 몇 개를 치렀는데, 첫 번째 이벤트가 마한 정복이었어. 건국 당시 백제는 마한 지역의 55개 소국 가운데 하나였어. 그랬던 백제가 몸집을 점점 불리더니 마한 지역을 차츰차츰 통합해 나갔어. 그러다가 근초고왕 대에 이르러 마침내 마한을 완전 정복하고, 전라남도 해안가에 이르는 백제 지도를 완성했지. 그러자 경상도에 자리 잡은 가야의 일부 지역이 근초고왕에 스스로 머리를 숙이고 복속해 왔어.

바로 그때 백제와 왜 사이에 흥미로운 거래가 이루어졌단다. 뭐냐 하면 근초고왕이 마한 정복 때 왜군을 용병으로 불러다 쓴 답례로 왜 왕에게 칠지도를 보내 줬어. 이 칼이 지금 일본 나라현에 있는 이소노카미 신궁에 보관돼 있는데, 그 칠지도 앞면과 뒷면에 칼을 만든 목적과 일본 왕에게 준 이유를 새겨 놓았지. 해석하면 대략 이렇단다.

서기 369년 마한 정복 후 1백 번 담금질하여 칠지도를 만들었다. 이 칼을 후왕에게 제공할 만하다. 왜 왕을 위해 만들었으니 후세에 잘 전하라.

칼에 새겨진 글의 분위기로 봐서는 백제 왕이 자기보다 한 단계 아래 있는 왜 왕에게 고생했다고 준 거야. 하지만 일본은 그렇게 해석을 안 해. 백제 왕이 왜 왕에게 칠지도를 조공으로 바쳤다고 말하고 있어. 너는 어느 쪽이 맞는 거 같니? 나카무라 상한테 백제가 바친 거라고 들었다고?
 내 그럴 줄 알았다. 일본은 《일본서기》를 근거로 그렇게 얘기하곤 해. 하지만 그 역사책은 일본 왕의 위세를 높이기 위해 내용을 과장하고 사실을 왜곡한 부분이 많다는 지적을 받는 책이야. 그 책에 보면 더 황당한 얘기도 나와. 삼국 시대 때 일본이 오늘날 김해 지역인 임나가야에 식민지 관청을 두고 한반도 남부를 군사적으로 지배해 왔다는 내용이 있어. 이게 바로 어제 네가 물어본 '임나일본부설'이야. 한마디로 역사 왜곡이지.
 왜냐고? 백제가 마한을 정복할 때 군사를 파견해 도와준 일을 어떻게 한반도 남부를 군사적으로 지배했다고 말할 수 있니? 그러면 한국 군대가 1970년대 베트남전쟁에 미국 용병으로 참전해서 싸운 일을 한국이 베

• 칠지도 앞면(왼쪽) 뒷면(오른쪽) _ⓒ 일본 이소노카미 신궁 소장

트남을 군사적으로 지배했다고 떠들면 베트남 사람들이 뭐라고 하겠어? 한국인들 병 걸리셨어요? 이렇게 묻지 않겠냐고.

하지만 백제와 일본이 근초고왕 때 교류를 시작한 이래 백제가 망하는 날까지 우호적인 관계를 맺었던 건 사실이야. 왕인과 아직기가《천자문》과《논어》를 가지고 가 일본 황실에서 유학을 가르쳤고, 노리사치계가 불경과 불상을 가지고 가서 불교를 전해 줬어. 또 백제의 국가 공인 기술자들인 박사들이 의학, 역학, 탑 제조 기술, 건축 기술 등을 전해 주었고. 일본인들은 바다 건너온 백제인들을 도래인이라 부르며 환영했대. 바다를 건너온 사람들이라는 뜻이지.

삼국 시대 때 일본에 문화를 전해 준 나라가 백제만은 아니야. 고구려가 불교와 회화, 종이 제조 기술을 전해 주었고, 신라는 일본에 배 만드는 기술과 제방 쌓는 기술을 전해 주었어. 일본은 한반도 도래인들의 도움으로 7세기에 불교문화인 아스카 문화를 꽃피웠단다.

그러나 아무래도 일본과 가장 가깝게 지낸 나라는 백제야. 백제가 문화를 전해 주고 일본이 용병을 보내 주는 끈끈한 관계가 백제 패망 때까지 이어졌지. 무슨 얘기하다가 문화 전파 얘기가 나왔더라. 그렇지, 칠지도 전해 준 이야기하다 그랬구나. 이제 근초고왕이 마한 정복하고 일본에 칠지도 하사한 이야기 마치고 북쪽에 있는 고구려와 전쟁을 벌인 이야기를 들려줄게.

고구려 고국원왕(제16대 왕)이 369년 군사를 이끌고 백제에 쳐들어왔단다. 그랬다가 지금의 황해도 지역에서 백제의 용맹한 군사들에게 참패를 당하고 물러났지. 고구려와의 첫 대결에서 승리한 근초고왕과 백제 군사들의 사기가 하늘을 찔렀어. 그래서 그해 겨울 근초고왕은 백제 수도에서 대대적인 군대 사열식을 열었단다. 일종의 군사 퍼레이드를 벌인 건데, 사열식에 참여한 백제 군사들이 황제를 상징하는 황색 깃발을 휘두르며 당당하게 행진하는 모습이 《삼국사기》에도 기록돼 있어.

가만있어 봐라. 근초고왕은 할 얘기가 하도 많아서 어떻게 다 해야 할지 모르겠구나. 안 되겠다. 우주에 기록돼도 아깝지 않을 핵심 이야기 몇 개만 콕 집어서 얘기해 줘야지.

나는 잠시 숨을 골랐다. 토리는 뭔가 물어볼 게 있는 듯 시선을 왼쪽 45도 방향으로 돌린 채 팔을 턱에 괴고 입을 열었다.

"근데 난 정말 이해가 안 돼. 똑같은 해에 똑같은 사람이 등장하는 사건인데 왜 이렇게 말이 다른 거야? 칠지도 말이야. 주었다, 바쳤다, 아저씨 얘기랑 나카무라 상 얘기가 정반대잖아. 한국하고 일본은 원래 그래?"

"그게 왜 그러냐 하면, 자기 나라 입장에서 역사를 해석하기 때문에 그래. 그러나 칠지도는 일본 측 주장에 억지가 있는 게 사실이야. 칼에 새겨진 글귀를 해석해 보면 금방 알 수 있어. 또한 당시 한반도에서 고구려보다도 힘이 셌던 백제의 위상을 생각할 때, 근초고왕이 왜에게 칠지도를 바쳤다는 건 말이 안 되지. 그래도 일본이 우긴다면 말릴 순 없지만."

　　지금부터는 근초고왕 때 백제가 고구려와 크게 한판 붙은 얘기와 중국 대륙으로 진출했던 이야기를 해 줄게. 앞에서 백제와 고구려가 황해도 지역에서 첫 전투를 벌였다고 했지? 생전 안 싸우던 두 나라가 왜 하필 그때 맞붙게 됐을까? 이유가 있단다.

　　몇십 년 전 고구려와 백제 사이에서 완충 구실을 해 주던 낙랑군(郡)과 대방군(郡)을 고구려가 점령한 일이 있었어. 완충 구실을 하던 낙랑군과 대방군이 사라지자 고구려와 백제가 창칼을 겨누는 사이가 된 거지. 때마침 고구려는 북쪽에 있는 강력한 유목 민족 때문에 북방 진출에 어려움을 겪고 있었어. 그래서 남쪽으로 진출하기 시작했고 두 나라 사이에 전투가 벌어졌단다.

　　369년 첫 전투에서 패한 고구려가 백제를 다시 쳐들어온 건 2년 뒤. 하지만 백제는 이미 고구려도 두렵지 않은 군사 강국이어서 다시 한 번 고구려군을 격퇴시켰단다. 이후 근초고왕은 이참에 고구려를 제압해야겠다 마음먹고, 직접 군대를 이끌고 평양성 공격에 나섰어. 고구려 고국원왕도 평양성까지 와서 전투를 치렀지. 이 평양성 전투에서 고국원왕이 백제 군사가 쏜 화살에 맞아 전사했어.

　　삼국 시대 때 왕이 전투 중에 전사한 건 이때가 처음이 아닐까 싶구나.

이 사건으로 고구려는 국가 위상이 크게 떨어졌고, 백제의 자부심은 하늘 높이 치솟았지. 그런데 고국원왕 전사 사건은 역설적으로 백제에겐 불행의 씨앗이 됐어. 무슨 말이냐고? 그 이야기는 고구려 광개토대왕 얘기 때 들려줄게.

마한 정복에 이어 고구려까지 밀어붙인 백제는 주체할 수 없는 힘을 한반도 밖으로 돌렸어. 중국의 산둥 반도와 요서 지역에까지 진출해 백제의 이름을 떨쳤지. 근초고왕 이후 백제가 중국에까지 진출했다는 기록은 아쉽게도 우리 역사책엔 남아 있지 않아. 그 내용은 중국 쪽 역사책에 전해 오는데 알려 줄게. 송나라와 양나라 역사책에 기록된 내용인데 요약하면 이래.

> 백제는 본디 고구려와 더불어 요동 동쪽 1천여 리에 있다. 고구려가 요동을 공략해 차지하자, 백제는 요서 지역을 공격해 차지했다. 차지한 지역을 진평군 진평현이라 하는데 그곳에 백제군을 설치했다.

무슨 말이냐 하면 고구려가 요하 동쪽 지역을 차지하자 백제는 요하 서쪽인 요서 지역을 차지해 백제 관할 지역으로 삼았다는 얘기야. 이 기록으로 보아 백제가 중국에 진출한 게 맞는 거 같아. 그러나 어떻게 진출했고, 얼마만 한 규모로 얼마 동안 그 지역을 지배했는지는 자세히 알려져 있지 않아.

그래서 우리나라 역사학자 중에는 이 사실을 곧이곧대로 받아들이면 안 된다고 주장하는 학자도 있어. 그들이 그렇게 주장하는 가장 큰 이유는 백제에 대한 인식 때문이야. 설마 백제가 한반도에서 주도권 좀 잡았다고 중국에까지 진출할 힘이 있었겠느냐는 거지.

그런데 그 내용이 우리 역사책에서 우리가 주장한 것도 아니고 중국 사람이 쓴 역사책에 나온 이야기니 굳이 안 믿을 이유가 있을까? 그리고 당시 정치적 상황을 살펴봐도 중국 대륙은 극도의 혼란기였어. 백제가 차지했다는 요서 지역에서도 유목민이 세운 나라들이 후딱후딱 바뀌는 정권 교체기였고.

백제는 그런 혼란 와중에 해상 활동을 통해 그 지역에 진출해 영향력을 행사했다고 볼 수 있어. 그리고 또 하나, 당시 백제는 지금 생각하는 것보다 훨씬 군사력이 강한 나라였다는 사실이야. 해상 무역을 통해 중국, 일본, 동남아시아 지역과도 교역을 했다고 해. 근초고왕 시대의 백제, 대단하지 않니?

"어때, 근초고왕 이야기?"

"백제 건국 이야기가 좀 밋밋하다 생각했는데, 삼국 중 가장 먼저 전성기를 누린 백제에 대해 알고 나니 다시 보이는데. 근데 혹시 아저씨한테 화양연화는 언제야?"

"내 인생의 가장 빛나던 때라……. 글쎄다, 초등학교 축구부 주장할 때가 아닌가 싶다. 그때 스페인 프로 축구팀 FC 바르셀로나에서 나를 스카우트 하겠다고 구단주하고 감독하고 찾아오고 난리도 아니었다. 아, 그때 난 그렇게 반짝였는데……."

"푸하하! 정말 웃기지도 않네. 바르셀로나 감독이 뭘 어쨌다고? 아자씨 얘기 들으니까 갑자기 내가 봤던 감동적인 장면이 떠올라."

"우주를 날아다니는 말 이야기하려면 그만둬라."

"그 얘기 아냐. 들어 봐. 지구에 오다가 어느 별을 지날 때였어. 빛의 속도로 그 별을 지나는데 갑자기 그림 같은 장면 하나가 흑 잡히더라고. 목에 긴 머플러를 두르고 황금 머리카락을 한 꼬마와 귀엽게 생긴 여우 한 마리가 장미꽃을 보면서 사이좋게 얘기를 나누고 있더라니까!"

"토리야, 내가 잘못했다. 그만하자."

"왜 이래, 더 들어 봐. 내가 두 사람 얘기하는 걸 가만히 들어 보니까 여우가 꼬마에게 이러더라고. 네 장미가 그토록 소중한 건 네가 그 꽃에 바친 시간 때문이야."

"제발, 그만! 아저씨가 진짜진짜 잘못했다."

아, 토리. 이 녀석 생각보다 강적이다. 나는 다시는 FC 바르셀로나 얘긴 꺼내지 않겠다고 다짐에 또 다짐을 했다.

한눈에 보는 한국·중국·일본

기원후	250	304	372	373	391	396
	일 통일 국가 야마토 정권 수립(~710)	중 5호 16국 시대 (~439)	한 고구려, 태학 설립 | 불교 전래	한 고구려, 율령 반포	한 고구려, 광개토왕 즉위(~412)	한 고구려, 백제 공격

	400	407	420	427	433	439
	한 고구려, 신라 왜구 토벌에 군대 지원	한 고구려, 요동 정벌	중 동진 멸망, 송 건국	한 고구려, 평양 천도	한 백제, 신라와 나제 동맹 체결	중 위진 남북조 시대

	589	593
	중 수, 남북조 통일	일 아스카 시대 (~710)

• 고구려의 전성기

두 번째 이야기

광개토대왕을 모르면 외계인

나는 바르셀로나 축구팀 이야기를 꺼낸 걸 후회했다. 토리가 《어린 왕자》 카드를 꺼내 들 것이라곤 상상도 못 했다. 그러다 절대, 네버 그런 얘기는 꺼내지 않기로 마음먹은 지 삼 분을 못 넘기고 또 한마디를 하고 말았다.

"지구에는 기원이 다른 세 종류의 인간이 살고 있는데 알고 있나?"

"아니. 내가 볼 땐 그 인간이 그 인간이던데."

"아니야, 달라. 침팬지를 거쳐 인간으로 진화한 종, 하나님이 흙으로 창조한 종, 그리고 외계에서 온 종, 이렇게 세 종류의 인간이 살고 있대. 지금 지구에는 너처럼 인간들과 섞여 암암리에 임무를 수행하고 있는 외계인이 있다는 말씀!"

나는 놀라운 비밀이라도 털어놓는 양 목소리를 낮췄다. 토리가 믿기지 않는다는 표정으로 나를 처다봤다. 옳거니 하며 나는 호기심을 자극하기 위해 한술 더 떴다.

"그 외계인 중에 내가 아는 사람이 있는데 알려 줄까? 돌아가기 전에 한 번 만나 보고 갈래?"

"글쎄, 만나는 건 좀 생각해 봐야겠는데. 근데 누구야? 그 외계인?"

"리오넬 메시라고, FC 바르셀로나의 공격수다. 인류 축구사의 모든 기록을 갈아 치우고 있는 외계인이지. 그래서 팬들은 그가 외계인이라는 결론을 내렸단다."

"아자씨, 내가 그 황금 머리카락 꼬마랑 같이 장미꽃에 물 주며 놀다 오느라 지구에 삼 분 늦게 도착해서 우리 별 역사 담당 고문관한테 혼난 이야긴 안 해 줬지?"

깨갱. 본전도 못 찾을 걸 왜 그랬을까, 나는.

"미안하다. 내가 무슨 얘길 하려다 또 삼천포로 빠졌는지 모르겠다. 그렇지. 진짜 외계인 같은 사람 이야기를 하려다 그랬구나. 외계인처럼 놀라운 업적을 이뤘고, 그를 모르는 사람은 외계인이나 간첩 취급받게 만든 그런 사람이 우리 역사에도 있었다."

"이제야 제자리로 돌아오셨군. 그 사람이 누군데?"

"정복 군주 광개토대왕."

"광개토대왕이라면 나카무라 상한테 잠깐 들었던 기억이 나."

"그럴 거다. 광개토대왕은 우리 역사뿐만 아니라 중국, 일본에도 이름을 날린 왕이니까. 지금부터 그분 이야기를 해 주마."

"어느 정도기에 이렇게 자랑이 심해? 지구 정복이라도 했어?"

"지구 정복까진 아니고 우리나라 역사상 가장 넓은 영토를 개척한 고구려의 왕이었다. 그래서 마케도니아의 알렉산드로스와 몽골 제국의 칭기즈 칸과 더불어 지구촌 정복자 3인방에 드는 인물이다."

"그 정도야? 내가 본 세계사 책엔 그런 말 없던데. 혹시 누가 한 말이야?"

"누가 하긴. 네 앞에 계신 4차원 입체 작가님 말씀이지."

"그럼 객관성도 신빙성도 없는 말이잖아. 세계에서 알아주기는 해?"

"객관성은 무슨, 내가 그렇다면 그런 거지. 이분은 업적이 하도 많아서 왕호칭도 업적만큼 길단다. 광개토대왕 묘비에 국강상광개토경평안호태왕(國岡上廣開土境平安好太王)이라 적혀 있다. 영토를 크게 넓혀 나라를 평안케 한 위대한 대왕이란 뜻이지. 그러니까 고구려에서 다른 건 다 까먹어도 이분 이름은 까먹으면 안 된다. 알았지?"

나는 광개토대왕 이야기를 시작했다.

광개토대왕(고구려 제19대 왕)은 백제 근초고왕이 죽기 1년 전 태어났어. 오늘날 많은 사람들이 광개토대왕과 근초고왕이 동시대에 살았다면 어떤 일이 벌어졌을까 하는 무서운 상상을 하곤 해. 고구려와 백제 역사상 가장 강력했던 정복 군주가 맞부딪쳤다면 한반도 역사상 가장 피 튀기는 시대가 되지 않았을까 하고 말이야. 하지만 신은 하늘 아래 두 영웅을 동시대에 배치하지 않았단다.

광개토대왕은 나면서부터 허우대가 크고 활달했다고 해. 그가 태어난 당시 고구려는 국가적으로 무척 어려운 상황이었어. 태어나기 3년 전 할아버지 고국원왕이 평양성에서 전사하고, 북방 유목 민족의 침략을 당해 고전하고 있었지.

큰아버지 소수림왕(고구려 제17대 왕)은 복수를 위해 백제와 전투를 치르기도 했지만, 그보다는 나라 기틀을 다지는 일에 더 매진했어. 추락한 국가 경쟁력을 강화하기 위해 내부의 힘을 기르는 쪽을 선택한 거야. 태학이라는 국립학교를 만들어 젊은 인재를 길러 내고 불교를 받아들여 백성들을 하나로 묶어 내고자 했지. 또한 율령을 반포해 행정 제도와 형법 체계를 정비했어. 이렇듯 뼈를 깎는 개혁 작업 덕분에 고구려는 다시 강력한 왕권 국가가 되었지. 그리고 그 토대 위에서 담덕은 열여덟 살이라는 젊은 나이에 왕이 되었단다. 그가 바로 오늘의 주인공 광개토대왕이지.

광개토대왕이 왕이 되고 나서 가장 먼저 한 일이 뭔지 아니? 남쪽에 있는 백제를 치는 일이었어. 백제군에 전사한 할아버지의 원수를 갚는 거였지. 오래전부터 동양에는 부모의 원수와는 한 하늘을 지고 살 수 없다는 말이 있는데, 광개토대왕이 왕이 되자마자 백제 공격에 나선 것도 그런 이유 때문일 거야.

광개토대왕은 즉위하자마자 직접 군사를 이끌고 백제 북쪽에 있는 석현을 공격해 십여 개 성을 함락시켰어. 백제 반도도 만만치 않았지. 백제가 반격하자 광개토대왕은 백제 완전 정복을 위해 396년 직접 군대를 이끌고 백제로 진격했단다. 이때 만약 백제 아신왕이 죽기 살기로 저항했다면 아신왕도 죽고 백제도 좀 더 일찍 역사 속으로 사라졌을지 몰라. 아신왕은 처신을 잘했어. 광개토대왕이 4만이 넘는 군사를 이끌고 한강을 건너 백제 도성에 당도하자 바로 항복을 했단다. 아신왕은 광개토대왕 앞에 납작 엎드려 말했어.

"대왕의 영원한 노객이 되겠습니다."

노객이 되겠다는 건 노예처럼 지내겠다는 말이야. 광개토대왕은 승자의 미덕으로 항복을 받아들였어. 대신 58개의 성과 7백여 마을을 빼앗고, 백제 왕의 동생과 대신 열 명을 데리고 귀환했단다.

이 장면에서 역사가들은 한 가지 의문을 제기하고 있어. 광개토대왕은 왜 백제를 멸망시키지 않고 그대로 물러갔을까? 그랬다면 한반도 남쪽으로 더 넓은 영토를 차지하고 한반도 역사도 달라졌을 텐데. 내가 생각할 땐 그 정도 상황만으로 백제는 이미 고구려의 속국 신세인 거나 마찬가지여서 굳이 직접 지배할 필요를 느끼지 못했을 거야. 그리고 현실적인 어려움도 있었겠지. 무릇 영토를 차지하긴 쉬워도 차지한 그곳을 지속적으로 지배하는 건 쉽지 않거든. 광개토대왕은 백제보단 북쪽 영토에 더 관심이 많았던 게 사실이야.

당시 고구려 머리 위에는 후연, 거란, 부여, 숙신 같은 나라들이 호시탐탐 고구려를 넘보고 있었거든. 이런 상황에서 남쪽 백제에 지속적으로 신경을 쓰는 건 올바른 전략이 아니라고 판단했을 거야.

백제에 대한 복수혈전을 마무리한 광개토대왕은 4년 뒤인 400년 신라에 5만 군대를 보냈어. 왜구 침입으로 위태로운 지경에 이른 신라 내물왕이 구원 요청을 했기 때문이야. 말까지 철갑 옷을 입힌 고구려 중무장 기병들이 지축을 흔들며 신라로 밀고 내려갔지. 일부 군사들은 배를 타고 신라로 들어갔고.

신라에 도착한 고구려 군대는 왜구들을 신라 바깥으로 밀어냈어. 왜구들은 자신들의 근거지가 있는 임나가야(지금의 김해)로 도망쳤어. 고구려 군대는 그곳까지 짓쳐 들어가 왜구를 격퇴했어. 고구려 군대가 신라에 진출한 뒤 한반도 정치 상황에 변화가 생겼단다. 고구려의 도움을 받은 신라는 고구려의 속국 신세로 전락했어. 백제 정벌에 이어 신라와 가야까지 평정한 고구려는 사실상 남방 정벌을 마무리했단다.

"잠깐! 광개토대왕 때 왜군이 한반도에 와서 신라를 격파하고 신하로 삼았다고 들었는데."

"하하. 네가 잘못 들은 거다."

나는 최대한 친절하게 대답해 주었다.

"왜냐고? 고구려가 신라에 쳐들어온 왜구를 격파하고 신라를 속국으로 삼았다는 기록이 있거든."

"에이, 설마."

"설마는 막장 드라마에서 매번 당하고도 또 속아 넘어가서 시청자들 속 터지게 만드는 바보 같은 주인공이 주로 하는 대사야. 설마 그분이 그럴 리가요? 이러는 거. 토리 너는 그런 바보 같은 주인공이 되지 않기를 바란다."

"그건 드라마 얘기고 이건 역사잖아. 왜 같은 시기에 일어난 똑같은 사건인데 하는 말은 180도 다르냐고. 아자씨 말대로라면 나카무라 상이 나한테 잘못된 정보를 주었다는 얘긴데, 아자씨 말을 내가 어떻게 100퍼센트 믿을 수 있지?"

"뭐야?"

나는 꽥 소리를 질렀다.

"나카무라 상이 뭐라 그랬는지 구체적으로 얘기해 봐."

"신묘년, 즉 391년에 일본이 바다를 건너와 백제와 신라를 치고 식민지 백성으로 삼았다던데."

"광개토대왕비에 새겨진 글귀를 보고 그런 말을 한 게로구나. 하지만 한문은 주어를 누구로 보느냐, 어디서 끊어 읽느냐에 따라 해석이 180도 달라져. 그 글귀를 우리는 '왜나라가 쳐들어오자, 고구려가 바다를 건너가 왜를 쳐부쉈다.'고 해석하지."

"그럼 나카무라 상이 얘기한 임나일본부설은 뭐야?"

"그 얘긴 일본 쪽 역사 왜곡이라고 아까 얘기해 줬잖냐. 임나일본부설은 일제가 식민 지배를 정당화하기 위해 내세운 학설이야. 다시 말하지만 4~6세기에 한반도가 일본의 식민 지배를 받은 경험이 있으므로 지금 식민 지배를 받는 것은 너무 당연하다, 이런 말을 하려고. 일본은 임나일본부설을 뒷받침하기 위해 광개토대왕비문을 자기들 유리한 대로 해석하고 그것도 모자라 해석에 혼돈을 주기 위해 비석 일부를 훼손했다는 의심을 받고 있어."

"그래?"

토리는 여전히 의문이 풀리지 않은 눈치였다. 결국 나는 귀찮은 마음에 해 주지 않았던 중요한 이야기를 들려주었다.

"당시 고구려와 왜와 신라와의 관계를 이해하려면 그 당시 여러 나라 사이의 힘의 관계를 좀 알아야 한다. 광개토대왕비문에 그 내용이 잘 나와 있지. 비문에 이런 글귀가 있다. 광개토대왕 때 신라와 백제가 조공을 바쳤고, 신묘년에 왜군이 쳐들어와 고구려군이 격파를 했으며, 백제와 왜가 연합해 신라를 지배하려 하자 광개토대왕이 군대를 보내 백제와 왜군을 격파했다! 이제 이해가 되냐?"

"음, 그렇구나. 진작 그렇게 얘기해 주지."

"지금이라도 이해했다니 다행이다. 일본하고 우리는 그 문제뿐만 아니라 여러 문제로 역사 전쟁을 벌이고 있어. 독도 문제도 그렇고, 일본군 위안부 문제도 그렇고, 일본은 진정한 사과나 반성 없이 자기들이 옳다고 주장하고 있지."

나카무라 상에 엮이다 보니 미처 해 주지 못한 이야기가 떠올랐다. 광개토대왕이 남방 정벌을 마무리하고 북방으로 진출했던 이야기. 하지만 시간이 부족했으므로 간략하게 북방 진출 이야기를 들려주었다.

"광개토대왕은 남쪽보다 북방 진출에 더 관심이 많았어. 그래서 북쪽 방향으로 정복 활동을 펼쳐 요동에서 만주와 연해주에 이르는 대제국을 건설했지. 광개토대왕 시절 고구려는 옛 고조선 땅을 거의 되찾았단다. 이것으로 우리 역사 최고의 정복 군주였던 광개토대왕 강의는 마치고 이어서 고구려의 전성기 시즌 2 이야기를 해 볼까 한다. 광개토대왕에 가려 다소 과소평가받고 있지만 어쩌면 한반도 역사 변화에 더 큰 영향을 끼친 왕 이야기란다."

토리가 내 말에 귀를 쫑긋 세우며 관심을 보였다.

한눈에 보는 한국·중국·일본

기원후	304	412	420	427	433	439
	중 5호 16국 시대 (~439)	한 고구려, 장수왕 즉위(~491)	중 동진 멸망, 송 건국	한 고구려, 평양 천도	한 백제, 신라와 나제 동맹 체결	중 위진 남북조 시대
	455	475	589	593		
	한 백제, 개로왕 즉위(~475)	한 고구려, 백제 한성 점령	중 수, 남북조 통일	일 아스카 시대 (~710)		

• 고구려의 전성기

세 번째 이야기
부전자전 장수왕

"광개토대왕보다 더 넓은 영토를 지배한 고구려 왕이 있었다."

토리가 이상하다는 듯 고개를 갸우뚱했다.

"엥? 광개토대왕이 가장 넓은 영토를 개척했다며? 그래서 왕 이름도 그렇게 붙였고."

"네 말도 맞다."

"뭐야? 이것도 맞다 저것도 맞다. 작가가 왜 그렇게 줏대가 없으실까?"

"큭큭. 광개토대왕은 북쪽으로 요동과 만주와 연해주에 이르는 영토를 개척하고 남으로는 한강 이북까지 차지해서 고구려 역사상 가장 넓은 영토를 개척한 왕이 맞다. 그런데 그 아들 장수왕은 아버지가 개척한 영토에다가 한강 이남까지 더해 아버지 때보다 더 넓은 고구려를 만들었다. 그러니까

이 말도 맞고 저 말도 맞는 거지. 안 그래?"

"이 말 저 말 하니까 갑자기 날개 달린 말이 떠오르는데."

"어허, 꼬마가 자꾸 어른을 놀리면 못쓴다. 자, 농담 그만하고 장수왕이 한성 백제를 무너뜨리고 삼국 역사에 크나큰 변화를 몰고 온 475년 이야기를 시작하겠다. 강의 제목은 '응답하라 사칠오', 줄여서 응사."

"우왕~, 제목 멋져부러. 뭔가 대단한 일이 일어날 것 같은 느낌이 뒤통수를 탁 치는걸."

"아유 진짜, 쬐그만 외계 고등 지능 생명체가 못 하는 말이 없어. 그만 웃기고 잘 들어 봐. 광개토대왕에 이어 왕이 된 장수왕은 475년 직접 3만 군사를 이끌고 백제로 쳐들어가 백제 수도를 점령했어. 이때 장수왕이 사용한 작전은 삼국 시대를 통틀어 가장 드라마틱한 작전이었지."

"언제는 진짜 진짜 중요한 이야기더니 이번엔 드라마틱? 강조도 풍년일세. 얼씨구."

"너랑 더 이상 얘기 못 하겠다. 너, 너네 별에서 개그맨 시험 봤다가 떨어진 적 있지? 네 개그에서 그 한이 느껴져. 빨리 본론으로 들어가야지 원."

나는 장수왕과 개로왕의 숨 막히는 한강 대혈투 이야기를 시작했다.

475년 고구려가 백제 공격에 나섰을 때 장수왕(고구려 제18대 왕)은 이름처럼 나이가 아주 많았어. 무려 여든이 넘으셨지. 당시 나이에 대해 논란의 여지가 있지만 그 연세에 직접 3만 군사를 이끌고 평양에서 한성까지 원정을 떠난 이유가 뭐였는지 아니? 그건 바로 이참에 백제를 아주 박제로 만들어 버리고 말겠다는 확고한 의지 때문이었어. 도대체 고구려 장수왕과 백제 개로왕 사이에 무슨 사연이 있었기에?

 그 사연을 알기 위해선 세월을 조금 거슬러 올라가야 해. 머릿속에 지도를 그리면서 잘 따라오기 바란다. 427년 장수왕은 400년 도읍지였던 국내성을 떠나 평양으로 수도를 옮겼어. 압록강 건너 반도 깊숙이 내려온 거지. 아마 장수왕은 국내성에 있는 기득권 세력에 맞서 평양의 새로운 세력을 자기편으로 삼아 왕권을 강화할 목적이었던 것 같아.

 장수왕의 평양 천도를 남진 정책이라고 해. 아비지 광개토대왕이 북빙 개척에 힘을 쏟은 것과 달리 장수왕은 평양 천도를 통해 남쪽으로 영토를 넓히려 했어. 장수왕이 평양으로 수도를 옮기자 백제와 신라는 긴장하지 않을 수 없었지. 그러잖아도 고구려 때문에 기죽어 지내고 있는데 고구려가 수도를 더 남쪽으로 옮긴다면 간섭이 더 심해지지 않겠니?

 백제와 신라는 장수왕의 평양 천도에 대응하기 위해 동맹을 맺었어. 이를 신라와 백제의 동맹이라 하여 '나제 동맹'이라고 부른단다.

 장수왕은 남진 정책과 더불어 중국과의 외교에도 많은 노력을 기울였어. 장수왕 당시 중국 북쪽엔 북위가, 남쪽에선 여러 나라가 흥망성쇠를 거듭했는데 이때를 중국사에서는 '위진 남북조 시대'라 부른단다. 하나의 통일 제국이 성립되지 않은 분열 시기였다고 보면 돼. 장수왕은 이러한 중국의 분열을 적극 활용해 북쪽과 남쪽 세력 모두와 동시에 화친 관계를 유지했어. 그래서 장수왕이 왕이 된 이후로 오랜 동안 중국 세력과 큰 전쟁 없이 지낼 수 있었지.

백제 사정은 어땠을까? 당시 백제의 최고 목표는 근초고왕 대의 영광을 되찾는 것이었어. 그래서 신라와도 동맹을 맺고 중국 남쪽에 자리 잡은 나라와도 좋은 관계를 유지해 왔지. 물론 바다 건너 왜와는 여전히 우호적인 관계를 유지했어. 백제 개로왕은 장수왕이 계속해서 백제를 압박해 오자 472년 생전 교류도 없던 북위에 사신을 보내 구원병을 보내 달라고 요청했어. 대략 이런 내용이야.

"황제 폐하, 저희가 멀리 동쪽 끝에 있는데 이리와 승냥이 같은 고구려가 길을 막고 있어 천자가 계신 데를 바라만 보면서 가지를 못했습니다. 사실 저희 백제는 고구려와 조상이 같습니다. 하여 선조 때는 정을 도탑게 하고 지냈지요. 그런데 고구려 고국원왕 전사 사건으로 원한이 생긴 이래 싸움이 빈번해졌습니다. 제가 이런 말까진 안 하려고 했는데 고구려 그 친구들 아주 간교한 무리들입니다. 만일 고구려를 정복하지 않는다면 황제께서도 반드시 후회할 날이 올 것입니다. 부디 기개가 하늘과 땅 같으신 천자께서 저 더벅머리 아이와 같은 고구려 왕이 길을 막지 못하도록 조치를 취해 주십시오."

이러면서 구원병을 요청했어. 백제 사신을 만난 북위 황제가 어떻게 했을까? 아까 말한 고구려 장수왕의 외교 관계 속에 답이 있어. 고구려와 사이가 나쁘지 않았던 북위는 교류도 없는 백제에 군사를 보내 줄 이유가 없었지. 그래서 황제가 내리는 조서를 통해 백제에 다음과 같이 답을 해 주었단다.

"나도 고구려와 그대 나라가 여러 해에 걸쳐 전쟁을 계속하고 있다는 걸 안다. 나는 응당 의로운 손길을 뻗쳐 약한 자를 돕기 위해 번개처럼 고구려를 쳐야 할 것이지만, 고구려는 선대로부터 우리에 조공을 바쳐 온 지 오래되었다. 그대가 내게 처음 사신을 보내 우리와 친한 고구려를 토벌하기를 청하니 대략 난감하다. 그대가 보낸 선물은 내 잘 받겠다. 이상."

북위 황제의 대답은 한마디로 노!였어. 구원병 요청을 거절당하자 개로왕은 북위를 원망하며 조공을 중단해 버렸어. 백제와 북위 사이의 사신을 통한 서신 교환 사건이 여기서 끝났으면 우리 역사는 아주 밋밋하게 흘러갔을 텐데 개로왕의 편지가 뜻하지 않은 큰 풍파를 일으켰어.

나는 잠시 강의를 멈췄다.

"이런 거 보면 국제 관계에서 외교가 얼마나 중요한지 알 수 있지. 고구려와 친한 북위가 백제의 청을 들어주지 않았으니 말이다."

"그건 내가 좀 알지. 장수왕이 애교를 열심히 떠신 덕분이야."

"애교? 아, 외교. 그런데 네가 뭘 안다고 장수왕이 외교를 떠니 어쩌니 그러냐?"

"왕 선생님이 그랬어. 5세기 때 고구려가 북위에 엄청 조공을 잘 바쳐서 평화가 유지된 거라고. 장수왕이 80년 정도 왕 자리에 있었으니까 해마다 한 번만 잡아도 몇 번이야?"

아오! 나는 토리의 말을 듣고 할 말을 잃은 채 일시 멈춤 모드에 들어갔다. 사실이었다. 장수왕은 즉위 뒤부터 죽기 전까지 줄기차게 조공을 바쳤다. 김부식은 《삼국사기》에 그 내용을 깨알같이 기록해 놓았다. 도대체 무슨 생각으로 그런 건지. 아마 중국을 섬겨야 한다고 생각했던 김부식은 중국에 조공 바친 걸 잘한 일이라 생각해서 거리낌 없이 기록해 놓았는지 모른다.

"고대 동아시아 외교 관계의 기본이 예물을 바치는 조공과 왕의 가족으로 만드는 책봉인데 조공을 했다고 그게 속국을 의미하는 건 아니다. 또 조공을 통해 중국 문화를 받아들이는 기회로 삼기도 했다고!"

"알았어. 그렇다고 뭘 그렇게 열을 내고 그래?"

"내가 무슨 열을 냈다고 그래. 사실이 그렇다는 거지."

그렇게 장수왕의 조공 화제를 진압한 뒤, 백제 한성 정벌에 대한 이야기를 시작했다.

백제가 조공을 중단해 버리자 북위는 백제와 있었던 일을 고구려에 슬쩍 흘려 주었어. 이 말을 들은 장수왕은 백제를 이참에 무너뜨려야겠다고 마음먹었지. 그래서 은밀하게 작전을 짰어. 특수 공작원을 백제에 남파해 국론을 분열시키는 작전이었어.

장수왕은 미션을 수행할 간첩을 모집했어. 최종 선발전에서 도림이라는 승려가 뽑혔어. 승려가 무슨 개인기가 있어서 선발됐냐고? 비결은 바둑이었지. 아니, 멍멍 짖는 바둑이가 아니고 바둑. 도림은 이세돌 9단을 이긴 인공 지능 알파고보다 바둑 실력이 뛰어난 고수였거든. 개로왕이 바둑을 좋아한다는 걸 안 고구려 정보국은 바둑 고수 도림을 개로왕에 접근시키는 작전을 짰단다.

도림은 고구려에 큰 죄를 짓고 도망친 인물로 신분을 위장했어. 마침내 도림이 백제 궁궐에 이르러 수문장에게 말했지.

"소승이 어사어차해서 백제에 왔는데 제가 어려서부터 바둑을 좀 두어 묘한 수를 알고 있으니 왕께 연통해 주시기 바랍니다."

개로왕이 이 말을 듣고 도림을 불러 바둑을 두어 보니 과연 국수였어. 아니, 후루룩 먹는 국수가 아니라 바둑의 고수. 그날로 개로왕은 도림을 귀한 손님으로 모셨지. 그러고는 허구한 날 바둑을 두었어. 도림은 밀고 당기는 수법으로 개로왕의 마음을 사로잡았어. 개로왕은 점점 더 도림에 빠져들었지. 그러던 어느 날 도림이 개로왕에게 진지하게 말했어.

"저는 왕께 아무 이익을 드리지 못하고 다만 한 가지 재주로 봉사했을 뿐인데, 왕께서는 고구려 사람인 제게 큰 은혜를 베풀어 주셨습니다. 이에 제가 한 말씀 올리려 하는데 왕께서 어떻게 생각하실지 모르겠습니다."

"말해 보라. 나라에 이로운 일이 있다면 내 어찌 따르지 않겠는가."

"하오면……. 대왕의 나라는 사방이 산과 언덕이며 강과 바다이니 이는 하늘이 만든 요새입니다. 이런 이유로 사방이 왕을 받들어 섬기는 것입니다. 그런즉 왕께서는 굉장한 기세와 호화로움으로 남들에게 위엄을 보이셔야 하는데, 지금 백제의 궁궐은 낡았고 성곽은 지어지지 않았고 선왕의 해골이 임시로 묻혀 있습니다. 이것이 안타까울 따름입니다."

도림이 여기까지 말하자 개로왕은 그 자리에서 도림에게 약속했어.

"좋다. 내가 나라 살림을 모조리 징발하여 성을 쌓고 궁궐과 누각을 짓고 둑을 쌓고 화려한 무덤을 만들겠다."

그러고 나서 개로왕은 정말 그 일을 했단다. 그러는 사이 나라 곳간은 비어 갔고 이런저런 공사에 동원된 백성들의 원망은 높아만 갔지. 대대적인 토목 공사 때문에 백제는 알을 쌓아 놓은 것보다 더 위태로웠어.

때가 됐다고 판단한 도림이 고구려에 가서 이 같은 사실을 전했어. 도림의 말을 전해 들은 장수왕은 기뻐하며 백제 정벌에 나섰지. 드디어 고구려 3만 군사가 한강을 건너 한성을 에워쌌어. 개로왕은 성문을 닫아걸고 나가 싸우지 않는 작전으로 맞섰어. 하지만 고구려 군사들이 네 길로 짓쳐들어오고 성문을 불태우자 성안은 큰 혼란에 빠졌지.

개로왕은 아들 문주를 불러 말했어.

"내가 어리석고 총명하지 못하여 간사한 사람 말만 믿다 이 지경이 되었다. 백성들이 내게 등을 돌리고 군사가 약하니 어찌 막아 낼 수 있단 말이냐. 나는 당연히 나라를 위해 죽어야 하지만 너는 왕통을 이어야 하

• 백제 개로왕이 치욕스런 최후를 맞은 아차산성. ⓒ Kang Byeong Kee

니 어서 여기를 빠져나가거라."

 이에 태자가 성을 빠져나와 남쪽으로 달리고 개로왕도 기병 수십 명을 이끌고 성문을 나왔어. 하지만 고구려 군사 재증걸루와 고이만년이 도망치는 개로왕을 붙잡았지. 개로왕이 말에서 내려 절을 하려 하자 재증걸루가 왕의 낯을 향해 침을 세 번 뱉고는 어쩌고저쩌고 죄를 따졌단다. 그러고는 개로왕을 아차성 밑으로 끌고 가 죽여 버렸어. 이 장면이 아마 백제 역사상 가장 치욕스럽고 비극적인 장면이 아닐까 싶다.

"휴, 일국의 왕이 그런 치욕을 당하다니 너무 슬프다."
"정말 그러네. 정치를 잘 못할 거면 조공이라도 잘 바치시든지."
"뭐야? 너 자꾸 조공 얘기할래? 하긴 나도 할 말이 없다. 개로왕이 얼마나 정치를 엉망으로 했으면 백제 출신 장수인 재증걸루와 고이만년이 그런 짓을 했겠냐? 사실 개로왕은 왕이 된 후 왕권을 강화하기 위해 여러 노력을 한 왕이었어. 하지만 왕궁을 크게 짓는 등 무리하게 토목 공사를 벌이다가 백성들한테 왕따를 당한 거지."
"왕따를 당하는 게 뭔데?"
"왕이 따돌림을 당한다는 뜻이다."
"정말?"
"믿거나 말거나. 아무튼 개로왕이 죽은 다음 어떻게 됐는지 간단히 이야기하고 마무리하겠다. 고구려에게 한성을 함락당한 뒤, 백제는 400년 동안 수도였던 서울 위례성을 버리고 남쪽으로 쭉쭉 내려가 오늘날 충청남도 공주인 웅진에 새 도읍을 정했다. 이로써 백제 땅이었던 한강 유역은 고구려 차지가 됐지. 남진 정책을 추진해 한반도의 심장부인 한강 유역을 장악한 장수왕, 정말 대단하지 않냐?"

"응. 근데 좀 치사한 거 같아. 도림 작전 말이야."

"전쟁만 연구하는 한 역사가가 이런 말을 했다. 사랑과 전쟁에는 선악이 없다고. 치사하건 말건 이기면 된다는 뜻이다. 어차피 전쟁은 다 나쁜데 거기서 착한 거 따지고 나쁜 거 따진다는 것 자체가 말이 안 돼."

"그래도 이건 공정한 게임이 아닌 것 같아."

"원래 공정한 전쟁은 없다. 오늘의 명언으로 이 시간 마무리하도록 하겠다. 오늘의 명언은 부전자전. 고구려의 전성기를 이끈 광개토대왕과 장수왕처럼 아버지와 아들이 꼭 닮았다는 뜻이다."

"내 생각엔 그게 아닌 것 같은데."

"나 참, 네가 뭘 안다고 자꾸 아닌 것 같대?"

"우리 별 속담에 아버지만 한 아들 없다는 말이 있는데 그 말이 더 어울리지 않아? 광개토대왕은 안 그런 것 같은데 아들 장수왕은 조공을 너무 열심히 바쳤잖아. 크크."

아, 진짜. 토리 때문에 오래 못 살 것 같다. 나는 아무 대꾸도 못 한 채 노트를 접었다.

한눈에 보는 한국·중국·일본

기원후	439	512	523	532	540	551
	중 위진 남북조 시대	한 신라, 우산국 (울릉도) 복속	한 백제, 성왕 즉위 (~554)	한 금관가야, 신라에 병합 중 돌궐 제국 성립	한 신라, 진흥왕 즉위(~576)	한 나제 연합군 한강 유역 점령

553	562	589	593
한 신라, 한강 유역 점령	한 대가야, 신라에 병합	중 수, 남북조 통일	일 아스카 시대 (~710)

• 신라의 전성기

네 번째 이야기

배신도 작전 진흥왕

 열을 식힐 겸 잠시 큰 바위 하우스에서 나왔다. 숲 속 나무들은 아직 흰 눈에 덮여 있었다. 빠른 해걸음 탓일까. 큰 바위 하우스 주위로 어느새 어둠이 내려앉았다. 크게 한 번 숨을 들이마시니 기분이 한결 가벼워졌다. 큰 바위 하우스 안으로 들어와 탁자 앞에 앉았다.
 "어떠냐. 오늘 삼국의 전성시대를 살펴보고 있는데 강의 듣고 뭐 의문 나는 거 없냐?"
 "의문이 다 뭐야. 장수왕의 간첩 작전 때문에 숨이 막힐 지경인데. 켁켁."
 "넌 도대체 역사 강의 들으러 온 거냐, 아니면 개그 실습하러 온 거냐? 장수왕이 펼친 특수 공작원 도림 작전 때문에 그러는 모양인데 방금 전에도 말했지만 전쟁에서 적을 속이는 건 작전의 하나다. 지구촌 최고 병법서인

《손자병법》에 반간계라는 작전이 나온다. 상대방이 스파이를 파견하면 그 간첩을 역으로 이용하는 작전이지. 일명 이중 스파이. 만약 개로왕이 똑똑했다면 장수왕의 스파이였던 도림을 역으로 이용했겠지. 안 그러냐?"

"아무튼 인간 종족은 참 이상해. 맨날 남이나 속이고."

"토리 넌 인류의 역사를 탐구하기 전에 인간의 본성을 먼저 탐구하는 게 좋겠다. 인간이라는 종족이 어떤 존재인지 알아야 인류 역사도 잘 이해할 수 있을 테니까. 맹자는 인간은 원래 선하다는 성선설을 주장했고, 순자는 인간은 원래 악한 존재로 태어났다는 성악설을 주장했다. 또 어떤 사람은 인간은 태어날 때부터 선과 악을 동시에 지니고 태어났다며 꾸준한 수양과 교육을 통해 선과 악을 구별하게 될 뿐이라고 말했지.

중요한 건, 원래부터 인간이 선하게 태어났든 악하게 태어났든 인간 세상은 동물의 왕국과 비슷하다는 사실이다. 약육강식이 지배하는 동물의 왕국 말이다. 그러니 약육강식이 지배하는 전쟁에서 속이는 게 잘못이니, 아니니 따지는 건 의미 없는 얘기지. 도림을 이용해 백제를 무너뜨린 사건도 그런 관점에서 봐야 한다는 말씀."

"알았어, 알았다고. 착한 종족들만 사는 곳에서 살아서 그런가, 인간이 좀 낯설긴 해. 장수왕 얘긴 그만 물어볼 테니까 어서 다음 강의나 해 줘."

"그래. 이번 시간엔 4세기 백제, 5세기 고구려에 이어 6세기 삼국의 전성기를 이끈 신라 진흥왕 이야기를 하겠다. 장수왕의 간첩 작전이 아무리 숨 막힌다고 해도 진흥왕이 펼친 작전에 비하면 어린아이 수준이지."

"우왕! 재밌겠다. 무슨 작전인지 너무 궁금해서 뒤로 자빠질 것 같아. 어서 진흥왕 이야기 들려줘."

"하아, 너 진짜 아저씨 웃기려고 작전 짰냐? 알았다. 빨리 본론으로 직진해야겠다."

나는 신라 진흥왕 이야기를 시작했다.

꽃이 피면 질 때가 있고 전성기를 누리던 사람도 때가 되면 꽃처럼 시든단다. 국가도 마찬가지야. 뜻있는 자가 나타나 나라를 세우고 웅혼한 기상을 가진 리더가 나타나 나라를 크게 발전시키면, 반드시 무능하고 부패한 지도자가 나타나 나라를 망치지. 동서고금의 모든 나라들이 이런 과정을 밟아 왔어. 신라도 마찬가지였어. 건국 후 근 500년 동안 고구려와 백제에 눌려 제대로 숨 한 번 크게 쉬어 보지 못한 채 지내다가 6세기 진흥왕(신라 제24대 왕) 대에 이르러 드디어 날아오르기 시작했단다.

그 이야기를 하기 전에 한성에서 밀려난 백제 얘기를 잠깐 해야겠구나. 그래야만 이야기가 신라 전성기로 이어지니까. 고구려 군사 3만 명이 봇물 터지듯 밀려와 백제 도성을 에워싸던 날, 개로왕의 아들 문주는 구원병을 요청하기 위해 동맹국 신라로 말을 달렸단다. 그가 신라군 1만 명과 함께 돌아왔을 때 성은 이미 함락당하고, 아버지는 허망하게 돌아가신 뒤였지.

태자는 남은 세력을 이끌고 지금의 충남 공주인 웅진으로 내려갔어. 그곳에서 무너진 백제를 일으켜 세울 작정이었지. 하지만 귀족들은 태자에게도 한성 함락의 책임이 있다며 그를 살해했단다. 그 뒤로 혼란스런 나날을 보내던 백제는 무령왕(제25대 왕)이 등장하면서 비로소 재기의 발판을 마련할 수 있게 되었어.

무령왕은 즉위하던 첫해부터 시작해 기회가 있을 때마다 고구려를 공격했어. 목표는 한성 수복이었지. 한강 유역을 되찾겠다는 의지야. 그렇게 20년이 지나자 주변 국가들로부터 "백제가 다시 강국이 되었다."는 소리를 들을 정도로 국력을 회복했어. 하지만 2퍼센트 부족했어. 고구려에 빼앗긴 한강 유역을 아직 되찾지 못했기 때문이야.

무령왕이 죽고 아들인 성왕(백제 제26대 왕)이 정치 무대 전면에 등장했어. 성왕은 오늘날 백제 중흥을 이끈 왕으로 불리지. 성왕은 한강 유역을 되찾으려는 의지가 아버지보다 강했어. 그는 백제 혼자 안 되면 동맹국인 신라의 도움을 받아서라도 고구려에 빼앗긴 한강 유역을 반드시 되찾아야겠다고 결심했어. 당시 성왕의 신라 쪽 파트너가 바로 진흥왕이었단다.

백제 성왕의 파트너 진흥왕은 어떤 인물이었을까? 그는 고구려 광개토대왕과 백제 근초고왕에 비견되는 신라 최초의 정복 군주였어. 그의 등장으로 신라는 신라 역사상 가장 넓은 영토를 소유하게 되었지. 진흥왕은 어떻게 그런 일을 해낼 수 있었을까? 그건 진흥왕 이전에 지증왕과 법흥왕이 고대 국가의 기틀을 만들어 놓았기 때문이야.

지증왕(신라 제22대 왕)은 왕이나 귀족이 죽으면 노비를 함께 묻는 순장 제도를 폐지한 왕이야. 지증왕이 순장 제도를 폐지한 뒤 신라도 원시 고대 사회의 모습에서 벗어날 수 있었어. 또한 밭 가는 데 소를 이용하는 우경법을 도입하고, 거서간, 차차웅, 이사금, 마립간 등 제각각으로 부르던 임금의 호칭도 '왕'으로 통일했단다. 나라 이름도 덕이 날로 새롭고 사방을 망라한다는 뜻의 '신라'로 고쳤지.

지증왕에 뒤이은 법흥왕(신라 제23대 왕)은 신라를 보다 더 강력한 중앙 집권 국가로 탈바꿈시켰단다. 율령을 반포해 법을 체계화하고 관리들의 제복인 공복의 색을 지정해 서열을 잡았어. 오늘날의 국방부인 병부를 설치하고 왕의 직할 부내를 만들어 왕권도 강화했지. 또한 불교를 공인해 새로운 국가 통치 이념으로 삼았어. 이처럼 진흥왕은 지증왕과 법흥왕이 닦아 놓은 토대 위에서 자신 있게 대외 정복에 나설 수 있었단다.

토리가 지루하다는 듯 질문을 던졌다.

"진흥왕의 숨 막히는 작전 기다리다 숨넘어가겠네. 이번엔 뭐가 이렇게 서론이 길어?"

"거참, 쬐그만 녀석이 성질 한번 되게 급하네. 최소한의 배경 지식이 있어야 본론이 이해가 될 거 아니냐. 서론 없는 본론이 어디 있고, 1악장 없는 2악장이 어디 있냐?"

"그래도 그렇지. 날은 저물고 갈 길은 먼데 꽃피는 얘기했다가 국가 흥망 성쇠 얘기했다가 백제 성왕에 지증왕 법흥왕에, 너무한 거 아냐? 빨리 본문으로 들어가면 안 돼?"

"나 참, 너 위해서 친절하게 설명하면서 가고 있는데 뭘 본문으로 들어가라 마라야? 아, 성질나. 강의 못 해 먹겠다."

내가 짐짓 정색을 하자 토리가 금세 애처로운 고양이 표정을 지었다.

"아유, 아자씨 왜 이래? 내 오늘 수업 끝나고 재미난 거 보여 줄게. 화 풀어, 응?"

"지금 그걸 애교라고 하는 거냐? 허허 참."

나는 토리의 애교를 받아 주는 척하며 진흥왕의 한강 점령 작전 이야기를 시작했다.

앞에서 백제 성왕의 파트너가 신라 진흥왕이라는 얘기했지? 두 사람은 힘을 합쳐 고구려가 차지하고 있는 한강 유역을 차지하기로 했어. 성왕은 원래 자기네 땅이었던 곳을 되찾기 위한 목적이었고, 진흥왕은 한강 유역을 통해 중국과의 교통로를 확보할 계획이었지.

551년 백제와 신라 연합군이 군사를 일으켜 한강 유역으로 쳐들어갔어. 그리고 마침내 고구려 군대를 물리치고 한강 유역을 완전히 되찾았어. 그 뒤 한강 하류 지역은 백제가 상류 지역은 신라가 차지했단다.

고구려는 뭐 하느라 한강 유역을 빼앗겼냐고? 백제와 신라 연합군의 합동 작전이 거세기도 했지만 고구려 북쪽에서 새로 일어선 돌궐이 침입하는 바람에 남쪽 국경인 한강 유역에 신경을 쓸 겨를이 없었어. 돌궐은 중국 북방의 유목 민족인데 오늘날 중앙아시아에 있는 여러 나라의 선조야.

한강을 차지했음에도 진흥왕은 아직 배가 고팠어. 백제가 차지한 하류 지역을 신라가 차지하지 못했기 때문이야. 그곳을 장악해야 중국과 교역할 수 있는 서해안 항구를 얻게 되는데 말이야.

그래서 진흥왕은 기발한 작전을 생각해 냈어. 그건 바로 백제의 뒤통수를 치는 거였지. 이름하여 배신 작전. 진흥왕은 120년 동안 유지돼 온 나세 동맹을 깨고, 553년 백제를 공격해 한강 하류 지역마저 신라 땅으로 만들었단다. 진흥왕 대단하지 않니? 합동 작전에 이은 배신 작전. 캬, 정말 기가 막힌 작전이었어.

한강이 얼마나 중요하기에 배신을 했냐고? 한강은 한반도 중심부에 위치해 있을 뿐 아니라 강 주변에 비옥한 토지와 인구가 많고 황해를 통해 중국과 교류할 수 있는 요충지야. 이런 이유로 4세기 백제, 5세기 고구려처럼 한강 유역을 손에 넣은 나라가 한반도 주도권을 장악했지.

진흥왕에게 뒤통수 맞은 성왕이 어떻게 했을 거 같니? 맞아, 복수혈전. 성왕은 이듬해인 554년 가야와 왜군까지 동원해 신라 공격에 나섰어. 백제군과 신라군이 맞붙은 곳은 관산성이었어. 오늘날 충북 옥천인데 신라로 들어가는 주요 관문이었지.

태자 여창이 이끄는 백제 연합군은 신라군과 치열한 공방 끝에 관산성을 빼앗았어. 수도 사비성에서 승전 소식을 기다리던 성왕은 말할 수 없이 기뻤지. 성왕은 너무 기뻐서 백제군을 격려하기 위해 관산성으로 말을 달렸어. 그런데 호위 군사 50명만 이끌고 관산성으로 가다가 미리 정보를 입수한 신라군의 매복에 걸려 전사하고 말았지. 백제 중흥을 외쳤던 성왕은 이렇듯 허무하게 생을 마감하고 말았단다.

 진흥왕은 창조적인 배신 작전으로 한강 유역을 완전히 장악해 신라 전성기의 정점을 찍었어. 또한 가야를 멸망시키고 북쪽으로 멀리 함경도까지 영토를 확장해 신라 역사상 가장 넓은 영토를 차지했어. 이러한 진흥왕의 정복 사업 덕에 신라는 다음 세기 한반도 통일을 놓고 삼국이 최종 경쟁을 치를 때 가장 유리한 위치에서 싸울 수 있게 되었단다.

"자, 어떠냐, 진흥왕의 작전이?"

"상대의 허를 찌르는 놀라운 작전이야. 근데 인간들은 이런 작전을 잘 쓰나 보지? 우리 별에선 배신은 나쁜 건데."

"지구에서도 배신은 인간이 해서는 안 되는 스물두 가지 행동 중 하나야. 하지만 국제 관계에서 이런 일은 비일비재하단다. 지구촌 속담에 영원한 적도 없고 영원한 동지도 없다는 말이 있지. 자기 이익에 따라 협력도 했다가 배신도 했다가 그러는 거다. 진흥왕의 배신과 성왕 전사 사건으로 백제와 신라는 친구에서 원수가 됐다. 앞으로 100년 동안 신라는 그 대가를 톡톡히 치르게 되지. 아 참, 너 아까 뭐 재미난 거 보여 준다고 하지 않았냐?"

"내가 그랬었나? 기억이 안 나는데."

"너 지금 배신 때리냐? 나랑 한번 붙어 볼래?"

내가 주먹 쥐는 시늉을 하자 토리가 손사래를 쳤다.

"아아, 알았어. 보여 줄게."

그러더니 토리가 검지를 벽 쪽으로 뻗었다. 벽에 영화 같은 장면이 나타났다. 토리를 닮은 생명체가 나타난 것이다. 내가 흠칫 놀라자 녀석이 키득키득 웃었다.

"뭘 그렇게 놀라시나. 외계 고등 지능 생명체 처음 봐? 인사해. 지구 역시 탐험대 서유럽 담당관 지롤압쿨라시움사마르친디움복스리베아르미나미라르소노메라디우차나. 내 여자 친구야."

토리네 별 종족은 이름이 모두 길구나. 나는 지나에게 어색하게 손을 흔들었다. 지나도 내게 손을 흔들었다. 토리와 지나는 서로 마주하고 바라만 보았다. 그러면서 때론 웃고 때론 어깨를 들었다 놨다 했다. 나는 둘의 모습을 보며 쟤들이 저녁을 잘못 먹었나 생각했다. 잠시 뒤 지나는 내게 손을 한 번 흔든 뒤 화면 속에서 사라졌다.

"어이구, 말도 없이 그저 바라만 봐도 좋아? 그런 사이냐?"

"아저씨, 무슨 소리야. 우린 할 얘기 다 했는데. 지금 파리에 있고 며칠 뒤 베를린으로 갈 거래."

"너 지금 어른을 놀리냐? 아무 소리도 안 들리더만."

"우린 마음으로 얘기해. 인간처럼 유치하게 손에 뭐 들고 통화 버튼 누르고 그러지 않지. 헤헤."

"어구, 아주 잘났다 잘났어. 오늘 본론 강의 끝났으니 원 플러스 원으로다가 이 작가의 생활사 3분 특강 시작해야겠다. 오늘은 어제 말한 대로 핵심 요약 효과 전달 강의가 펼쳐질 테니 초집중해서 잘 듣기 바란다. 오케이?"

내 말에 토리가 어깨를 살짝 들었다 놓았다.

삼국 시대의 신분

"그럼 지금부터 삼국 시대 사람들의 생생한 삶의 모습을 전하는 이 작가의 생활사 3분 특강을 시작하겠다. 박수!"

토리가 박수 대신 고개를 갸웃하며 두 손바닥을 들어 보였다.

"뭐야, 그 표정과 행동은 못 미덥다는 거야?"

"그런 게 아니고, 우리 속담에 아무리 듣기 좋은 노래도 삼 분 넘으면 시들해진다는 말이 있거든. 시간은 좀 지켜 주세요, 하는 거지."

"왜, 얼른 끝내고 여친이랑 또 마음으로 이야기 나누시게? 아주 그냥 너무 아름다워서 눈물이 난다. 그러거나 말거나 이 시간엔 눈물 나는 이야기를 해야겠다."

"삼국 시대 때도 우리처럼 아름다운 소년 소녀가 있었나 보지?"

"으이그, 그게 아니고 삼국 시대 노비 생각하니까 눈물이 난다는 거야."

"삼국 시대 노비가 어떻게 살았기에 눈물이 난다고 그래?"

"강의 들어 보면 안다."

청동기 시대부터 계급이 발생한 이래로 사람과 사람 사이에는 위아래가 존재해 왔단다. 즉 신분이 높은 사람 낮은 사람, 돈이 많은 사람 없는 사람, 권력이 있는 사람 없는 사람, 이런 구조가 몇천 년 동안 이어져 왔지.

삼국 시대는 전형적인 신분제 사회였어. 왕과 귀족, 평민, 노비 순으로 순서가 매겨진 확실한 계급 사회였지. 다음에 얘기하겠지만 고구려 온달처럼 천한 신분이었다가 나라에 큰 공을 세우고 신분이 상승된 경우도 간혹 있었어. 하지만 그건 극히 예외적인 경우고 삼국 시대 때는 태어날 때 정해진 신분이 죽을 때까지 이어졌어. 한 번 귀족이면 영원한 귀족이라는 거지. 이를테면 내가 노비 부모에게서 태어났다면 죽을 때까지 노비로 사는 거야. 그럼 각기 다른 신분에 속했던 삼국 시대 사람들 이야기를 자세하게 들려줄게.

먼저 귀족 얘기부터. 고구려에서는 왕족과 지방의 부족장 집안사람들이 귀족에 속해. 귀족은 높은 벼슬을 얻어 나랏일을 하기도 하고 전쟁이 나면 병사들을 이끌고 싸우기도 했어. 전쟁에서 공을 세우면 국가로부터 땅을 받아 세금을 걷을 수 있는 권리를 갖게 돼. 귀족들은 수레를 보관하는 주차장과 연못이 딸린 대저택에서 맛난 쌀밥과 고기반찬을 먹으며 비단으로 만든 좋은 옷을 입고 살았지. 백제나 신라 귀족들도 귀족적인 삶을 사는 건 마찬가지였고.

참, 삼국 시대 신분 제도에서 꼭 알아 둬야 할 게 있는데, 바로 신라의 골품 제도야. 골품 제도는 자기가 태어난 집안에 따라 신분이 결정되는 제도인데, 태어날 때부터 골과 품이 정해져 있어서 죽을 때까지 웬만해선 그 틀을 벗어날 수 없었어. 골품제의 문제점은 진골 귀족은 높은 벼슬을 할 수 있지만, 6두품 이하 사람들은 아무리 똑똑하고 학문이 뛰어나도 아찬이라는 벼슬까지밖에 오르지 못한다는 점이었어.

이런 폐단 때문에 6두품 출신의 설계두라는 사람은 골품제를 비판하며 당나라로 가서 당나라 관리가 되어 고구려 정벌 때 장수로 나서기까지 했단다. 썩어 빠진 골품제의 나라 신라에서 사느니 외국에서 이름을 날리겠다고 말이야. 이름난 신라 천재로 당나라 과거 시험에 급제했던 최치원도 6두품 출신이라는 이유만으로 신라 개혁이라는 큰 뜻을 이루지 못하고 좌절했지.

그럼 귀족 밑에는 어떤 사람들이 있었을까? 평민이 있었어. 평민은 주로 농사를 짓는 사람들을 가리키는데, 이들의 삶은 팍팍하기 그지없었단다. 초가집이나 움집에 살며 조그만 자기 땅에서 농사를 짓거나 귀족들의 땅을 빌려 농사를 지었지. 이들은 수확한 곡식과 베 등을 짜서 꼬박꼬박 국가에 세금으로 내야 했어.

풍년일 때는 그나마 가족들 먹여 살릴 만큼은 되지만 홍수나 가뭄 등의 재해로 흉년이 들면 세금 내고 빚 갚고 나면 남는 게 거의 없었어. 그러다 보면 귀족에게 곡식을 빌리게 되는데, 이걸 못 갚으면 귀족의 노비가 되거나 집을 떠나 떠도는 신세가 되지. 뿐만 아니라 평민들은 농번기

• 삼국 시대 귀족들의 복식 문화

고구려 수산리 고분 벽화에 그려진 것을 복원한 것이다. 귀족 부부의 나들이 모습이다. 삼국 시대 복식의 큰 특징이 옷깃과 섶, 밑단과 소맷부리에 다른 색의 천을 덧대어 두르는 것이다. 남자들은 상투를 틀고 여자들은 얹은머리를 하는 것이 일반적이었다. 위쪽에 있는 두 사람이 귀족 부부이다.

_ ⓒ 국립민속박물관 소장

- 여종과 함께 있는 귀족

- 시녀인데, 귀족 부인과 비슷해 보일 수 있으나 겉에 입은 포의 둘레가 좁고, 소매 단을 검은색으로 둘렀다.

- 왼쪽은 시녀, 오른쪽은 귀족 부인이다. 소매 단을 검은색으로 두른 쪽이 시녀, 붉은색으로 화려하게 장식한 쪽이 귀족이다.

가 끝나면 나라에서 하는 공사장에 끌려가 노역을 해야 했어. 노역이 뭐냐고? 성을 쌓거나 궁궐을 짓거나 왕의 무덤을 만드는 일에 참여하는 걸 말해. 16세에서 60세의 농민들은 의무적으로 군대도 갔어. 농사짓고 노역 나가고 군대 가는 삼국 시대 평민들의 삶은 무척 힘들었을 거야.

 하지만 농민들 삶이 아무리 힘들다고 해도 노비에 비할 바가 아니야. 노비는 하는 일은 농민과 크게 다르지 않지만 이들에겐 자유가 없었어. 네가 혹시 자유를 아는지 모르겠다만, 자유는 인간에게 가장 중요한 거야. 내게 만약 빵과 자유 중 하나만 선택하라고 한다면 나는 자유를 택할 거야. 왜냐고? 비록 배가 고프더라도 자유인으로 사는 게 자유를 빼앗긴 채 돼지처럼 사는 것보다 나으니까.

 고구려, 백제, 신라의 노비들은 귀족 집안의 허드렛일을 하거나 귀족 땅에서 농사를 지었어. 어찌 보면 농민보다 나을 수도 있지. 적어도 주인이 먹여 주고 재워는 주니까. 하지만 노비는 사람이 아니었어. 그들은 주인이 마음대로 사고팔 수 있는 말하는 재산일 뿐이었지. 전쟁이 빈번했던 삼국 시대 땐 전쟁 포로로 잡혀 와 노비가 되는 경우가 많았어.

 귀족과 평민과 노비로 나뉜 삼국 시대 신분 제도는 통일 신라 시대 이후 고려와 조선 시대까지 이어졌어. 노비 제도가 폐지된 건 불과 1백여 년 전이야. 어떠니, 위아래 구분이 엄격한 삼국 시대 사람들의 삶, 노비로 태어났다면 아주 끔찍했겠지?

나는 토리에게 덧붙였다.

"지금도 여전히 우리 사회에는 노예가 존재해."

"무슨 소리야? 노비 제도가 폐지됐다며?"

"돈의 노예라는 말이다. 동서양, 남녀노소 할 것 없이 돈의 포로가 된. 나도 마찬가지야. 말은 빵보다 자유를 선택할 거라며 자유 아니면 죽음을 달라 떠들지만 돈 없인 단 3일도 못 사는 돈의 노예란다. 현재는 역사 강의를 해야만 하는 너의 노예지만. 아저씨 노예는 이제 자러 가야겠습니요. 토리 주인님. 하하."

노비 얘기를 했더니 괜히 우울해졌다. 그나저나 토리는 대단하다. 손가락 하나로 원하는 영상을 불러오고 마음과 마음으로 대화를 하다니. 텔레파시라는 게 정말 가능하단 말인가? 된다 토리는 역시 안 되는 게 없는 것 같다.

셋째 날

삼국 통일 이야기

첫 번째 이야기	연개소문과 김춘추의 평양 회담
두 번째 이야기	황산벌 대혈투 계백과 김유신
세 번째 이야기	평양성 최후의 날
네 번째 이야기	당나라 몰아내고 삼국 통일 완성
다섯 번째 이야기	동북아시아의 강국 발해 이야기
판타스틱 생활사 3분 특강	부처님을 믿는 사람들

한눈에 보는 한국·중국·일본

593	618	642	645	648
일 아스카 시대 (~710)	중 당 건국(~907)	한 신라 김춘추와 고구려 연개소문 평양성 회담	일 다이카 개신	한 나당 동맹 체결

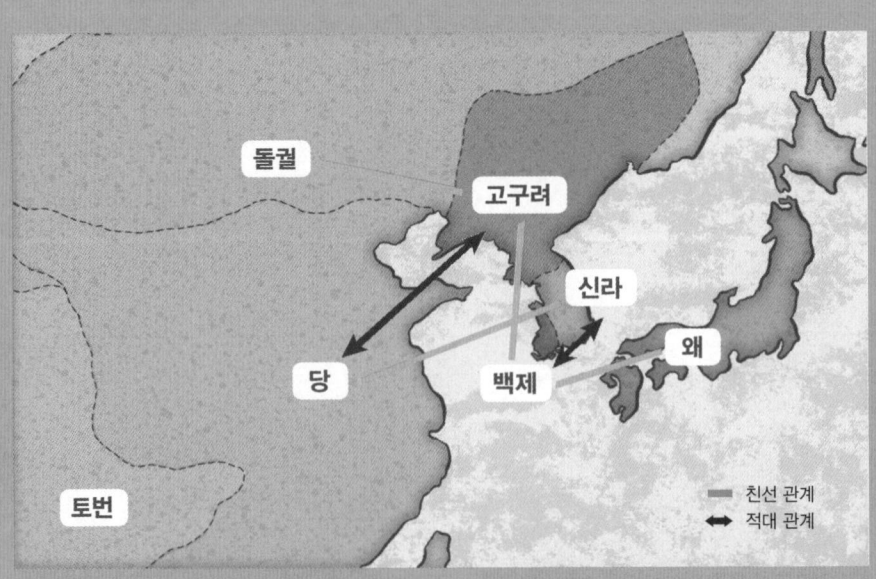

• 7세기 대외 정세

첫 번째 이야기

연개소문과 김춘추의 평양 회담

강의 셋째 날. 작심삼일이라더니 큰 바위 하우스에서 3일을 지내고 나니 마음이 한결 가벼워졌다. 내가 어쩌다 여기까지 끌려와서 이 고생을 할까 했던 생각도, 이 짓을 내가 언제까지 해야 하는 건가 하는 회의도 연기처럼 사라졌다. 그래서……

"아저씨가 재미있는 옛날이야기 들려줄까?"

토리가, 무슨 얘길 하려고 시작부터 옛날이야기 타령이실까, 하는 표정을 지었다.

"싫어? 싫음 말고."

"누가 싫대? 근데 아자씨가 내 맘을 어떻게 알았어?"

"너만 내 생각 읽을 수 있을 줄 알았냐? 영어 학원 개 3년이면 아이 엠 도 그를 읊는다고, 3일 동안 하루 여덟 시간씩 네 눈을 바라보고 있으니까 네가 무슨 생각하는지 대충 보인다."

"우왕! 아저씨 정말 대단해."

"뭐가 그렇게 대단해?"

"내가 지구 오다가 봤는데, 여우가 황금빛 머리카락 소년에게 그러더라고. '마음으로 보지 않으면 잘 볼 수 없어.' 근데 아저씨는 지금 마음으로 봤잖아."

"어린왕자 이야기 좀 그만 우려먹어라. 재미없다."

"큭큭, 알았어. 어서 재미난 옛날이야기나 들려줘."

"알았다. 흠흠. 옛날 옛날 동해 깊은 곳에 용왕이 살았어. 용왕에게는 어여쁜 딸이 하나 있었는데 그 딸이 깊은 병에 걸렸지 뭐니."

"지구별에서는 바닷속에도 사람이 살아?"

"글쎄다, 널 보기 전까진 나도 안 믿었는데 우주에서 온 널 보니까 믿고 싶어지네."

그렇게 말한 뒤 나는 〈토끼와 거북이〉 이야기를 시작했다.

용왕이 공주의 병을 안타까워하자 의원이 용왕에게 말했단다.

"토끼 간을 먹으면 공주님 병을 고칠 수 있습니다."

용왕은 의원 말을 듣고 기뻤지만 육지에 있는 토끼 간을 어떻게 구해 올지 난감했지.

그때 오지랖이 광대역인 거북이가 나섰어.

"제가 한번 구해 보겠습니다."

그길로 거북이는 LTE급 속도로 헤엄을 쳐서 육지로 나왔어. 육지에 나와 들판을 바라보니 앞다리는 짧고 귀가 쫑긋한 토끼가 뛰어놀고 있지 않겠니.

거북이가 토끼에게 말했단다.

"토끼야, 나랑 같이 우리 용궁에 가지 않으련? 그곳은 맑은 샘과 맛난 음식이 넘쳐 나며 너를 위협할 짐승이라곤 하나도 없단다."

토끼가 만색하며 거북이를 따라나섰어. 바닷가에 이르러 거북이가 토끼를 등에 태우고 바닷속으로 헤엄쳐 들어갔지. 그러고는 한참을 가다가 토끼에게 말했어.

"토끼야, 실은 여차여차해서 널 데려가는 거야. 네가 미워서 그런 건 아니니 날 너무 원망하지 마라."

토끼가 잠깐 생각하더니 말했지.

"원망을 왜 해? 그런데 어쩌지? 나는 신령한 토끼라 간을 배 밖으로 뺐다 넣었다 할 수 있어. 그런데 아까 속이 안 좋아서 간을 바위 위에 빼놓고 왔어. 빨리 도로 가서 간을 가져오자."

거북이가 토끼 말을 듣고 급히 유턴을 해 육지로 나왔어. 육지에 나오자 토끼가 거북이게 말했어.

"이 미련한 거북아, 간을 배 밖으로 꺼내 놓는 짐승이 어디 있니?"

그러면서 깡충깡충 숲 속으로 사라졌지.

"그래서 거북이는 어떻게 됐어?"

"개 쫓던 닭 신세 됐지 뭐."

"그게 무슨 뜻인데?"

"앗, 실수. 닭 쫓던 개 지붕 쳐다보는 신세가 맞는 말인데, 한마디로 허무하단 얘기다. 들리는 소문에 따르면 그날 이후 거북이는 바다로 돌아가지 못하고 육지에 눌러살게 됐대. 그래서 지금까지 육지와 바다를 오가며 살고 계신다는구나. 믿거나 말거나."

"오늘은 무슨 강의를 하려고 토끼와 거북이 얘길 꺼내셨을까?"

"삼국 시대를 통틀어 가장 뜨거운 순간을 이야기할 거다. 어쩌면 오늘 강의를 꽃피우기 위해 3일 전부터 아저씨는 그렇게 달려온 건지도 모르겠다."

"무슨 내용인데 그렇게 거창해?"

"삼국 통일! 고구려, 백제, 신라가 국가 존망을 걸고 삼국 통일을 위해 피 터지게 싸웠던 이야기다. 첫 번째 시간은 우리 역사에서 가장 역사적인 동시에 아쉬웠던 만남으로 평가받는 연개소문과 김춘추의 평양 회담 이야기다. 아, 평양 회담 얘기할 생각하니 심장이 벌렁벌렁해서 견딜 수가 없네."

"토끼 간이라도 구해다 줘?"

"떽! 됐다. 이 이야기는 삼국 통일을 이해하는 데 무척 중요하니까 정신 바짝 차리고 들어야 해."

나는 분위기를 바꾸기 위해 주의를 주고 나서, 연개소문과 김춘추 이야기를 시작했다.

때는 642년 겨울. 4~6세기에 걸쳐 전성기를 한 번씩 경험했던 삼국은 600년대 들어 바야흐로 불꽃 튀는 삼국 전쟁 시대를 맞이했단다. 백제 의자왕(제31대 마지막 왕)이 신라를 무차별적으로 공격하고, 신라는 백제 공격 때문에 골치를 앓고, 고구려는 연개소문이 군사 정변을 일으켜 왕과 신하를 죽이고 권력을 잡았지.

바로 이때, 차가운 바람을 온몸으로 맞으며 고구려로 가는 한 사내가 있었단다. 그 사내의 이름은 김춘추(602~661, 신라의 제29대 왕 태종 무열왕의 본명). 신라 1천 년 역사에서 이 사람을 빼면 하나 마나 한 게 돼 버릴 정도로 아주 중요한 사람이지. 그렇게 중요한 사람이 북풍한설 몰아치는 그 추운 계절에 적국인 고구려에 무슨 일로 가는 걸까?

그럴 만한 사연이 있어. 지난여름 김춘추 인생에 최대 시련이 찾아왔어. 백제 의자왕이 왕위에 올라 신라를 치기 시작하더니 신라의 사십여 개 성을 빼앗고 대야성에서 김춘추의 사위와 딸의 목숨을 앗아 갔단다.

그날, 그러니까 사랑하는 딸과 사위가 백제군에 목숨을 잃던 날 김춘추는 기둥을 붙잡고 하루 종일 정신 나간 사람처럼 서 있었어. 딸을 잃은 슬픔과 백제에 대한 사무치는 원한 때문이었지. 김춘추는 선덕여왕(신라 제27대 왕)에게 고구려에 가서 구원병을 요청하겠다고 말했어. 왕의 허락을 받고 서라벌을 떠나기 전, 김춘추는 처남이자 선덕여왕의 왼팔인 김유신 장군에게 비장한 각오를 밝혔단다.

"내가 돌아오려면 60일은 걸릴 것이오. 만약 때가 되어도 내가 돌아오지 못한다면 우리는 다시 만나지 못할 것이오."

김유신이 두 눈을 부릅뜨며 말했지.

"공이 만약 돌아오지 않는다면 내 말발굽이 고구려의 왕궁을 짓밟아 버릴 것이오."

두 사람은 그런 각오로 서로의 손가락을 깨물어 피로 맹세하고 헤어졌단다.

김춘추가 겨울 찬바람을 뚫고 고구려에 도착했을 때 그를 맞이한 사람은 연개소문이었어. 몇 달 전 쿠데타를 일으켜 영류왕을 죽이고 권력을 차지한 고구려 실권자지. 이름뿐인 고구려 왕이 연개소문에게 김춘추를 대접하도록 했어. 그리하여 무력의 상징인 연개소문과 외교의 달인 김춘추의 역사적인 만남이 이루어졌어. 《삼국사기》에는 고구려 왕이 김춘추를 만난 것으로 나오는데, 아마 실권자인 연개소문이 협상을 진행했을 것으로 추측한단다.

연개소문이 김춘추를 보고 말했어.

"먼 길 오느라 고생하셨소. 고생을 무릅쓰고 고구려를 찾아온 이유가 무엇이오?"

김춘추가 대답했어.

"고구려에 한 가지 제안을 드리러 왔습니다."

"제안? 무슨 제안입니까?"

"두 나라가 동맹을 맺읍시다. 지금 신라는 잔악한 백제의 공격에 하루도 편한 날이 없습니다. 백제를 치게 신라를 도와주시오."

김춘추의 말을 들은 연개소문은 골똘히 생각하는 척하더니 준비한 대답을 내놓았어.

"좋소. 도와드리지요. 허나 한 가지 조건이 있소."

"조건이라면?"

"신라가 빼앗은 우리 옛 땅을 돌려주시오. 한강 유역인 마목현과 죽령 말이오."

김춘추는 순간 당황했어. 따지고 보면 그 땅은 원래 고구려 땅도 아닌 데다 그런 중대한 문제를 자신이 결정할 수 없는 까닭이었지. 김춘추가 조심스레 답했어.

"국가의 영토 문제는 일개 신하인 제가 마음대로 할 바가 아닙니다. 명을 따르기 어렵겠소이다."

그것으로 협상은 끝났어. 연개소문은 김춘추를 옥에 가둬 버렸어. 감옥에 갇힌 김춘추는 난감했지. 협상이 반드시 성사되리라는 기대는 안 했지만 지푸라기라도 잡으려는 절박한 심정으로 고구려에 구원을 요청하러 왔는데 우려대로 일이 틀어지고 말았으니 말이야.

김춘추는 최후 수단으로 고구려에 올 때 가지고 온 베 300보를 왕의 측근인 선도해에게 뇌물로 주었어. 그러자 선도해가 술과 음식을 차려서 김춘추를 찾아왔어. 술이 어느 정도 취하자 선도해가 김춘추에게 넌지시 말했단다.

"공은 혹시 〈토끼와 거북이〉 이야기를 아시오?"

그러면서 토끼 간을 구하기 위해 용궁을 나왔던 거북이 이야기를 들려주었어. 앞에서 너에게 들려주었던 바로 그 얘기. 이야기를 다 들은 김춘추가 무릎을 탁 치더니 고구려 왕에게 글을 올렸단다.

"말씀하신 두 지역은 본디 고구려 영토이니 제가 귀국하여 우리 왕에게 그곳을 돌려드리라고 말씀드리겠습니다. 하늘의 해를 두고 맹세합니다."

김춘추의 글을 본 고구려 왕은 기뻐하며 김춘추를 돌려보내기로 했어. 하지만 김춘추를 돌려보내기로 한 건 꼭 그 글 때문만은 아니었어. 신라에 파견한 고구려 스파이가 보내온 정보가 왕의 마음을 움직였던 거야. 그 정보가 뭐였냐고? 신라의 최고 장수 김유신이 김춘추를 구원하기 위해 출병 준비를 마쳤다는 소식이었지.

간신히 평양성을 빠져나온 김춘추는 고구려와 신라 국경에 이르러 배웅 나온 고구려 관리에게 말했어.

"그대 왕에게 올렸던 내 글은 죽음을 모면하기 위해 거짓으로 쓴 것이오."

아뿔싸! 고구려 관리가 땅을 치며 후회했지만 이미 때는 늦었지. 고구려는 졸지에 토끼를 놓쳐 버린 거북이 신세가 됐어. 연개소문과 김춘추의 평양 회담 결렬은 장차 두 나라의 운명을 가르는 중요한 분수령이 되었단다. 무슨 말인지 들어 봐.

평양 회담에 실패한 김춘추가 이번엔 왜나라로 건너갔어. 하지만 이번에도 구원병을 얻는 데는 실패했지. 어찌 보면 당연한 결과야. 당시 왜는 백제와 떼려야 뗄 수 없을 정도로 끈끈한 관계를 맺고 있는데, 백제를 치겠다는 신라를 어떻게 도와줄 수 있겠니. 이런 거 보면 김춘추를 외교의 달인이니 뭐니 하는 말은 좀 과장된 듯해. 왜냐고?

당시 동아시아 외교 관계를 조금만 아는 사람이라면 김춘추처럼 고구려와 일본으로 가지 않았을 테니까. 무슨 말이냐 하면, 당시 동아시아 외교 관계를 보면 고구려는 시계 10시 방향에 있는 돌궐과 협력 관계를 맺고 남쪽으로 쭉 내려와서 백제와, 그리고 바다 건너 왜와 수직 외교 라인을 형성하고 있었어. 반면 신라는 황해 건너 당나라와 수평 외교 라인을 맺고 있었고. 이렇게 십자 외교 형태가 만들어진 상황에서 김춘추는 안 도와줄 나라만 골라 다닌 거야. 김춘추는 도대체 왜 그랬을까?

그만큼 절박했던 거지. 아비가 자식을 잃는다는 게 뭔지 아니? 그건 인간 종족이 느낄 수 있는 가장 큰 슬픔이야. 그 어떤 비통함도 이것에 미치지 못해. 내가 너한테 납치돼 올 때 왜 왔는지 기억하지? 영혼 없는 한심한 작가니, B급 작가니 그런 소릴 들어도 꿈쩍 않던 내가 결국 여기 온 이유가 뭐였겠니? 그건 네가 우리 아들 데려간다 어쩐다 했기 때문이야. 김춘추는 자기 딸을 잃은 비통함과 원수인 백제를 부숴 버려야겠다는 일념으로 고구려와 일본으로 간 거야.

 김춘추가 대단한 건 바로 이 점이야. 탁월한 외교 감각으로 신라를 구했다는 건 결과적인 얘기고, 딸의 복수와 나라를 구하겠다는 절박한 심정으로, 생사를 장담하지 못하는 적국에까지 기꺼이 도움을 청하러 갔던 그 간절함, 그 용기, 그 결단력! 바로 그 점이 대단하단 말이지. 결국 그런 노력 덕분에 신라를 살리게 돼.

 말이 길어졌구나. 정리해야겠다. 고구려와 왜에서 문전 박대를 받은 김춘추는 몇 년 뒤 당나라로 갔어. 마지막으로 당나라와 동맹을 맺기 위해서. 당 태종은 김춘추의 제안을 기꺼이 받아들였어. 왜냐고? 당 태종이 수차례 고구려 원정에 나섰다가 개고생만 한 채 소득 없이 돌아오는 일을 반복하다 보니 자기들 혼자 힘으로 고구려를 무너뜨리기 어렵겠거든. 그런 차에 김춘추가 와서 동맹을 제안했으니 기쁘게 제안을 받은 거지. 이렇게 해서 백제와 고구려를 무너뜨리기 위한 신라와 당나라의 동맹이 체결되었단다. 나당 동맹 체결 이후 전개되는 역사는 다음 시간에 자세하게 얘기해 줄게. 마지막으로 한마디.

 흔히들 역사에 가정은 없다지만 만약에 그날 연개소문과 김춘추가 동맹을 맺었다면 어땠을까? 그랬더라면 한반도 북쪽과 만주는 고구려가, 한반도 중남부는 신라가 차지해 지금과는 다른 역사가 전개됐을지도 몰

라. 하지만 역사에 가정이란 불필요한 일이야. 그럼에도 그런 쓸데없는 가정을 해 보는 건 그만큼 두 사람의 평양 회담 결렬이 우리 역사에 미친 영향이 컸다는 말이지. 그래서 이 아저씨는 642년 연개소문과 김춘추의 평양 회담을 한국사의 아쉬운 장면 1순위에 올려놓는 바이다.

"휴~ 토리야, 김춘추와 연개소문 이야기는 이 정도로 마치자."

"아저씨! 김춘추와 연개소문 이야기는 정말 흥미진진해서 가슴이 터져 버릴 지경이야."

"뭐 그 정도 가지고. 평양 회담 이야기가 아무리 흥미롭다 해도 백제와 신라가 낳은 최고 영웅들의 결투에는 미치지 못할걸?"

"뭐야, 그보다 더 재미난 이야기가 있단 말이야?"

"그럼. 명실공히 백제와 신라를 대표하는 두 장수가 국가의 운명을 걸고 황산벌에서 맞붙은 이야기야말로 삼국 통일 이야기 가운데 백미지."

"그렇담 어서 그 이야기를 들려주세요, 이 작가님. 응응."

"아유, 토리 님. 그런 슬픈 눈으로 보지 말아요. 그 이야기는 다음 시간에 해 줄 테니. 이번 시간엔 김춘추와 연개소문으로 마무리하자. 흠흠. 정리! 역사에서 극단적인 평가를 받는 사람이 많지만 이 두 사람처럼 극명하게 평가가 갈리는 인물도 드물다. 김춘추는 국제 관계를 읽는 넓은 시각으로 삼국 통일의 기초를 마련한 외교의 달인으로, 동시에 외세를 끌어들여 같은 민족을 멸하고 반쪽짜리 삼국 통일을 이룬 한심한 사대주의자로 평가받고 있단다. 연개소문은 자주적인 민족의식을 가지고 당당하게 당나라 군대와 맞서 싸운 우리 민족 최고의 지도자라는 호평과, 왕을 죽이고 권력을 독차지해 백성들을 괴롭힌 독재자라는 혹평을 동시에 받고 있지."

"그럼 난 우주 역사책에 어떻게 기록해야 하지?"

"어떡하긴, 오늘 강의 끝까지 듣고 네가 판단해서 기록해. 딱 한 가지만 더 얘기하고 마칠게. 김춘추와 연개소문의 만남과 이별이 오늘날 우리에게 어떤 교훈을 주는지 생각해 봤으면 좋겠구나. 지금 남한과 북한이 마치 고구려와 신라처럼 그러는 건 아닌지 말이다. 서로 협력하면 좋은데 반목하고 있으니 걱정이다."

토리는 여전히 이해가 안 간다는 표정을 지었다.

• 경주 태종무열왕릉비의 귀부와 이수

신라 태종 무열왕은 김춘추다. 당나라를 끌어들여 위기에 처한 신라를 구했고, 김유신과 함께 신라가 삼국 통일을 이룰 수 있는 기반을 마련했다. 태종무열왕릉 옆에 국보 제25호인 태종무열왕릉비의 귀부와 이수가 남아 있다.

한눈에 보는 한국·중국·일본

642	645	660	663
한 백제, 신라 대야성 함락	일 다이카 개신	한 당과 백제 황산벌전투 | 백제 멸망	한 백제·왜 연합군, 나당 연합군에 패배

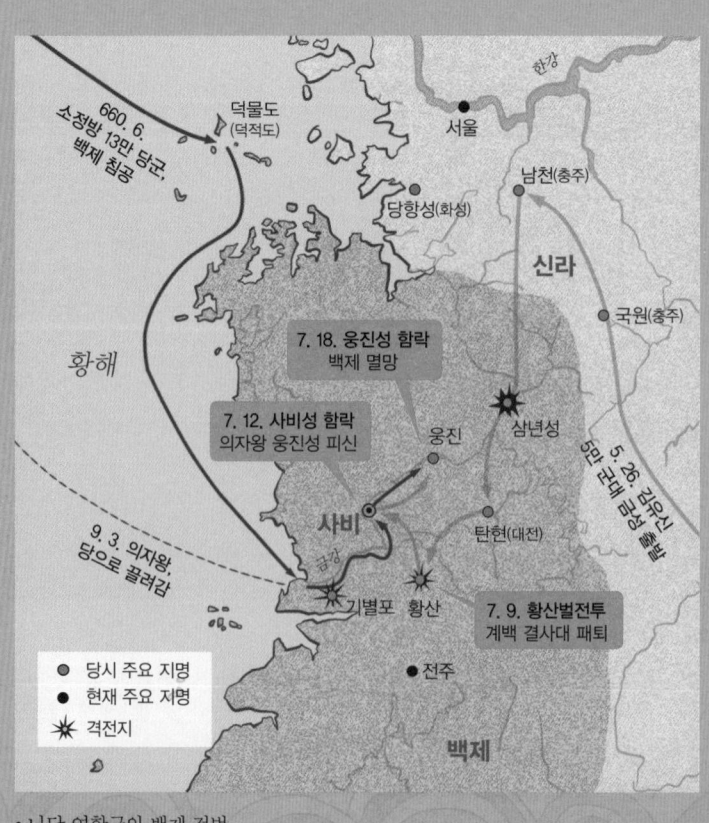

• 나당 연합군의 백제 정벌

두 번째 이야기

황산벌 대혈투 계백과 김유신

토리가 여전히 고개를 갸우뚱하며 나를 바라보았다.

"이해가 잘 안 돼? 삼국 통일 이야기를 오늘날 상황과 견주어 얘기해서 그런가?"

"그래도 괜찮아. 지금 이해 못 하면 나중에 하면 되지 뭐. 그런데 삼국 통일 이야기 시작되니까 아저씨가 지나치게 진지해진 것 같은데?"

"내가 그랬나? 너도 알다시피 지금 우리나라가 분단국가 아니냐. 그래서 삼국 통일 공부하다 보면 지금 한반도 통일을 어떻게 해야 하나, 이런 고민들을 많이 하게 된단다. 통일이 이 시대 우리 민족에게 최대 고민이자 숙제니까. 아무튼 남북통일 이야기는 역사 강의 끝날 때까지 계속 나오니까 오늘은 삼국 통일 얘기만 하자."

"삼국 통일 뭐?"

"김춘추와 연개소문의 평양 회담 이후 펼쳐진, 백제와 신라 두 나라의 운명을 결정지은 전투에 관한 이야기. 삼국의 운명을 결정지은 인물들이 총출연한단다."

"김춘추가 그런 인물 아니었어?"

"맞아. 김춘추는 그런 인물이었어. 하지만 지금 이야기할 장수들도 그에 못지않은 중요한 인물이다. 한 사람은 삼국 통일 전쟁에서 가장 큰 무공을 세워 신라 역사를 빛낸 사람인데, 김부식은《삼국사기》를 지으면서 열전 10권 가운데 세 권을 이 장군에 할애했다. 그 사람이 바로 김유신이란다. 김유신의 상대는 우리 역사에서 용기와 충절의 대명사로 불리는 백제 계백 장군님이시다. 두 사람의 만남 이후 백제와 신라의 운명은 정반대의 길로 갈렸단다. 그럼 지금부터 삼국 통일 전쟁 한복판에서 뜨겁게 만났던 두 영웅의 대결을, 대결을…… 어떤 구성으로 재미있게 들려준담? 그래, 연극처럼 막을 꾸며 봐야겠다. 제목은〈황산 벌판의 대혈투 4막 4장〉, 어떠냐?"

"어떻긴, 나를 위한 아자씨의 눈물겨운 노력에 정말이지 눈물, 아니 콧물까지 나올 지경이라니까. 이런 강의는 머리털 나고 처음이야."

"허허 참, 오버는. 그만 감탄하고 이제 계백과 김유신의 만남 4막 4장 속으로 들어가 보자. 머릿속에 장면들을 떠올리면서 따라와."

나는 김유신과 계백 이야기를 시작했다.

황산벌의 대혈투 제1막은 백제 수도 사비에서 펼쳐져. 주요 등장인물은 패망 군주 의자왕과 결사 항쟁 계백 장군. 시대 배경은 서기 660년. 김춘추와 당 태종이 맺은 나당 동맹에 따라 신라와 당나라 연합군이 백제를 치기 위해 연합 작전을 펼치기 시작했다는 급보가 전해진 직후야.

의자왕, 이분이 아주 재미있단다. 태자 시절엔 부모에 효도하고 형제간에 우애가 깊어 해동증자란 소릴 들었지. 증자는 효도의 표상인 인물이야. 왕 이름에서도 알 수 있듯이 의자왕은 의롭고 자애로웠어. 결단력도 있어서 642년 신라의 사십여 개 성을 빼앗고 신라의 요충지인 대야성을 함락시켰지. 이랬던 의자왕이 왜, 언제부터 몰락 군주가 됐는지는 모르지만 백제 말기에 음란과 향락에 빠져 나라 꼴이 말이 아니었다는구나.

충신들이 나서서 말려도 봤지만 소용없었어. 외려 충언을 한 성충은 옥에 가두고 흥수는 귀양을 보냈지. 한마디로 망국으로 가는 단계를 착착 밟으셨던 거야. 660년엔 백제에서 별 해괴한 일들이 일어났어. 사비의 우물물이 핏빛으로 변하고, 서해 바닷가에서 물고기가 떼죽음을 당하고, 개들이 몰려다니며 궁궐을 향해 울어 대고, 귀신이 나타나 백제는 망한다고 떠들어 대고, 망조가 들어도 아주 단단히 들었지.

이럴 즘 의자왕은 나당 연합군이 백제로 진격해 온다는 소식을 듣고 그제야 귀양 간 흥수에게 대책을 물었어. 흥수가 말했지.

"당군이 금강 하구인 기벌포로 진입하지 못하게 하고 신라군이 동쪽인

탄현을 넘지 못하게 해야 합니다."

하지만 망하려고 그랬는지 의자왕은 흥수의 마지막 충언을 듣지 않았어. 의자왕이 갈팡질팡하는 사이 소정방이 이끄는 13만 당군이 서해의 덕물도에 도착하고, 김유신이 이끄는 5만 신라군이 황산벌을 향해 진격해 왔어. 이제 의자왕이 믿을 사람은 계백밖에 없었어. 계백은 신라군을 막으라는 명을 받고 결사대 5천 명을 뽑아 황산벌로 출정했지. 떠나기 전날 밤, 계백은 처자식에게 말했어.

"살아서 적의 노예로 치욕을 당하느니 깨끗이 죽는 게 낫다."

그러면서 처자를 모두 죽이고 전쟁터로 달려갔단다. 계백이 이끄는 5천 군사가 황산벌 주요 거점에 진을 치고 신라군이 오기를 기다렸어. 얼마 뒤 김유신이 이글거리는 한여름 태양을 받으며 황산벌로 달려왔어. 여기까지가 제1막이야.

제2막은 계백과 김유신(595~673)의 대결. 주인공 김유신은 수십 년 동안 백제군과 싸워 한 번도 패한 적이 없는 백전노장이야. 김유신은 정치적 야망도 있었던 인물이지. 일찍이 그는 김춘추가 장차 왕이 될 재목임을 알아보고 자기 여동생을 김춘추에게 시집보내 끈끈한 관계를 맺었어. 김춘추 또한 군사력을 갖춘 김유신의 필요성을 알고 그와 손을 잡았지. 김춘추의 정치력과 김유신의 군사력 사이의 절묘한 결합이라고 할까?

660년 여름 드디어 그 어떤 방패도 뚫을 수 있는 김유신의 창과 그 어떤 창도 막아 낼 수 있는 계백의 방패가 황산벌에서 만났단다. 계백은 목숨 걸고 신라군을 막아야 하는 입장이었고, 김유신은 당나라 군대와 만나기로 한 날짜에 맞추기 위해 어떻게든 계백의 저지선을 돌파해야 하는 절박한 상황이었어.

계백은 전투를 벌이기 전 백제 군사들에게 외쳤단다.

"옛날 월나라 왕 구천은 5천 군사로 오나라 70만 대군을 격파했다. 우리도 용기를 내 신라군을 무찌르고 나라의 은혜를 갚아야 한다."

싸움이든 공부든 죽을 각오로 달려드는 사람을 당해 내긴 어려운 법이란다. 비장한 각오로 무장한 백제군은 신라군과 네 번 싸워 네 번 다 물리쳤어. 병력면에서 보면 백제군이 5천, 신라군이 5만이니까 열 배기 넘는 군대를 무찌른 거지.

김유신은 난감했어. 내일모레 백제 수도 사비에서 당나라 군대와 만나기로 했는데 계백 때문에 한 발짝도 앞으로 나가지 못하고 있으니 속이 말이 아니었지. 난관에 봉착한 김유신. 그는 어떤 작전으로 이 위기 상황을 돌파했을까?

"토리야, 1막과 2막 해설 어땠냐? 짧게 감상평 좀 들어 볼까?"
"의자왕이 정말 대단하단 생각이 들어. 어떻게 그렇게 멍청할 수 있어?"
"나라 망하게 한 왕이어서 실제보다 더 낮게 평가를 받은 측면도 있다. 신라 입장에서 역사를 기록하다 보니 신라에 적대적이던 의자왕에 대해서 마이너스 별점을 준 거지. 그러다 보니 백제가 망하고 궁녀 3천 명이 낙화암에서 강물에 투신해 죽었다는 전설도 남기고 말이야."

"의자왕도 그렇지만 계백도 좀 심했어. 어떻게 자기 부인과 자식을 죽일 수 있어? 인간들 정말 끔찍해."

"그래 이해하기 힘들 거다. 하지만 그 시대엔 그런 일이 종종 있었다. 계백 장군이 한 일이 아무리 이해하기 힘들다 해도 3막에서 일어난 일에 비하면 아무것도 아니란다."

※

제3막은 신라군이 네 번 싸워 네 번 패한 뒤에 벌어진 이야기란다. 4전 4패를 당한 김유신은 멘붕에 빠졌어. 멘붕이 뭐냐고? 큰 충격을 받아 정신이 완전 무너진 상태지. 군사들 사기도 바닥으로 떨어졌고. 이런 난감한 상황에서 장군 흠순이 나섰어. 흠순이 아들 반굴에게 말했단다.

"신하가 되어서는 충성이 제일이요, 자식이 되어서는 효도가 제일이다. 이런 위급한 경우를 당하여 목숨을 바친다면 충효를 함께 이루게 되는 것이다."

뻔히 죽을 줄 알면서도 자기 아들을 적진에 나가 싸우라고 한 거야. 혹시 나카무라 상한테 들었는지 모르겠다만, 이게 말하자면 일본에서 즐겨 쓰는 가미카제 전술이라는 거다. 자살 특공대 전술이지. 반굴은 예상대로 백제군 진영으로 가서 싸우다 죽었어. 백제군에 아무런 타격도 입히지 못하고. 그러자 이번엔 품일 장군이 자기 아들 관창을 내보냈어.

아버지의 명을 받은 관창이 창 하나를 비껴들고 백제군 진영으로 힘차게 말을 달렸어. 하지만 백제군 두어 명을 죽이고는 사로잡혔지. 백제군이 관창을 계백에게 데리고 갔어. 계백이 관창의 투구를 벗겨 보니 앳된 소년이지 뭐야. 계백이 속으로 생각했지. 신라를 대적하기 어렵겠구나. 소년조차 이러한데 하물며 다른 장수들이야 어떻겠는가.

계백은 관창이 아직 어리고 또한 용감한 것을 아껴서 차마 죽이지 못하고 산 채로 돌려보냈어. 신라군 진영에 돌아간 관창은 자기가 겁나서 살아 돌아온 것이 아니라며 우물물을 손으로 떠 마신 뒤 백제군 진영으로 다시 말을 달렸어. 화랑이 지켜야 할 세속오계 중 가장 중요한 임전무퇴(臨戰無退)를 실천하기 위해서. 하지만 관창은 또다시 백제군에 사로잡혔지. 이번에는 계백도 어쩌지 못하고 관창의 목을 베어 말안장에 매달아 돌려보냈단다.

아버지 품일이 관창의 잘린 머리를 들자 피가 흘러내려 소매를 적셨어. 아들의 머리를 들고 품일이 소리쳤어.

"내 아들이 살아 있는 것만 같구나!"

이 모습을 본 신라 군사들은 피가 거꾸로 솟았어. 누구라도 그랬을 거야. 피가 뚝뚝 떨어지는 아들의 머리를 들고 울부짖는 아버지의 모습을 보고 누가 분개하지 않을 수 있겠니. 그리하여 신라 군사들이 총공격에 나서 백제군을 크게 이겼단다. 계백도 이 전투에서 장렬하게 전사했지. 어쩌면 이 모든 작전을 김유신이 주도한 건지 몰라. 김유신의 창이 마침내 계백의 방패를 뚫은 거야.

　마지막으로 제4막은 황산벌전투 이후 이야기야. 장소는 백제 수도 사비성. 금강 하구에서 백제군을 무찌른 당나라 군대와 황산벌에서 5천 결사대의 저지선을 돌파한 김유신 군대가 사비성 외곽에서 만났어.
　김유신이 도착하자 당나라 장수 소정방이 약속 날짜보다 늦게 도착했다며 신라 장군 한 사람의 목을 베어야겠다고 말했어. 그러자 김유신이 발끈하고 나섰지.
　"이런 젠장! 그대가 황산벌 싸움을 보지도 못하고 그런 소릴 하는구나. 나는 죄 없이 치욕을 당할 수 없으니 백제를 치기 전에 먼저 당나라 군대부터 쳐 없앨 것이다."
　말을 마친 김유신이 도끼를 들고 앞으로 나섰어. 어찌나 화가 났는지 그의 머리털이 곤두서고, 허리에 찬 칼이 칼집에서 저절로 튀어나올 정도였대. 심상찮은 분위기를 감지한 소정방의 부하가 소정방의 발을 지그시 밟으며 속삭였어.
　"신라군이 반란을 일으킬 것 같습니다."
　소정방이 부하의 말을 들어 처형하려던 계획을 멈췄어. 그러고는 의자왕이 있는 사비성으로 진격했지. 의자왕은 버티지 못하고 웅진으로 도망쳤단다. 며칠 뒤 웅진성에 있던 의자왕이 태자와 함께 항복했지. 의자왕은 끝까지 항전을 하려고 했는데 백제 장수 하나가 배신을 해 의자왕을 데리고 나와 항복했다는 얘기도 있어.

항복한 왕의 끝은 비참했단다. 며칠 뒤 신라의 태종 무열왕 김춘추가 사비성으로 달려와 의자왕에게 술을 따르게 했어. 이 모습을 보고 눈물을 흘리지 않는 백제 신하가 없었다고 해. 김춘추는 십여 년 전 대야성에서 백제군에게 목숨을 잃은 딸의 복수, 이리 떼처럼 끈질기게 신라를 공격했던 백제에 대한 복수를 마쳤지.

항복한 의자왕은 왕족들과 1만여 명의 백제 백성들과 함께 당나라로 끌려갔어. 그리고 그곳에서 한 달 남짓 만에 한스런 죽음을 맞았지. 이것으로 700년 백제 역사도 역사 속으로 사라졌단다.

이야기를 듣던 토리가 한숨을 쉬었다.

"휴, 백제가 그렇게 끝나다니. 나카무라 상한테 들었는데 백제가 망할 때 일본군이 배 타고 건너와서 백제군과 힘을 합쳐 싸웠다면서? 백촌강전투라나 뭐라나? 그 얘긴 왜 안 해 주는 거야?"

"맞아. 그런 일이 있었다. 언제였냐 하면, 사비성이 함락된 뒤 백제 부흥 운동이 일어났을 때였다. 복신과 도침이 왜에 있던 왕자 부여풍을 데려와 왕으로 삼고 백제 부흥 운동을 벌였는데, 이때 왜군 수만 명이 파병돼 금강

하구인 백강에서 대규모 전투를 벌였어. 하지만 백제와 왜 연합군은 끝내 나당 연합군에 대패했지. 이 와중에 부흥군 내부에서 내분이 일어나 지도자들이 서로 죽이고 싸우는 바람에 백제 부흥 운동은 끝이 나고 말았어. 이렇듯 7세기 삼국 통일 전쟁은 고구려, 백제, 신라와 바다 건너 당나라와 왜가 총출동한 동북아시아 세계대전이었단다. 백제 멸망사 강의는 여기까지 할까? 질문 있으면 하고."

"질문은 아니고, 관창 아버지 참 대단하단 생각이 들어. 어떻게 죽을 뻔히 알면서 아들을 적진에 보낼 수가 있어? 아빠 맞아?"

"그땐 그랬어. 집안의 명예를 밥 먹는 것보다 더 중요하게 생각하던 시절이었으니까. 일종의 노블레스 오블리주를 실천한 거라고나 할까?"

"그게 뭔데?"

"높으신 양반들이 일반인들한테 모범을 보이는 거. 너희 별엔 그런 거 없냐?"

"없어, 아들을 죽음으로 내모는 아버지는. 혹시 아저씨도 그런 사람?"

"내가 무슨 높으신 양반도 아닌데 그런 거 할 일 있냐. 그리고 아까도 말했지만 지금 내가 내 자식 지키려고 여기서 이 짓 하는 거 몰라? 그런데 참, 넌 왜 여기 왔냐? 너 이러고 다니는 거 아빠가 아셔?"

"알지. 아빠가 보내서 온 건데."

"엥? 자네 춘부장도 만만치 않으시네. 어린 아들을 몇만 광년 떨어진 지구까지 보내시고. 근데 너네 아빠 뭐 하시냐?"

"우리 별 역사 편찬 위원장."

"그래? 그래서 아들인 너를 지구 역사 탐구 프로젝트에 보내신 거구나. 노블레스 오블리주를 실천하시느라고."

"어어, 꼭 그런 건 아니고……."

"뭘 그렇게 말을 더듬고 그래. 너 나한테 뭐 말 안 하는 거 있냐? 암튼 토리 너도 참 훌륭하다. 관창처럼 사명감을 가지고 지구에 온 거잖냐. 근데 참, 말 나온 김에 하나 물어보자."

"뭘 자꾸 물어보시려고?"

"우리가 처음 만난 날 네가 그랬잖아. 내가 한국사 강의 해 주면 지구 역사 탐구하러 온 이유를 말해 준다고. 말해 봐. 왜 지구 역사를 탐구하려는지."

"지구의 역사가 알고 싶어서."

"나 참, 그러니까 왜 지구의 역사가 알고 싶냐고?"

"실은 얼마 전부턴가 태양계로부터 안 좋은 에너지가 올라오기 시작했어. 그 에너지가 우주 기류를 타고 우리 별까지 전해졌는데 성분을 분석해 보니까 우라늄 같은 안 좋은 물질이었어. 그래서 우리 별에선 비상한 관심을 가지고 그 에너지가 올라온 곳을 지켜봤어. 조사해 봤더니 태양계에 있는 지구라는 별이었지."

"1945년 일본 히로시마와 나가사키에 떨어진 원자 폭탄 얘기하는 거구나. 그 후에 미국과 러시아, 중국, 이스라엘, 인도, 파키스탄, 이란, 북한 등에서 핵 실험 엄청 많이 했지. 아마 그 에너지들이 우주로 올라간 모양이다.

그래서 그게 너네 별하고 무슨 상관인데?"

"아주 오래전 우리 별에서도 종족끼리 그 에너지로 무기를 만들어 싸우다가 우리 별이 다 날아갈 뻔한 적이 있었어. 그래서 그 에너지를 없애고 새로운 에너지를 개발해서 쓰기 시작했지. 그런데 어느 날 나쁜 에너지가 올라오는 걸 보고 혹시 우리 별에 또다시 나쁜 영향을 미칠까 걱정돼서 지구라는 곳을 탐사하게 됐어. 그런 무기들이 지구 망치는 거니까 함부로 쓰면 안 된다는 거 알려 주려고. 그러다 보니 지구에 사는 인간들이 어떤 종족인지 알아야 했고, 그래서 인간의 역사를 탐구하기로 한 거야."

"그러니까 우주로 핵에너지가 올라와서 어디서 오나 알아보다가 지구를 발견했고, 지구에 사는 지구인이 궁금해서 지구 역사를 탐구하게 됐다? 지구인들 성향 파악해서 핵무기 못 쓰게 경고하려고? 굉장히 고마운 일이구나. 그게 다야? 지구 역사를 탐구하는 이유가?"

"아니. 아빠가 그러셨는데 지금 우리 별엔 오래전 역사 기록이 없대. 모두 파괴돼서. 그런데 지구를 보니까 우리 별 모습이랑 많이 닮은 거야. 그래서 지구 역사를 알면 사라진 우리 별의 고대 모습도 알 수 있을 것 같아서 지구 역사를 탐구하고 있는 거야."

"그럼 지구는 너네 별의 과거네. 너네 별은 지구의 미래고. 야, 되게 궁금하네, 지구의 미래 모습이 어떤지. 시간이 좀 늦었지만 너네 별 이야기 좀 해 줄래?"

"우리 별 이름은 플랫비403케이야. 이렇게 쓰지. B^{b}403k. 지구와는 25억 광년 떨어져 있고 크기는 지구보다 조금 작지만 비슷한 자연환경을 가지고 있어. 문명은 많이 다르지만."

"뭐가 달라? 먹는 거? 입는 거? 타고 다니는 거? 어떤지 얘기 좀 해 봐."

"글쎄, 얘기해 준다고 이해할까? 아직도 손에 뭘 들고 통화를 하고, 서울에서 뉴욕 가는 데 열두 시간 걸리고, 이제 겨우 화성에 무인 탐사선 패스파인더 보내서 물이 있네 없네 그런 거 조사하는 지구인이, 텔레파시로 이야기하고 비행접시 타고 몇억 광년을 날아다니는 우리를 이해하겠어? 구석기 시대 사람이 인터넷 하는 지금 지구인을 이해하지 못하는 거랑 같지."

"뭐야? 너 지금 우리를 구석기인 취급하는 거야?"

"말이 그렇다는 거지. 암튼 은하계에는 수천억 개 별들 중에 지구와 비슷한 크기와 환경을 갖춘 행성이 88억 개 정도 존재한다는 것만 알아 둬. 그래도 난 지구가 참 좋아. 아저씨가 강의 첫날 그랬지? 할 수만 있다면 신석기 시대로 돌아가 살고 싶다고? 나는 지구에 와서 그런 느낌을 받았어. 우리 별은 지구보다 수천 배 발달한 문명을 가졌지만 지구처럼 산과 강이 아름답진 않아. 모든 것이 기계화돼 있어서 종족들 관계도 그래. 에구, 우리 별 이야기를 너무 많이 한 것 같아. 빨리 강의 들어야 하는데."

"알았다. 너네 별 얘기 잘 들었고, 시간 되면 다음에 또 들려줘라. 이번 시간엔 백제가 멸망한 얘기까지 했으니까 다음 시간엔 고구려가 어떻게 역사의 뒤안길로 사라지게 됐는지 그 이야기를 하도록 하마."

내 말에 토리가 알았다는 듯 두 눈을 깜박했다.

한눈에 보는 한국·중국·일본

642	645	647	648	660	665
한 고구려, 연개소문 쿠데타	중 당 태종, 고구려 1차 침공 일 다이카 개신	중 당 태종, 고구려 2차 침공	중 당 태종, 고구려 3차 침공	한 백제 멸망 ㅣ 나당 연합군 고구려 침략	한 고구려, 연개소문 사망

667	668
중 당, 고구려 신성 공격	한 당, 고구려 부여성 함락 ㅣ 나당 연합군에 고구려 멸망

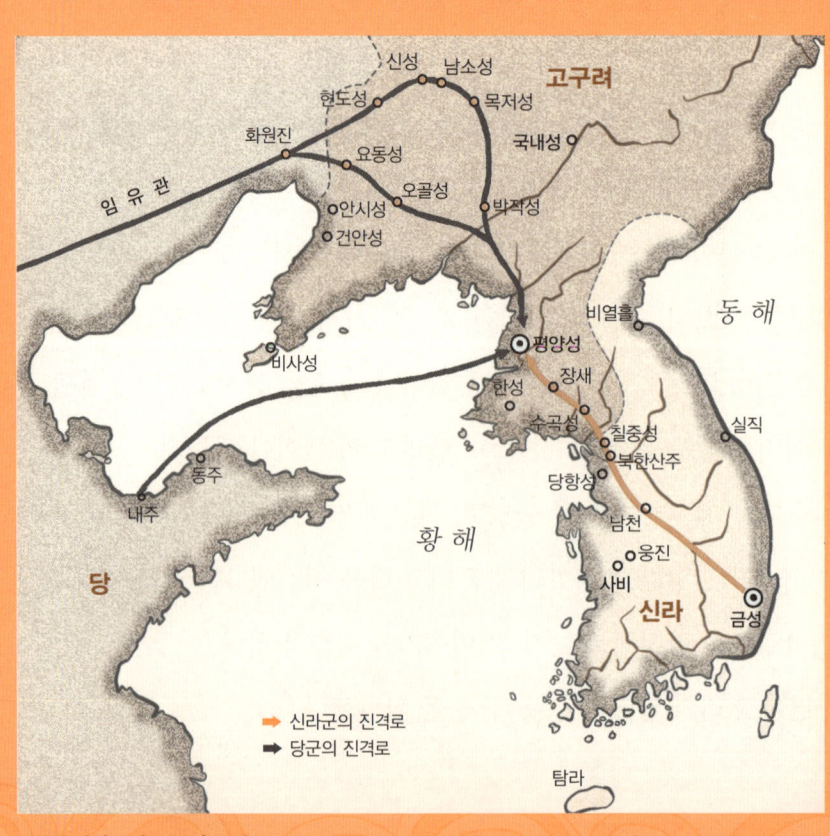

- 나당 연합군의 고구려 공격

세 번째 이야기

평양성 최후의 날

　백제 멸망사 강의를 마친 나는 흐름을 이어 가기 위해 다음 주제인 고구려 멸망 이야기로 바로 넘어가야겠다고 생각했다. 대견하게도 토리는 어린 아이치고는 무던하다 싶을 정도로 진득하게 의자에 잘 붙어 있어 주었다. 의자왕 얘기 때문인가?

　"무슨 그런 말도 안 되는 추측을 하셔? 의자왕 얘기 때문에 의자에 붙어 앉아 있는 게 아니라 아저씨가 정곡을 찌르는 해석으로 나를 붙잡아 둬서 그런 거지. 헤헤."

　"너 아주 나를 들었다 놨다 하는구나. 빈말이라도 고맙다. 이제 백제에 이어 고구려 멸망사 강의를 할 텐데, 그 전에 660년 백제 멸망 당시 비디오 한 장면만 보고 가도록 하자."

"아까는 연극이더니 이젠 비디오야?"

"그게 아니고 나당 연합군이 백제 사비성을 무너뜨릴 때 백제, 신라, 당나라, 고구려 현지 표정을 카메라에 담았다면 어떤 그림이 나왔을지 한번 상상해 보자는 거다. 화면에 그림 네 개를 동시에 띄워 놓고 한번 봐 볼까?

메인 카메라에 잡힌 의자왕. 아이고, 저 표정 좀 봐라. 더 이상 비참할 수 없어요, 이런 표정이구나. 2번 카메라 무열왕 김춘추. 이 양반은 입이 벌어져서 다물지를 못하고 있네. 딸의 원수를 갚고 원수 같은 백제를 무너뜨렸으니 이해할 만해. 3번 카메라의 당나라 고종. 아주 떵호와구만. 마지막 4번 카메라 연개소문. 어째 연개소문 표정이 좀 심란해 보이는구나. 내가 마음을 읽을 수 있는 능력으로 보니까 대략 이렇게 후회를 하고 계신 것 같다. 642년 김춘추가 평양에 왔을 때 신라와 동맹을 맺을걸……. 이제 신라와 당나라 두 놈들이 쌍으로 몰려오겠지……. 이런 생각이신 것 같다. 자, 그럼 이제 모니터 끄고 오늘의 본론으로 들어가 볼까?"

나는 바로 고구려와 나당 연합군의 **평양성전투** 이야기를 시작했다.

❀

고구려는 연개소문이 죽은 지 정확히 3년 뒤에 나당 연합군의 공격을 받아 망했단다. 도대체 연개소문이 어떤 인물이기에 살아 있을 때는 멀쩡하던 고구려가 그가 죽고 나서 폭삭 망하게 된 걸까?

《삼국사기》에 따르면 연개소문은 풍채가 걸출하고 기품이 호방했다고 해. 하지만 성격이 포악한 게 흠이었대. 그래서 연개소문의 아버지가 죽고 나서 그가 아버지의 관직을 물려받으려 하자 온 귀족이 반대하고 나섰지. 이때 연개소문 처세술이 기가 막힌다. 일단 자신을 반대하는 귀족들 앞에 납작 엎드렸어.

"심려를 끼쳐 드려 송구합니다. 하지만 저를 임시로라도 관직에 두시어 일을 시켜 보고 잘못하는 일이 있으면 그때 저를 내쳐도 되지 않겠습니까?"

연개소문이 이렇게 나오자 귀족들이 그를 불쌍히 여겨 아버지의 관직에 오르게 했단다. 연개소문은 관직에 오르자마자 흉포하고 잔인한 본색을 드러냈어. 그러자 귀족들이 왕과 비밀리에 의논해 연개소문을 죽이기로 했어. 그런데 그 일을 연개소문이 먼저 알아차렸지 뭐니.

연개소문은 군사를 모아 놓고 검열하는 체하면서 성 남쪽에 술과 음식을 차려 놓고 귀족들을 초청했단다. 초청받은 귀족들이 모두 참석하자 연개소문 병사들이 들이닥쳐 100명이 넘는 귀족들을 모두 죽여 버렸지. 연개소문은 그길로 궁궐로 달려가 왕을 죽인 다음 왕의 몸을 몇 동강이로 잘라 개천에 버렸어. 이 사건이 642년 벌어진 연개소문 쿠데타 사건이란다. 이 사건을 당나라에 강경한 입장을 취한 연개소문이 온건파를 제거하는 과정에서 벌어진 사건으로 보기도 해.

그 사건이 있은 지 몇 년 뒤, 당 태종이 임금을 죽인 연개소문을 벌한다는 명분으로 고구려를 침공했어. 연개소문은 역시 소문대로 대단한 사람

이었어. 그는 수차례에 걸친 당나라 침공을 모두 물리쳤단다. 물론 안시성 싸움에서 당 태종을 물리친 안시성의 성주 같은 사람이 있어서 가능한 일이긴 했지만 당나라와의 전쟁을 총지휘한 사람은 연개소문이었거든.

연개소문이 당나라와 전쟁만 한 건 아니야. 어떻게든 당나라와 전쟁을 피하고 싶었어. 그래서 조공 사절을 보내곤 했는데, 당시 지구촌 최강국이었던 당나라 황제 태종이 중국 중심의 질서를 잡으려는 의욕을 버리지 않아서 전쟁은 피할 수 없었어.

수차례 당나라가 쳐들어왔음에도 연개소문이 있는 한 고구려는 안녕했단다. 660년에 백제를 멸망시킨 나당 연합군이 그 여세를 몰아 고구려를 침략했을 때도 그런대로 잘 막아 낼 수 있었지. 그러나 연개소문이 죽자 고구려는 급격히 무너지기 시작했어.

연개소문이 혹시 그런 상황을 예견하고 자식들에게 이런 유언을 남겼는지 몰라.

"너희 형제는 물과 물고기처럼 화목해야 한다. 절대 벼슬을 두고 다투지 마라."

하지만 이후 상황은 연개소문의 유언과는 전혀 다른 방향으로 흘러갔단다. 그의 자식들 사이에 내분이 일어난 거야. 내분의 발단은 이래. 아버지의 권력을 물려받은 큰아들 남생이 수도를 두 동생에게 잠시 맡겨 두고 지방 순시에 나섰어. 지방을 돌며 아버지가 죽은 뒤 동요할지도 모르는 지방 호족들을 단속하기 위해서였겠지.

 바로 이때 어떤 자가, 내 생각엔 연개소문에 대한 복수를 꿈꾸거나 연개소문 일가가 독점해 온 권력을 되찾으려는 귀족일 것 같은데, 그자가 두 동생에게 접근해서 꼬드겼어.

 "형 남생은 두 동생이 간섭하는 걸 싫어하니 이번 지방 순시를 마치고 돌아오면 당신들을 제거할 것이다. 그러니 먼저 형을 제거하는 게 좋겠다."

 남건과 남산 두 동생은 형이 그럴 리 없다며 그자의 말을 믿지 않았어. 그러자 이번엔 또 어떤 자가 형 남생에게 찾아가 은밀히 말했지.

 "평양에 있는 두 아우가 형이 돌아와 자기들의 권력을 빼앗을까 두려워 형을 들어오지 못하게 하려고 한다."

 형만 한 동생 없다는 말은 틀린 말인가 봐. 글쎄, 남생이 그자의 말을 듣고 몰래 자기 심복을 평양에 보내 아우의 동정을 엿보게 했지 뭐니. 그런데 이를 어째. 두 아우가 그것을 알고 형의 심복을 체포해 버렸네. 그러고는 형에게 왕의 명령이라며 평양으로 들어오라고 했어. 남생은 당연히 돌아가지 않았지. 들어갔다간 반역죄로 처형될 게 뻔했으니까. 그러자 바로 밑의 동생 남건이 최고 실권자가 되어 형 남생을 치러 갔어. 이에 남생이 아들 헌성과 함께 옛 수도인 국내성으로 달아났지. 이렇게 하여 연개소문 아들들은 물과 물고기가 아니라 개와 고양이처럼 서로 으르렁거리는 사이가 되었단다.

"질문! 그럼 연개소문 아들들 내분 일어나서 고구려가 바로 망한 거야? 좀 허무하네, 드라마가."

"바로 망한 건 아니고 667~668년 사이에 고구려와 나당 연합군의 접전이 있었는데 이게 네 말대로 좀 허무한 수준이다. 백제의 계백처럼 결사 항전한 장군도 없고, 조국을 배신한 형과 두 동생이 싸우는 이야기라 재미가 없다. 그래서 그랬나? 백제 멸망을 다룬 영화 〈황산벌〉은 흥행에 성공했는데, 고구려 멸망을 소재로 한 〈평양성〉은 거의 망했어. 똑같은 감독이 만들었는데 말이야."

"에이 설마. 그래서 그랬겠어? 영화에 무슨 문제가 있어서 그런 거겠지."

"설마는 눈썰매 끄는 말이 실마아. 못 믿겠으면 다운 받아서 한번 봐. 재미없다니까. 오죽했으면 우리 애가 두 시간 동안 영화 다 보고 나서 이런 소릴 했겠니. '아빠, 혹시 고구려가 두 시간 만에 망한 거예요?' 영화를 비극으로 갈지 코미디로 갈지 방향을 못 잡고 그 사이에서 갈팡질팡한 감독의 비극이지."

"그래서 설마 그 이야기는 안 해 주고 끝내시려는 건 아니지?"

"물론 그럴 순 없지. 고구려가 어떤 나라였냐. 700년 동안 만주 대륙을 호령했고 중국의 수나라, 당나라와 맞짱 떠서 한 번도 밀린 적 없는 강국이었다. 아마 그래서 고구려 최후가 더 허무하게 느껴지는 건지 모르겠다. 기대가 크면 실망이 큰 것처럼. 그럼 이제 고구려 최후의 결전 이야기를 해 볼까."

667년 들어 당나라가 총공격에 나섰어. 나당 동맹을 맺을 때 당나라의 최종 목표는 고구려였어. 백제 정벌은 고구려를 치기 위한 오프닝 게임에 불과했지. 하지만 당나라는 백제를 무너뜨리고도 연개소문이 버틴 고구려는 깨뜨리지 못했어. 그런데 연개소문이 죽고 아들들이 내분을 일으키자 대대적인 공격에 나섰어.

고구려를 편의상 우리 팀이라고 해 보자. 얼마 전까지만 해도 우리 팀엔 연개소문 세 아들이 최종 수비수로 버티고 있었어. 중심에는 맏형인 남생이 있었지. 그런데 이분이 자기 아들을 데리고 상대 팀으로 넘어가 버렸네. 그러자 우리 팀 수는 줄고, 상대 팀은 늘어났지. 더 우스운 건 상대 팀으로 간 남생이 가장 열심히 친정 팀 고구려를 공격했다는 사실이야. 이건 뭐 콩가루 집안에서나 나올 법한 씁쓸한 얘기지.

당나라 군대는 667년 남생을 길잡이 삼아 요동에 있는 신성을 쳤어. 여기서도 어처구니없는 일이 벌어졌단다. 예전에 수나라와 전쟁할 때만 해도 그런 일이 없었는데 이번엔 배신자가 나타났어. 어떤 자가 성주를 묶어서 당군에 항복한 거야. 그러자 주변의 성들이 다 백기를 들었지. 평양에 있던 고구려 팀에서 구원병을 보냈지만 당나라 장수 설인귀에게 박살이 났단다.

신이 난 당군은 운명의 해인 668년 만주에 있는 부여성을 깨뜨렸어. 그러자 주변의 사십여 성이 와르르 무너졌지. 그때마다 남건이 군대를 보내 당군과 싸웠지만 살인귀 같은 설인귀 부대에 패배하기 일쑤였단다. 이제 전세는 거의 당나라 쪽으로 기운 듯했어. 당 고종이 전장에서 돌아온 신하에게 그쪽 상황을 물었지.

"요동 상황이 어떠한가?"

"이번엔 반드시 이길 수 있을 듯합니다. 지난번까지는 고구려에 틈이 없어서 번번이 실패했지만 이번엔 연개소문의 큰아들이 우리 편 선봉에 서서 적들을 공격하고 있으니 어찌 이기지 않겠습니까?"

당 고종은 신라에게도 군대를 보내라고 명했어. 이에 신라에서는 20만 군을 평양으로 보냈지. 북쪽에서는 당나라 육군이, 남쪽에서는 신라군이, 서쪽에서 배를 타고 당나라 수군이 밀어닥치자 평양성은 나당 연합군에 완전히 포위됐어.

나당 연합군이 한 달 가까이 성을 에워싸고 공격하자 고구려 보장왕(제28대 마지막 왕)이 연개소문의 막내아들 남산을 수장으로 98명과 함께 내보내 당나라 장수에게 항복하도록 했어. 항복이란 것을 몰랐던 고구려로서는 아주 낯선 풍경이었지. 이것으로 고구려는 끝이었을까? 아니야. 남건이 버티고 끝까지 항복하지 않았단다.

남건은 보장왕이 항복했음에도 성문을 굳게 닫고 지켰어. 그 옛날 한나라가 고조선의 왕검성을 포위했을 때 왕마저 죽고 난 뒤 장군 성기가 마지막 항전을 벌이던 모습과 비슷해. 하지만 이번에도 똑같은 일이 반복됐단다. 성기가 배신자에게 죽음을 당하고 고조선이 망했듯이 고구려에도 배신자가 나타났어.

 고구려의 배신자는 신성이라는 승려였어. 남건이 부하인 신성에게 군사를 맡겼는데 이 신성이 당군과 내통하여 성문을 열어 주기로 은밀히 합의한 거야. 결국 신성이 몰래 성문을 열자 신라 기병 500명이 들이닥쳤고, 뒤이어 당군이 몰려 들어와 평양성을 짓밟았단다. 남건은 자기 목을 찔러 자결을 시도했지만 죽지 못하고 당나라로 끌려갔어. 이로써 700년 고구려 역사가 막을 내리고 말았던 것이었다.

여기까지 말한 뒤 토리에게 말했다.

"어떠냐, 내분이 무섭지? 그렇게 강고하던 고구려가 삽시간에 무너졌으니 말이다."

"그러게. 그래서 아자씨가 나한테 자나 깨나 내분 조심, 우리 편도 다시 보자, 이렇게 말한 거구나."

"맞아. 평화로울 땐 저 사람이 적인지 우리 편인지 절대 몰라. 전쟁이 나봐야 아군인지 적군인지 드러나는 법이지. 여하튼 오늘의 핵심은 연개소문이다. 그가 권좌에 오르심으로 고구려가 당나라를 물리치시고, 그가 죽으심으로 고구려가 망하셨도다. 고구려 복음 668장 말씀. 흠."

"어떻게 한 사람 때문에 흥했다 망했다 그럴 수 있어?"

"꼭 한 사람 때문이겠냐? 고구려는 연개소문이 죽지 않았더라도 망할 만

한 여러 충분조건을 갖추고 있었어. 첫째, 그동안 중국 수나라와 당나라에 너무 시달렸어. 그러다 보니 국력은 쪼그라들고 백성들 삶은 피폐해졌지. 둘째, 백성들 마음을 얻지 못했어. 연개소문이 집권할 때 너무 독재를 해서 백성들 마음이 떠났던 것 같아. 맹자 왈, 전쟁에 승리하는 데는 훌륭한 장수나 천혜의 지형도 민심이 화목한 것만 못하니라, 하고 말씀을 하셨는데 고구려가 망할 때 꼭 이랬던 것 같다. 민심을 잃으면 나라 망한다는 맹자님 말씀을 오늘의 명언으로 올리면서 고구려 이야기는 마칠까 한다."

"아까는 연개소문을 독재니 뭐니 하는 소리가 의미 없다고 했잖아. 그 시대에는 다 그랬다고."

"그렇지. 연개소문을 독재자라고 말하는 게 별 의미가 없다는 말인데, 결과적으로 그런 독재 때문에 민심을 얻지 못한 건 사실이다. 그래서 나는 지금 한반도 상황을 매우 근심 어린 시각으로 보고 계신다는 말씀."

"무슨 말이야? 지금 아자씨 나라에 연개소문이라도 환생했어?"

"독재를 일삼는 건 1천4백 년 지난 지금도 비슷해. 북쪽에선 반세기 넘도록 김씨 일가가 대를 이어 일당 독재를 하고 계시고, 남쪽에서도 가끔 독재 정치를 하는 정부가 등장해서 남과 북이 서로 대결로 치닫거든. 그 바람에 제대로 된 통일을 이루기가 쉽지가 않아."

"도무지 무슨 말씀인지 모르겠어. 제대로 된 통일을 이루기가 쉽지 않다니."

"왜 그런지는 다음 강의 들으면 알게 돼."

나는 바람을 쐬기 위해 큰 바위 하우스를 나왔다.

한눈에 보는 한국 · 중국 · 일본

661	675	676	677
한 신라, 문무왕 즉위(~681)	한 나·당전쟁, 매소성전투	한 나·당전쟁, 기벌포전투 | 신라 삼국 통일	중 당, 안동 도호부 요동으로 옮김

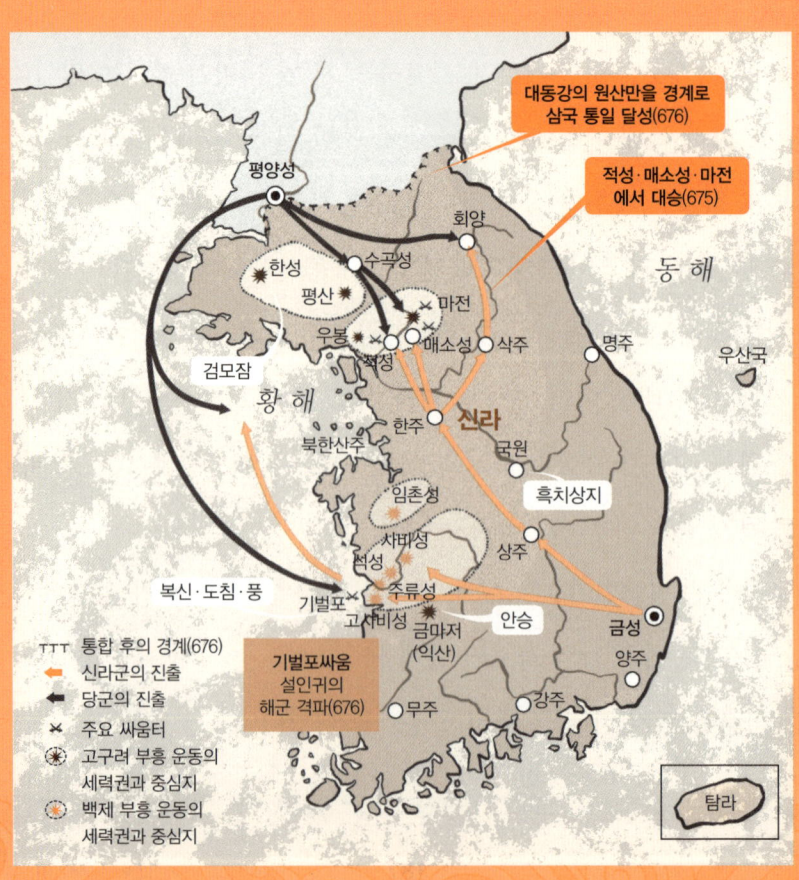

• 신라의 삼국 통일

네 번째 이야기

당나라 몰아내고
삼국 통일 완성

큰 바위 하우스를 나와 바위 뒤쪽에 나 있는 오솔길을 걸었다. 길은 좁았으나 둘이 걷기에 불편한 정도는 아니었다. 오솔길 양편엔 편백나무와 소나무가 빼곡히 들어차 있어서 걷는 내내 삼림욕을 하는 기분이었다.

한참을 걷는데 숲 속에서 고라니 한 쌍이 우리를 보더니 뜻하지 않은 적군을 만난 군인처럼 멈칫했다. 토리가 움찔하며 내 팔을 잡았다.

"으으 무서워."

"네가 무서운 게 다 있어? 근데 어쩌냐, 쟤들은 네가 더 무서운 것 같은데. 하하하."

도망가는 고라니 한 쌍을 보며 내가 말했다. 그제야 토리가 잡았던 팔을 놓았다.

"숲 속의 고라니도 제 아비 어미와 즐겁게 노니는데 우리는 이게 뭐냐? 아들과 떨어져 한국사 강의하고 있는 나나, 수억만 리 떨어진 지구에 와서 고라니 보고 놀라는 너나."

토리는 앞만 볼 뿐 아무 대꾸도 하지 않았다. 어린애한테 공연히 아빠 얘기를 꺼냈나?

"아빠 얘기 꺼내서 미안하다. 너도 집 생각 많이 날 텐데. 게다가 오늘 강의 중에 아버지와 자식 얘기가 많이 나와서 아빠 생각 많이 났을 텐데, 안 그래?"

"쯤."

"미안하지만 마지막 강의도 아버지와 아들에 관한 얘기다."

"삼국 통일 얘기라며?"

"맞아. 신라가 삼국 통일을 완성하는 얘긴데 그 주인공이 아버지와 아들이라는 거지. 앞에 나온 아비와 자식 이야기가 아무리 흥미롭다 해도 지금 할 이야기에 비하면 아무것도 아니란다."

"쳇! 맨날 아무것도 아니란다."

"읽혔구나. 읽히면 지는 건데. 다음부턴 좀 더 맛있는 떡밥으로 널 낚아 주겠다. 음하하."

나는 웃음을 멈추고, 신라가 당나라 군대를 물리친 이야기를 시작했다.

김춘추와 당 태종은 나당 동맹을 맺을 때, 백제와 고구려를 무너뜨리고 나면 평양의 대동강 이남은 신라에게 주기로 비밀리에 약속했어. 그런데 당나라는 애초에 그럴 마음이 없었던 것 같아. 백제와 고구려를 멸망시키고 난 뒤 당나라가 한 짓을 보면 대번에 알 수 있지. 당나라가 어떻게 했냐고?

신라와의 약속을 어기고 한반도 전체를 차지하려는 야욕을 드러냈어. 백제 옛 땅엔 웅진 도독부를, 고구려 옛 땅엔 안동 도호부를, 그리고 신라 경주에는 계림 도독부라는 지배 기구를 두고 한반도 전체를 직접 다스리려 했지. 뒤늦게 당나라의 본심을 알아차린 신라는 당나라 군대를 몰아내기 위해 대당 전쟁을 선포했어. 이렇게 하여 신라 군대와 당나라 군대 사이에 전쟁이 시작됐단다.

이 전쟁을 '나·당전쟁'이라고 하는데 이 전쟁의 승패를 갈랐던 전쟁터는 675년 지금의 경기도 양주 부근에서 벌어진 매소성전투란다. 당나라 20만 대군이 매소성에 침입하자 신라군은 결사 항전의 각오로 당군과 맞섰지. 매소성전투에 남다른 각오로 출전한 한 소년이 있었어. 그 소년이 바로 오늘의 주인공이란다. 소년은 당군을 바라보며 죽음으로써 지난날의 치욕을 씻겠다고 다짐했어. 이 소년은 누구이며 지난날의 치욕을 씻는다는 건 또 무슨 말일까?

소년의 이름은 원술이었어. 신라 화랑 출신으로 김유신 장군의 아들이었지. 3년 전 원술은 당군이 침입했을 때 비장으로 전쟁터에 나갔단다. 비장이란 장수의 참모 역할을 하는 군인을 말해. 그날 전투에서 원술은 씻을 수 없는 치욕을 맛봐야 했어. 사연은 이래. 신라군이 미처 군사 배치를 정비하지 못한 틈을 타서 당나라 군대가 짓쳐들어왔어. 이때 신라의 여러 장수가 목숨을 잃었지. 원술은 나가서 싸우다 죽겠다며 말에 올랐어. 그러자 부하 한 사람이 원술을 만류하고 나섰어.

"안 됩니다. 대장부는 죽기가 어려운 것이 아니라 옳게 죽기가 어려운 법입니다. 죽어서 성과를 얻지 못할 바에는 차라리 살아서 뒷날을 도모하는 게 낫습니다."

"무슨 소린가. 사내대장부가 구차히 산다면 무슨 면목으로 아버지를 뵙겠는가."

원술은 이렇게 말한 뒤, 말을 채찍질해 달려 나가려고 했어. 하지만 부하가 말고삐를 쥐고 끝내 놓아주지 않는 바람에 하는 수 없이 장군을 따라 수도로 돌아왔단다. 문무왕(신라 제30대 왕)이 패배 소식을 듣고 김유신에게 물었어.

"우리 군사가 크게 패했다 하니 이 일을 어찌하랴?"

김유신이 대답했지.

"당군의 술책을 헤아릴 수 없으니 우리 병사들로 하여금 요충 지대를 지키게 해야 할 것입니다. 그런데 원술은 왕명을 어기고 가정의 교훈까지 위배했으니 목을 베어야 합니다."

왕이 이 말을 듣고 원술에게만 무거운 벌을 줄 수 없다며 원술을 살려 주었단다. 원술은 부끄럽고 두려워 감히 아버지를 보지 못하고 시골로 내려갔어. 그러던 중 아버지가 세상을 떠났다는 소식을 듣고 서울인 금성으로 왔지. 원술이 어머니를 뵈려는데 어머니가 만나 주지 않은 채 말했어.

"무릇 여자는 삼종지도라 하여 시집가기 전에는 아비를 따르고 시집가서는 지아비를 따르며 지아비가 죽으면 아들을 따르는 법이지만, 원술이 아버지에게 자식 노릇을 못하였으니 내가 어찌 그의 어미가 되겠는가."

원술은 서럽게 울며 가슴을 치고 발을 구르며 떠나지 못했어. 그런데도 어머니는 끝내 아들을 만나 주지 않았지. 원술은 싸움터에서 죽지 못한 것을 한탄하며 태백산으로 들어가 버렸단다. 그곳에서 3년여 세월을 보낸 원술은 어느 날 당나라 20만 군대가 매소성에 쳐들어왔다는 소식을 듣고 전쟁터로 달려갔던 거야.

다시 675년 매소성. 둥둥둥 북소리가 울리고 신라군과 당군의 일대 접전이 시작됐어. 원술은 최전방에서 용감하게 당군과 싸웠단다. 신라군은 수가 부족했지만 뛰어난 무기로 당군을 무찔렀어. 특히 신라군 장창 부대의 활약이 눈부시게 빛났어. 장창 부대는 4미터가 넘는 긴 창으로 당나라 기병이 진격해 올 때 창을 45도 각도로 들어 말의 목과 가슴을 찔러 쓰러뜨렸어. 또한 신라군은 '노'라고 불리는 기계식 활로 멀리 있는 당군에 타격을 입혔지. 죽음을 각오한 신라군의 활약과 뛰어난 무기 덕분에 신라군은 매소성전투에서 당군을 크게 물리쳤어. 이때 획득한 당나라 말만 3만여 필이 넘었다고 하니 얼마나 큰 승리였는지 짐작할 수 있겠지?

매소성전투에서 승리한 뒤 원술이 경주로 돌아왔단다. 왕이 기뻐하며 원술에게 큰 상을 내렸지. 하지만 원술은 상을 마다하고 시골로 가 조용히 살다 생을 마감했다고 해. 어때, 원술 이야기 참 슬프지 않니?

어느새 숲 속이 어두워졌다. 우리는 갔던 길을 되돌아 걷기 시작했다.

"원술 이야기 듣고 어째 대답이 없어?"

토리를 보며 내가 물었다.

"슬퍼. 전쟁터에서 살아 돌아왔다고 죽으라고 한 아버지나 아들 노릇 못했다고 끝내 보지 않겠다고 한 어머니나 그런 부모를 둔 원술, 모두."

"아까 황산벌전투 얘기할 때 관창 아버지 이해 못 하겠다고 그랬지? 이제 이해가 되냐? 그때는 전쟁터에 나가 목숨 걸고 싸우는 게 부모에 효도하고 가문의 영광을 빛내는 거였다. 전장에 나가 싸우다 죽는 건 괜찮지만, 원술처럼 패하고도 살아 돌아오면 자식 취급 못 받는 거야. 누구나 다 그렇지는 않았겠지만 적어도 화랑 출신은 그랬던 것 같다."

"화랑이 뭔데?"

"신라만의 청소년 수련 단체라고 할까? 화랑들은 평소에 경치 좋은 곳을 찾아다니며 심신을 단련하다가 전쟁이 나면 바로 창 들고 나가 싸웠다. 화랑은 귀족 집안 출신의 화랑 한 명과 그를 따르는 여러 낭도, 그리고 고문 역할을 하는 승려들로 이뤄졌다고 해."

"화랑은 왜 모두 목숨 걸고 싸우는 건데?"

"화랑도 정신 때문이지. 나라에 충성하고 부모에 효도하며 친구들끼리 믿음으로 사귀고 싸움에 임해서 물러나지 않으며 죽일 때 가려서 죽인다! 이른바 세속오계라는 규약을 목숨처럼 여겼으니까. 그래서 반굴이나 관창이나 원술이나 모두 그렇게 죽을 각오로 열심히 싸운 거란다. 바로 이러한 희생정신이 후진국이었던 신라가 삼국 통일의 주인공이 될 수 있었던 원동력이 되었지. 그리고 화랑이 15세에서 18세 사이의 청소년들이었으니 얼마나 용감했겠냐. 외계인이 이 나이 때 청소년들 무서워서 지구 침입 못 한다는 얘기가 있는데 혹시 진짜냐?"

"으이그 유치해. 우릴 뭘로 보고."

토리와 나는 그런 썰렁한 농담을 주고받으며 큰 바위 하우스로 돌아왔다.

"자, 이제 나·당전쟁 이야기 마저 해야겠다."

그리고 나는 기벌포전투 이야기를 시작했다.

때는 676년. 매소성전투에서 신라군이 당나라 군대를 물리친 지 1년 뒤였단다. 평양을 출발한 당나라 군대가 배를 타고 기벌포로 쳐들어왔어.

기벌포는 금강 하구로 지난번 백제 멸망 때 당나라 군대가 침입한 곳이야. 신라 군대는 기벌포로 들어온 당군을 거세게 공격했어. 당나라 군대도 작년 매소성전투의 패배를 만회하려는지 쉽게 물러서지 않았지.

밀고 밀리는 접전이 펼쳐졌단다. 이 전투의 모습을 기록한 《삼국사기》에는 스물두 차례 접전이 있었다고 해. 이 싸움에서 결국 신라군이 당나라 군대를 물리치고 승리했어. 지난번 고구려 침입 때 살인귀처럼 고구려 병사들을 무너뜨린 설인귀가 이번에는 무참히 패하고 물러났어. 이로써 당나라 군대를 몰아내기 위한 나·당전쟁은 신라의 승리로 끝났고 매소성전투와 기벌포전투에서 패한 당군은 더 이상 한반도에서 견디지 못하고 평양에 있던 안동 도호부를 요동으로 옮겨 갔지. 한반도에서 당나라 세력이 물러남으로써 삼국 통일 전쟁도 마침내 마침표를 찍었단다. 꽝!

당군을 몰아낸 신라는 대동강 이남 땅을 모두 차지하게 됐어. 하지만 오늘날까지도 신라가 삼국을 통일한 것에 아쉬움을 갖는 사람들이 많아. 특히 신라가 외세인 당나라 군대를 끌어들여 같은 민족인 고구려와 백제를 무너뜨렸다고 비판하지. 하지만 당시에는 세 나라가 같은 민족이라는 동류의식이 없었대. 그래서 같은 민족을 무너뜨렸다느니 하는 말은 좀 안 어울려. 그리고 앞에서도 말했지만 외세를 끌어들인 게 신라만도 아니니 무조건 신라를 비난할 수 없는 문제야.

그래도 아쉬운 건 고구려가 차지하고 있던 저 만주 대륙을 당나라에 고

스란히 넘겨준 점이야. 그래서 요즘 사람들은 그때 신라가 대동강을 넘어 북으로 더 밀고 올라갔다면 어땠을까 하는 이야기를 한단다. 그렇게 고구려 땅을 조금이라도 더 회복했더라면 오늘날 중국이 동북공정이다 뭐다 해서 우리의 영토와 역사를 자기네 것이라고 쉽게 주장하지는 못할 테니까. 물론 신라가 통일을 이룬 지 이십여 년 뒤 옛 고구려 땅에 고구려를 계승한 발해가 들어서서 우리의 역사를 일구어 가긴 했지만.

많은 한계에도 불구하고 신라가 삼국을 통일한 건 큰 의의가 있단다. 삼국이 통일돼서 지긋지긋한 전쟁에서 벗어났고, 통일된 신라는 하나의 정부, 하나의 제도 아래서 하나의 민족 국가로 성장했어. 고구려와 백제의 문화를 수용해 우리 문화를 더욱더 발진시켰지. 자, 이것으로 길고 길었던 삼국 통일의 대역사를 마무리하도록 할까?

이야기가 끝나자 토리가 질문을 던졌다.

"아저씨, 아까 고구려 멸망 이야기할 때 남한과 북한이 대결하는 바람에 제대로 된 통일을 이루기 어렵다고 했잖아? 그게 무슨 말이야?"

"그게 말이다. 만약에 지금 상황에서 북한이 어떤 이유에선가 급격히 무너지는 사태가 발생한다면 그다음에 어떤 상황이 벌어질지 걱정하는 거야. 네 생각은 어떠냐?"

"삼국 통일처럼 남한과 북한이 하나가 되는 거 아냐?"

"그렇지. 그러면 영토는?"

"당연히 남한과 북한 땅이 하나로 되겠지. 거참, 나를 1 더하기 1은 2도 모르는 바보로 아나?"

"왜 모르겠냐. 그런데 내가 아는 어떤 국제 문제 전문가는 현재의 북한 전 지역이 우리 영토가 되지 않을 가능성이 있다고 우려하더라."

"어째서? 남과 북이 통일했으면 남한과 북한 땅이지."

"왕 서방네 때문에. 북한과 혈맹 관계인 중국은 현재 북한에 정치적, 경제적으로 상당한 지분을 가지고 있다. 그래서 만약 북한이 급격히 무너지기라도 하면 중국이 압록강을 건너올 수도 있고, 그게 아니더라도 중국과 친한 정권을 수립할 수도 있다고 하더라. 그리고 우리는 국제법상 압록강까지 밀고 갈 근거가 없대. 그래서 혹시 북한이 갑자기 무너지면 1945년 해방 직후에 미군과 소련이 한반도에 들어온 것처럼 그런 상황이 벌어질지도 모른다는 거야. 그러니까 지금 남과 북의 영토나마 제대로 지키려면 남한과 북한이 그 옛날 신라와 고구려처럼 싸우지만 말고 서로 화해하고 협력해서 안정적으로 통일을 이루기 위한 노력을 해야 한다는 거지. 그게 경제적으로도 이익이라더라. 급격히 무너졌을 때 드는 통일 비용이 점진적으로 평화적 통일이 됐을 때보다 일곱 배 이상 든다는구나. 근데 토리야, 이쯤 하면 안 될까? 통일 이야기는 네가 소화하기에 다소 어려운 주제 같은데."

"지금 나를 무시하는 거야?"

"무시하는 게 아니고. 워낙 쉽지 않은 주제라 나도 단정적으로 이야기하기 어려워서 그래. 좀 봐주라. 통일 이야기는 나중에 자세히 할 기회가 있으니까."

  삼국 통일까지 끝내고 나니 큰 산을 하나 넘은 기분이었다. 나는 시원한 공기를 마시기 위해 밖으로 나갔다. 밖에는 또다시 눈이 내리고 있었다.

한눈에 보는 한국·중국·일본

690	698	705	710	713	720
중 당, 국호를 '주'로 바꿈	측천무후 시대(~704)	한 고구려 유민 대조영 진국 건국	중 당 국호 회복	일 나라 시대(~794), 일본 국호 사용	한 진국, 국호 발해로 바꿈	일 《일본서기》 완성

737	755	794	818	875	907
한 발해 문왕(~793) 즉위, 황제 칭호 사용	중 안사의 난	일 헤이안 시대(~1192)	한 발해 선왕(~830) 즉위, '해동성국'이라 불림	중 황소의 난	중 5대 10국 시대(~916)

916	926
중 거란(요) 건국(~1125)	한 거란 침입, 발해 멸망

• 발해의 성립과 발전

다섯 번째 이야기

동북아시아의 강국 발해 이야기

 눈 내리는 달밤의 정취에 취해 있던 나는 불현듯 생각이 떠올라 서둘러 큰 바위 하우스로 들어왔다. 토리는 성실한 학생처럼 제 나름의 지도를 그려 보며 복습을 하고 있었다. 나는 지도 그리기에 열중하고 있는 토리에게 말했다.

"내가 한 가지 빠뜨린 게 있네."

"뭐? 내일 하면 안 돼? 아저씨는 내일 할 일을 오늘로 앞당겨 하지 않잖아."

"오늘 할 강의였어. 그걸 깜박한 거다. 왜, 싫어? 싫음 말고."

"이 작가님, 왜 이러셔. 누가 싫대? 근데 무슨 내용이야?"

"발해 이야기. 고구려가 멸망한 지 정확히 30년 뒤에 옛 고구려 땅에 세워진 나라, 그 얘길 해야 삼국 통일 이후 우리 역사의 퍼즐을 맞출 수가 있어."

토리가 뭔가 이상하다 싶을 때 하는 행동, 고개를 왼쪽으로 45도 각도로 갸우뚱하며 말했다.

"발해? 발해라면 내가 좀 알지. 옛 고구려 땅에서 말갈족이 세운 나라잖아. 아니야?"

나는 네가 그걸 어떻게? 하는 표정으로 토리를 쳐다봤다.

"뭘 그렇게 놀라셔. 나 토리야. 중국사와 일본사 순회 강의 듣고 한국에 온 토리라고. 헤헤. 실은 왕 선생님한테 들었어. 발해는 말갈족이 세운 나라로 당나라의 일개 지방 정권이었다며? 근데 중국사 얘길 아저씨가 왜 하려는 거야?"

"너, 너, 내가 발해 얘기 안 했으면 아주 큰일 날 뻔했다. 우리 역사를 엉뚱하게 중국사로 알고 안드로메다 건너갈 뻔했어. 발해는 고구려를 계승한 우리나라 역사야. 안 되겠다. 시간이 늦었지만 발해 이야기하고 가야겠다. 그래야 발해가 왜 우리 역사인지 너도 알게 될 테니까."

나는 서둘러 발해의 흥망성쇠에 관해 강의를 시작했다.

토리야, 오늘 백제와 고구려가 망하고 신라가 당나라 군대 몰아내고 삼국 통일 완성한 얘기까지 했잖아. 그런데 고구려 멸망 이후가 궁금하지 않니? 고구려 멸망 이후 당나라는 고구려 사람 10만여 명을 자기네 나라로 끌고 갔어. 부흥 운동이다 뭐다 해서 반란을 일으킬까 봐. 실제로 고구려 멸망 이후 옛 고구려 땅에선 그런 움직임이 많았지.

 당나라는 고구려 왕족과 귀족들을 포함해 유민들을 끌고 가서 당나라 여기저기 흩어져 살게 했어. 요동 지역의 영주라는 곳에도 고구려 유민이 많이 끌려갔는데 그곳에 고구려 유민뿐만 아니라 거란족과 말갈족도 같이 살게 했지.

 당나라는 도독이라는 책임자를 그곳에 두고 그곳 사람들이 반란을 일으키지 못하도록 감시했단다. 그런데 영주 도독 조문홰가 거란족과 말갈족, 그리고 고구려 유민들을 무시하고 학대하며 심하게 대했어. 그러자 거란족 추장인 이진충이 696년 당나라에 맞서 반란을 일으켰어. 그는 영주 도독 조문홰를 죽이고 그곳에 있는 당나라 군대를 격파했단다.

 거란족이 반란을 일으키자 영주 일대가 큰 혼란에 빠졌어. 바로 그때 고구려 유민을 대표하는 걸걸중상이 고구려 유민들과 함께 봉기했단다. 이 사람이 바로 발해를 세운 대조영의 아버지야. 걸걸중상은 말갈인 추장인 걸사비우와 함께 당군을 격파해 나갔어.

 그러자 당나라는 군대를 보내 거란족 추장 이진충을 죽였어. 당시 당나라 정치를 주무르던 측천무후라는 황후는 이진충을 이진멸이라고 이름을 바꿔 부르며 이를 갈았대. 이진멸이 무슨 뜻이냐고? 아주 그냥 완전히 멸해 버리겠다는 뜻. 당군이 거란 세력을 무너뜨리자, 걸걸중상과 걸사비우는 고구려인과 말갈인을 이끌고 요하를 건넜어. 그런 다음 요동에 있는 성을 공격해 차지했지. 측천무후는 걸걸중상과 걸사비우에게 "큰 벼슬을 내릴 테니 그만하고 반란을 중지하라."고 회유했어. 하지만 걸걸중상은 그럴 뜻이 없었어. 그러자 측천무후는 항복한 거란족 가운데 이해고란 자를 사령관으로 내세워 대대적인 고구려 말갈 연합 부대 토벌에 나섰단다.

 걸걸중상과 걸사비우는 추격하는 당군과 싸우면서 조금씩 동쪽으로 이동했어. 그 와중에 걸사비우가 전사하고 대조영의 아버지 걸걸중상도 세상을 떠났지. 이제 이들을 이끌 유일한 지도자로 걸걸중상의 아들 대조영이 남게 되었어. 대조영은 마치 그 옛날 모세가 이스라엘 노예들을 이끌고 이집트를 탈출해 홍해를 건넌 것처럼 추격하는 당군을 물리치며 옛 고구려 땅인 만주로 향했어. 당군은 도망치는 대조영을 반드시 잡겠다며 열심히 추격해 왔지.

 어차피 한 번은 크게 부딪혀야 끝날 싸움. 대조영은 마침내 당군을 격파해야겠다고 마음먹고 천문령이라는 숲으로 당군을 유인했어. 그곳은 협곡이었어. 그곳에서 대조영이 이끄는 고구려와 말갈 유민들이 양쪽에 숨어 있다가 당군이 밀고 들어오자 일제히 공격을 개시했지. 이 천문령 전투에서 거란 출신의 당군 장수 이해고는 겨우 목숨만 건져 달아났고 당군 수만 명이 목숨을 잃었단다. 당군의 추격을 물리친 대조영은 698년 동모산에 이르러 마침내 진국이라는 나라를 세웠지. 고구려가 멸망한 지 정확히 30년 만에 고구려를 계승한 나라 발해를 세운 거란다.

나는 한숨 돌리며 토리를 바라보았다.

"이제 좀 알겠니? 고구려 유민이었던 대조영이 옛 고구려 땅에서 고구려 후손임을 천명하며 나라를 세웠다는 걸 말이야. 그래서 발해를 우리 역사라고 하는 거다."

하지만 토리는 여전히 못 믿겠다는 듯이 고개를 갸우뚱했다. 아마 왕 선생한테 말갈인이 세운 나라라고 들어서 그런 것 같았다.

"발해는 흔히 소수의 고구려 지배층이 다수의 말갈인을 다스린 나라로 알려져 있어. 그래서 오늘날 중국은 발해를 말갈인이 세운 중국의 지방 정권이었다고 하고, 우리는 고구려를 계승한 나라였다고 하는 거야. 그런데 말이다 당시 말갈이라는 명칭은 말갈족이라는 한 종족을 부르는 용어이기도 했지만, 중국이 동북방 만주에 사는 족속을 통칭해서 낮게 부르는 말이기도 했대. 그리고 고구려도 수도인 평양 이외 지역에 사는 사람을 말갈이라 부르기도 했고. 그러니까 소수의 고구려 지배층이 다수의 말갈인을 다스린 나라였다고 했을 때, 그 다수의 말갈인 안에는 순수 말갈 종족뿐만 아니라 고구려에 살던 옛 고구려인들도 포함돼 있다는 거야."

"좀 어렵네. 아무튼 아저씨는 발해가 한국의 역사라는 거지?"

"물론 꼭 우리만의 역사라고 하는 건 아니다. 발해 영토가 오늘날 북한, 중국, 러시아에 걸쳐 있기 때문에 우리의 역사도 되고 중국사의 일부이기도 하고 러시아 역사이기도 해. 그렇다 해도 발해가 고구려를 계승했다는 명백한 증거가 있기 때문에 그 어떤 나라보다도 우리나라 역사에 가깝다는 말

이다."

"고구려를 계승했다는 증거라도 있어?"

"있지. 대조영에 이어 발해 제2대 왕이 된 무왕은 일본에 국서를 보내 '발해는 고구려 옛 영토를 회복하고 부여의 풍속을 잇는다.'며 발해가 고구려 계승자임을 천명했다. 일본도 이를 인정했지. 당시에 일본이 발해에 보낸 사신을 고려사라고 했는데, 고려란 고구려란 뜻이다. 이 정도 하고 남은 발해 이야기 마저 해 볼까?"

제2대 왕 무왕이 당의 요동과 산둥 반도를 공격해 발해가 결코 만만한 나라가 아니라는 걸 전 세계에 보여 준 임금이라면, 그 아들 문왕(발해 제3대 왕)은 발해를 안정적인 기반 위에 세운 왕이야. 문왕은 50년 넘게 왕위에 있으면서 발해를 당나라에 못지않은 나라로 만들었단다. 당과 화친 관계를 유지하며 당의 중앙 관료 조직인 3성 6부 체제를 들여와 나라 기틀을 다지고, 수도인 상경을 당나라 수도인 장안을 본떠 국제적인 도시로 만들었어. 그리고 상경을 중심으로 다섯 갈래 길을 내서 발해 주변의 여러 나라와 무역을 하고 교류를 했지. 다섯 갈래 길이란 당나라로 가는 영주도와 조공도, 신라로 가는 신라도, 거란으로 가는 거란도, 일본으로 가는 일본도를 말해.

문왕 때 발해는 황제가 다스리는 독립국임을 표명했는데, 문왕의 딸인

정효공주 무덤에 세운 묘비에 그 증거가 남아 있단다. 묘비에 황상이라는 표현이 나와. 문왕을 황제라 칭한 거지. 발해가 중국의 일개 지방 정권이었다면 황제란 표현을 못 썼을 거야.

하지만 모든 나라가 그렇듯이 흥할 때가 있으면 쇠할 때가 있는 법이지. 문왕이 죽고 나서 발해는 국운이 기울었어. 25년 동안 여섯 명의 왕이 바뀔 정도로 불안정했지. 그러다가 다시 발해의 중흥 시기가 찾아오는데 그 주인공이 바로 선왕이란다.

선왕(발해 제10대 왕) 재위 시절 발해는 발해 역사상, 아니 우리 민족 역사상 가장 넓은 영토를 다스렸어. 고구려보다도 영토가 두 배 가까이 넓었지. 발해는 수도인 상경을 포함해 중경, 동경, 남경, 서경을 두어 진국을 다스렸어. 그렇지, 여기 발해 지도를 한번 봐라. 서쪽으로 요하를 사이에 두고 당과 이웃하고 북으로는 흑룡강과 송화강을 경계로 돌궐, 거란과 접하고, 동쪽으로는 오늘날 연해주가 있는 러시아 동해에 닿고, 남으로는 평양 대동강을 경계로 신라와 맞닿아 있지 않니? 그래서 당은 발해를 동쪽의 번성한 나라라는 뜻으로 '해동성국'이라 불렀단다.

이렇듯 융성했던 발해였지만 그로부터 약 100년 뒤 다시 망하는 길로 들어서게 됐단다. 새로운 북방의 강자 거란 때문이었어. 거란 추장 야율아보기는 거란 유목 민족을 통일하고 만리장성 너머에 있는 중국 대륙으로 진출할 뜻을 세웠어. 그러려다 보니 먼저 배후에 있는 발해를 제압해야겠다고 생각했지. 그래서 먼저 발해 땅인 요동을 점령하고 북쪽의 부여성을 함락시킨 뒤, 마침내 발해와 거란의 교역로로 닦아 놓은 거란도를 통해 발해로 밀려들었단다. 발해는 926년 거란 침입 한 달 만에 망하고 말았어.

이렇듯 발해가 허무하게 무너진 이유는 기록이 없어서 정확히 알 수는 없어. 외적 침입에 대비가 부족했다거나 지배층과 피지배층 사이의 갈등 때문이라거나 백두산 화산이 폭발해서 망했다거나 아주 많은 이유를 대는데, 거란에 남아 있는 한 줄의 기록으로 발해 멸망의 원인을 유추해 볼 수 있을 뿐이야. 거란 기록에 따르면 "발해의 내분을 틈타 군사를 움직여 싸우지 않고 이겼다."고 해.

발해가 멸망한 이후 발해 유민 일부는 백제와 고구려 유민들이 그랬던 것처럼 발해 부흥 운동을 벌이기도 하고 또 일부는 남쪽 나라 고려로 망명하기도 했어. 이렇게 발해는 옛 고구려 땅에서 일어나 고구려보다 더 넓은 영토를 다스리며 해동성국이라 불리다가 건국한 지 229년 만에 역사 속으로 사라지고 말았단다.

그 후로 발해는 우리의 관심 밖에 있었어. 고구려와 백제와 신라 역사를 기록한 《삼국사기》의 저자 김부식도 그 후의 다른 학자들도 발해를 외면했지. 조선 시대까지 학자들은 우리의 역사 흐름이 고조선에서 시작해 삼국 시대와 고려를 거쳐 조선으로 이어져 왔다고 생각했어. 그러다 조선 후기 실학자 유득공이 《발해고》란 책에서 발해가 우리 역사이며 따라서 발해와 신라가 공존하던 그 시기를 남북국 시대라 불러야 한다고 주장했어. 그래서 오늘날 삼국 시대 이후를 통일 신라 시대가 아닌 남북국 시대로 부르기도 한단다. 오늘 본문 강의는 여기까지 할까?

❁

이야기를 마치자 토리가 말했다.

"이건 정말 놀랍고 새로운 이야기야! 아저씨 말이 사실이라면."

"라면은 매운 라면이 최고다. 큭큭. 정 그렇게 미심쩍으면 왕 선생 모셔 와. 그러잖아도 요즘 중국이 동북공정이다 뭐다 해서 발해와 고구려 역사를 자기네 나라 역사라고 주장해서 내 물어볼 것도 있고 하니까."

토리가 정말, 하는 표정을 지었다.

"그럼, 정말이지 않고. 모시는 김에 나카무라 상도 모셔 와라. 삼국 통일 강의까지 끝냈으니 어디 한번 한중일 역사 토론을 벌여 보자."

토리는 기다렸다는 듯이 큰 바위 하우스를 나갔고, 정확히 구 분 만에 두 사람을 데리고 돌아왔다. 베이징으로 가는 데 삼 분, 베이징에서 도쿄로 가는 데 삼 분, 다시 도쿄에서 이곳으로 오는 데 삼 분, 아마 이랬을 거 같다.

그렇게 대학교에서 역사를 가르치는 중국인과 일본 교육부인 문부성에서 역사 교과서를 담당하는 일본인과 한국에서 어린이 역사책을 쓰는 나, 세 사람이 만났다. 우리는 서로 반갑게 인사를 나누었다. 요즘 영토 문제로 세 나라 사이가 썩 좋지는 않지만, 그건 그거고 이건 이거니까.

우리는 토리가 준 실시간 동시 통역기를 귀에 끼우고 탁자에 둘러앉았다.

내가 먼저 말했다.

"토리 덕에 이렇게 왕 선생님과 나카무라 상을 뵙게 돼 영광입니다. 토리 덕에 다 모였군요. 하하하."

몸집이 두툼한 왕 선생이 말했다.

"오면서 밍밍한테 이 작가님 얘기 들었습니다. 밍밍이 어찌나 칭찬을 하던지, 아주 질투 나서 혼났습니다. 허허."

이어서 예의 바르게 생긴 나카무라 상이 말했다.

"저도 토토로한테 이웃 나라 이 작가님 얘기 들었습니다. 뵙게 되어 기쁩니다."

우리는 각자 한국어, 중국어, 일본어로 말을 했지만 동시 통역기 덕에 각자의 언어로 알아들을 수 있었다. 나는 두 사람에게 초대한 이유를 간단히 설명했다.

"제 강의를 들은 토리가 한중일 고대 역사에서 몇 군데 미심쩍은 부분을 해소했으면 하더라고요. 그래 그 부분에 대해서 우리가 의견을 말하면 토리가 가진 의문이 조금 풀리지 않을까 해서 모시게 됐습니다. 시간 관계상 오랜 시간 토론을 벌이긴 어려울 것 같고요. 토리가 궁금해했던 내용에 대해 간단하게 이야기를 나누는 게 어떨까 합니다. 토리야, 시작해."

"네."

생생 한중일 역사 토론

토리 오늘 제가 발해 역사를 배웠어요. 근데 세 분 말씀이 조금씩 달라서 제가 조금 헷갈려요. 발해는 어느 나라의 역사인가요?

왕 선생 발해는 말갈족이 세운 말갈의 나라입니다. 당의 지방 정권이었지요. 당에 조공을 바쳤고 당에서 발해 왕을 책봉한 사실만 봐도 명백히 알 수 있습니다. 따라서 중국 역사의 일부입니다.

이 작가 발해는 고구려를 계승한 나라입니다. 발해 왕들이 그 점을 대내외에 천명했고, 고구려 땅에서 고구려 문화를 이어 왔습니다. 또한 발해 왕들은 당과 다른 독자적인 연호를 사용했고, 문왕은 자기 딸인 정효공주 묘비에 스스로를 황제라 기록했습니다. 발해가 자주적인 독립 국가였다는 증거지요. 그러니 발해는 고구려를 계승한 우리의 역사가 아닐까요?

나카무라 상 이 작가님 의견에 부분적으로 동의합니다. 우리 일본은 발해를 소수의 고구려 지배층이 다수의 말갈인을 다스린 나라로 보고 있습니다. 따라서 중국의 역사라고 보긴 어렵고요, 발해를 고구려와 말갈의 연합 국가였다고 보는 입장입니다.

토리 잘 들었습니다. 역시나 서로 의견이 달라 이 자리에서 결론을 내기는 힘들겠네요. 다음엔 제가 가장 궁금했던 조공과 책봉에 관해 여쭤 볼게요. 조공과 책봉 문제는 과거 동아시아의 아주 독특한 외교 제도였다고 알고 있는데요, 중국 쪽 입장은 뭔가요?

왕 선비 조공과 책봉은 중국 중심의 동아시아 질서를 유지하는 핵심 제도였습니다. 조공은 중국 주변의 오랑캐 나라가 황제 나라인 중국에 각종 물품을 바치는 것이고, 책봉은 중국이 오랑캐 나라의 왕을 인정해 주는 절차를 말합니다. 이 조공과 책봉이 바로 지배와 복속을 의미하지요. 그렇게 볼 때 중국과 조공-책봉 관계를 유지한 발해와 고구려는 중국의 지방 정권 중 하나이며, 따라서 중국사의 일부라고 봐야 합니다.

이 작가 그렇습니다. 조공과 책봉 관계가 과거 동아시아에 존재하던 중국과 주변국 사이의 질서였다는 것을 인정합니다. 그러나 조공과 책봉 관계는 형식적인 관계였을 뿐 지배와 복속을 의미하진 않습니다. 조공과 책봉을 지배와 복속 관계로 보는 건 중국이 세상의 중심이라는 중화사상일 뿐입니다. 중국은 중화주의에 입각해 발해와 고구려가 중국사의 일부라고 하는 소위 동북공정 프로젝트를 진행하고 있습니다. 우리는 중국이 동북공정을 진행하는 이유가 중국 내 55개 소수 민족을 묶어 두기 위해 개발한 논리라고 보고 있습니다. 또한 북한이 갑자기 무너지거나 한반도 정세에 큰 변화가 생겼을 때 중국이 그 지역에 대한 영향력을 행사하기 위한 준비 작업이라고 의심하고 있지요.

나카무라 상 세상에는 중화사상만 있는 게 아닙니다. 우리 일본에는 황국 사관이 있습니다. 중국에 황제가 있다면 일본엔 천황이 있지요. 그리고 천황은 중국에서 황제가 사라진 오늘날까지도 일본에 존재합니다. 일본의 황제가 주변국들을 지배했던 역사가 있습니다.

이 작가 방금 나카무라 상이 일본 황제가 주변국을 지배했다고 말씀하셨는데요, 임나일본부설도 그런 뜻에서 주장하는 것이지요?

나카무라 상 토토로에게도 말했지만, 고대 일본이 한반도의 임나가야라는 곳에 식민 기구를 설치해 그 주변 지역을 다스렸습니다. 그것이 임나일본부설입니다. 이것은 우리 일본 역사책에도 명백히 기록돼 있는 팩트, 사실입니다.

이 작가 팩트 좋아하시네요. 그 일본 역사책이 천황의 업적을 부풀리고 역사를 왜곡하고 있다는 건 왜 말씀 안 하시나요? 임나일본부설은 간단합니다. 일제가 조선을 식민 지배할 때 식민 지배를 정당화하기 위해 내세운 가설일 뿐입니다. 당시에 고구려와 백제와 신라와 왜의 국력과 문화 수준을 고려할 때 일본이 한반도 남부를 식민 지배했다는 건 산 아래 있던 돌이 저절로 굴러서 산 위로 올라갔다고 하는 것처럼 말이 안 되는 얘기입니다.

나카무라 상 글쎄요, 저는 《일본서기》라는 일본 최고 역사책에 기록돼 있는 이야기를 하는 건데 말이 안 되는 얘기라고 하시니 난감하군요.

토리 오늘 토론은 이 정도만 할게요. 더 했다간 세 분 다 투시겠어요. 세 분 말씀 잘 들었고요, 누구 말씀이 맞는지는 제가 알아서 판단할게요. 모두 수고하셨어요.

토론을 마친 우리는 기회가 되면 다음에 다시 만나기로 하고 헤어졌다. 우려했던 논쟁이나 언쟁은 없었다. 하긴 다들 자기 관점에서 역사를 바라보니 논쟁 자체가 될 리 없었다. 토리가 가진 의문이나 풀렸으면 그나마 다행일 텐데.

두 사람을 데리고 나갔던 토리가 이번에도 구 분 만에 돌아왔다.

"토리, 대단하다. 정확히 삼 분씩 찍고 오는구나. 베이징-도쿄-큰 바위하우스. 그럼 나도 생활사 3분 특강을 하고 오늘 강의 마무리해야겠는걸."

"오늘 3분 특강 주제는 뭔데?"

"삼국 시대와 통일 신라 시대 사람들 삶과 아주 밀접한 이야기야."

나는 종교이기 이전에 삶 자체였던 삼국 시대 불교 이야기를 시작했다.

부처님을 믿는 사람들

"삼국 시대 사람들 삶과 아주 밀접한 게 뭔데?"

토리가 물었다.

"불교. 불교는 삼국 시대 정치와 생활, 학문, 문화, 예술, 모든 분야에 큰 영향을 미쳤어. 마치 기독교가 서구 사회에서 그랬던 것처럼, 그리고 유교가 조선 사회에서 그랬던 것처럼. 그러니까 삼국 시대를 마무리하며 불교 얘길 안 할 수 없다."

"그렇구나. 왕 선생님하고 나카무라 상한테는 불교 얘기 못 들었는데."

"내 그럴 줄 알았다. 그래서 내가 얘기해 주려는 거 아니겠냐. 지구에는 수십, 수백, 아니 수천 가지의 종교가 있단다. 그 가운데 대표적인 종교가 불교, 유교, 기독교, 이슬람교다. 유교는 공자의 학문과 사상이 생활 종교로 발전된 거고, 기독교는 예수를 믿는 종교인데 구교인 가톨릭과 신교인 개신교로 나뉘지. 참, 러시아와 동유럽에 널리 퍼져 있는 그리스 정교라는 기독교도 있다. 이슬람교는 무함마드가 창시한 종교로 중동 지방과 동남아시아,

아프리카 국가에 널리 퍼져 있고."

"내가 지구촌 종교 탐구하러 온 건 아니니까 어서 삼국 시대 불교 이야기나 해 줘. 이러다가 또 삼십 분 특강 되겠어."

"알았다. 삼국 시대에 불교가 사람들 삶에 어떤 영향을 미쳤는지 지금부터 알려 주마."

불교가 삼국 시대와 통일 신라 시대 사람들 삶에 큰 영향을 미쳤는데, 먼저 그 불교가 한반도에 들어온 이야기부터 해 줄게. 인도에서 발생된 불교가 중국을 거쳐 삼국에 전파된 건 4세기에서 6세기 사이였어. 고구려는 372년 소수림왕(제17대 왕) 때 중국 승려 순도로부터 불교를 받아들였고, 백제는 384년 침류왕(제15대 왕) 때 인도 승려 마라나타로부터 수용했지. 신라는 6세기 법흥왕 때 불교를 공인했는데 신라가 불교를 받아들일 때 아주 극적인 사건이 있었단다. 그 얘긴 다음에 이차돈 강의할 때 자세히 알려 줄게.

불교가 전해진 뒤로 고구려와 백제 왕실은 절을 세우고 불상을 만들고 불법을 전하는 등 불교 전파에 온 힘을 기울였어. 왜 그랬는지 아니? 왕들에게 불교는 더없이 좋은 통치 수단이었거든. 왕이 곧 부처라는 생각을 백성들에게 전파해 왕에게 충성하도록 은근히 강요한 거야. 이렇듯 삼국 왕들은 불교를 통해 백성들의 마음을 하나로 모으기도 하고 왕권을 강화하는 데 이용하기도 했단다.

불교는 고구려, 백제, 신라, 삼국 가운데 신라에서 가장 널리, 그리고 깊숙이 파고들었어. 불교를 공인한 법흥왕과 그의 아들 진흥왕, 그다음 다음 왕인 진평왕은 스스로 신라 왕실을 석가모니 가문처럼 여겨 석가모니 아버지 어머니 이름을 따서 불교식 이름을 지을 정도로 독실한 불교 신자였어. 정복 군주 진흥왕은 말년에 법의를 입고 불교를 전하기도 했대. 그의 부인도 머리 깎고 중이 되었고.

신라는 아예 나라를 불교 왕국으로 만들기로 작정했을 정도야. 통일 신라 때 김대성이 세운 절 이름이 불국사인데, 불국사는 부처의 나라라는 뜻이지. 경주가 한눈에 내려다보이는 남산에는 바위에 새겨신 불상 팔십여 개와 작은 절 1백여 개가 산속 곳곳에 자리 잡고 있었대. 그 많은 암자와 불상 앞에서 수많은 신라인들이 저마다의 소원을 빌었지. 나라가 평안하기를 빌고, 아들딸 낳게 해 달라고 빌고, 현세에는 비록 천한 신분으로 살지만 내세에는 극락왕생하게 해 달라고 빌고 또 빌었지. 지금도 경주에 가면 삼국 시대와 통일 신라 시대 때 세워진 절과 탑과 불상들을 흔히 볼 수 있어.

불교는 종교를 넘어 학문과 철학으로 발전했단다. 해마다 수많은 불교 유학생들이 당나라에 불교 유학을 떠났어. 당나라로 불교 유학을 가던 중 큰 깨달음을 얻어 신라로 돌아온 원효는 불교를 학문과 철학으로 꽃피운 대표적인 승려였어. 원효의 업적은 불교 철학을 발전시킨 데 그치지 않고, 왕실과 귀족들만의 종교처럼 여겨지던 불교를 대중화해서 신라 민중들에게 선사한 데 있지.

 불교를 받아들인 삼국은 열심히 절을 짓고 탑을 세우고 바위에 부처를 새겼어. 그때 만들어진 조각 건축물들이 오늘날 삼국의 불교 문화를 대표하는 예술품으로 남아 있지. 언제 시간 될 때 너랑 같이 탑과 불상을 봐 두면 좋겠는데 그럴 여유가 없을 거 같으니 우선 내가 가지고 있는 자료 보면서 이야기하도록 하자.

 탑, 하면 백제야. 내가 말했지. 백제가 기술과 문화의 나라라고. 백제 장인 솜씨가 얼마나 뛰어났으면 백제를 원수처럼 여기는 신라가 백제 장인 아비지를 초빙해 황룡사 9층 목탑을 세우고, 아사달 모셔다 불국사 3층 석탑을 세웠겠니.

 백제는 장인의 나라답게 빼어난 탑을 많이 만들었어. 백제 건축물 가운데 대표적인 탑이 익산 미륵사지 석탑과 부여 정림사지 석탑이야. 이 탑들은 마치 돌을 나무 다루듯 정교하게 다듬어서 만들었다고 해. 우리나라 최초의 석탑으로 알려진 미륵사지 석탑은 백제 무왕 때 세워졌는데 벼락을 맞아 지금은 6층까지만 남아 있어. 전체 모양을 고려할 때 9층탑이었을 거라는데 그 높이가 아파트 10층 높이 정도라니, 백제의 뛰어난 석탑 건축 기술에 입을 다물지 못할 정도구나. 지금은 복원을 하기 위해 해체된 상태여서 그 모습을 보긴 힘들어. 부여 정림사지 5층 석탑은 미륵사지 석탑처럼 규모가 크고 웅장하진 않지만, 단아하고 세련된 모습과

복원된 미륵사지 석탑

• 익산 미륵사지 석탑

미륵사지에 서 있던 세 기의 탑 중 서탑에 해당하며, 국보 제11호로 지정되어 있다. 국내에서 가장 오래되고 큰 석탑이나 훼손이 심하여 1998년 완전해체보수 작업을 시작해 복원했다. 미륵사는 백제 최대의 사찰이자 백제 미륵 신앙을 상징하는 사찰이었다. 3개의 문, 3개의 탑, 3개의 금당이라는 전무후무한 양식과 규모를 자랑한다.

뛰어난 비례를 보여 줘서 삼국 시대를 대표하는 석탑으로 알려져 있어.

신라도 둘째가라면 서러워할 정도로 빼어난 탑을 많이 세웠어. 황룡사 9층 목탑, 분황사 모전 석탑, 불국사 다보탑, 불국사 3층 석탑 등등. 백제 장인 아비지를 초빙해 세운 황룡사 9층 목탑은 고려 시대 몽골 침입 때 불에 타 없어져서 지금은 그 모습을 볼 수가 없어. 분황사 석탑은 선덕여왕이 분황사를 창건할 때 세웠다고 해. 이 탑은 돌을 벽돌 모양으로 다듬어 만든 석탑인데, 벽돌로 쌓은 전탑을 모방했다 하여 모전 석탑으로도 불려. 분황사 석탑은 3층까지만 남아 있기 때문에 미륵사지 석탑처럼 7층인지 9층인지 알 길이 없대.

하지만 만들어질 때 모습이 온전히 보존된 탑도 있어. 불국사 다보탑과 불국사 3층 석탑이야. 불국사 3층 석탑은 석가탑이라고도 불려. 두 탑은 불국사 경내 대웅전 앞마당에 마주 보고 서 있는데, 똑같은 3층 석탑이지만 스타일은 달라. 다보탑이 보물이 많은 탑이라는 이름처럼 화려한 장식과 외양을 하고 있는 반면, 불국사 3층 석탑은 기단부나 탑에 별다른 장식이 없어서 소박해. 외모가 다른 이란성 쌍둥이 탑이라고나 할까?

마지막으로 통일 신라 불상의 백미로 꼽히는 석굴암을 소개할게. 석굴암의 본디 이름은 석불사인데 석불사 안에 있는 본존불을 보통 석굴암이라고 불러. 통일 신라 사람 김대성은 보리수 아래서 깨달음을 얻은 석가모니의 모습을 석굴암 본존불로 탄생시켰어. 석굴암은 360개의 돌로만 짜 맞춰 만들었대. 둥근 돔 형태의 천장도 특이하고 석굴암이 향하고 있

• 석굴암 본존불과 본존불로 가는 길 양옆에 조각된 보살상과 금강역사상. ⓒ경주시

는 방향이 해 뜨는 방향과 일치하는 것도 신기하지. 당대 최첨단 기술과 수학, 기하학, 건축학 지식이 총동원돼 만든 거니까 이 사진 잘 봐 둬.

오늘 생활사 3분 특강은 여기까지 하자. 더 했다가는 네 말대로 삼 분 특강이 아니라 삼십 분 보통 강의가 되겠다. 끝.

이야기를 마치자 토리가 질문! 하며 손을 들었다.

"근데 탑을 왜 만들었어?"

"아주 좋은 질문이구나. 탑은 원래 인도에서 석가모니가 돌아가신 이후 만들기 시작했다고 한다. 부처가 열반에 이른 후 시신을 화장했는데, 그때 작은 구슬이 많이 나왔어. 그걸 사리라 부르는데 그 사리를 탑 내부에 보관하기 위해 만들었단다. 그 후로 중국을 거쳐 우리나라에 탑 문화가 전해졌는데, 삼국 시대 때는 탑을 세워 부처님의 공덕을 기리고 그 탑을 돌면서 사람들이 소원을 빌기도 했어. 고대 바빌로니아에서 인간들이 신에 이르고자 하는 염원으로 바벨탑을 쌓다가 무너진 얘기가 있는 거 보면 탑은 뭐랄까 신에 더 가까이 다가가려는 인간의 마음을 담은 조형물이 아닐까 싶어. 오늘은 여기까지 할까?"

강의를 마친 나는 토리에게 인사를 하고 방으로 들어왔다. 다른 날보다 강의를 오래해서 그런지, 아니면 왕 서방과 나카무라 상을 만나서 그런지 까무러칠 정도로 피곤했다. 그나저나 왕 서방 좀 웃긴다. 밍밍이가 뭔가, 밍밍하게. 쓰촨성의 천연기념물 판다 이름도 아니고. 토토로는 또 뭐고. 자기가 무슨 미야자키 하야오야? 〈이웃집 토토로〉 이름을 갖다 쓰게. 이러다 토리가 자기 집에 돌아가서 도대체 나는 누굴까 하고 정체성 혼란에 빠지는 건 아닌지 모르겠다. 암튼 오늘은 무척 중요한 삼국 통일 전쟁 이야기를 무사히 마쳐서 다행이다. 막판에 발해 얘기까지, 참 보람찬 하루였다.

★ 넷째 날

고구려인, 백제인 이야기

첫 번째 이야기	호동왕자의 사랑과 전쟁
두 번째 이야기	온달, 국민 바보에서 고구려 영웅으로
세 번째 이야기	수나라와 당나라 침략을 물리친 고구려인
네 번째 이야기	서동과 선화공주 이야기
다섯 번째 이야기	백제 부흥을 꿈꾼 비운의 장수 흑치상지
판타스틱 생활사 3분 특강	무덤으로 보는 삶

첫 번째 이야기
호동왕자의 사랑과 전쟁

강의 넷째 날 아침, 나는 토리에게 오늘 강의 주제를 건넸다.

"어제까지 삼국의 건국과 전성기, 그리고 통일까지 대장정을 마쳤으니까 오늘은 그 시대를 살았던 꽃보다 아름다운 고구려와 백제 사람들 이야기를 해 주겠다."

나는 헛기침을 한 번 크게 했다.

"토리야, 너는 역사가 뭐라고 생각하냐?"

"옛날이야기 아닌가? 우리 아빠가 그러셨어. 역사란 옛날 사람들이 살아온 이야기라고."

"우왕! 역사 좀 아는 토린데! 그럼 역사를 배우는 목적은?"

"역사를 알면 과거의 실수를 반복하지 않으니까. 나 참, 나 토리야. 우리 별 역사 편찬 위원장 아들이자 중국과 일본에서 순회 강의를 마치고 한국에 온 토리라고. 오늘은 무슨 강의를 하려고 역사 타령이셔?"

"찬란한 역사 속에서 우리 선조들이 어떻게 살았는지 살펴보려고. 그러려면 먼저 역사가 무엇인지 알아봐야겠지? 지구인들은 역사에 대해 이런저런 정의를 내렸단다. 가령, 영국의 한 역사가는 역사란 현재와 과거의 끊임없는 대화다, 이렇게 말했다. 또 독일의 어떤 철학자는 지금까지 인류의 역사는 계급 투쟁의 역사였다! 이렇게 말했고. 즉, 가진 자와 못 가진 자들 사이의 싸움이었다는 말이지. 우리의 역사학자 한 분은 나와 나 아닌 것과의 투쟁이다, 이렇게 말하기도 했단다. 모두 맞는 말씀이긴 한데 내가 볼 때 인류의 역사는 사랑과 전쟁의 역사였던 것 같다. 지구인들의 DNA에 들어 있는 가장 치명적인 본능이 뭔지 아냐? 바로 사랑이다. 또 하나는 전쟁이고. 지금까지 인류는 사랑하고 전쟁하며 인류 역사의 수레바퀴를 굴려 왔다. 물론 내가 말한 사랑은 남녀 사이의 얼레리꼴레리한 사랑뿐만 아니라 자식과 어버이의 사랑, 조국에 대한 사랑 모두를 포함한다."

"무슨 대단한 강의를 하시려고 아침부터 사랑 타령이실까?"

"로미오와 줄리엣처럼 금지된 사랑을 한 대가로 비극적인 최후를 맞아야 했던 고구려의 호동왕자와 낙랑공주 이야기."

"로미오와 줄리엣이 누군데?"

"세계적인 영국의 극작가 셰익스피어가 쓴 문학 작품의 주인공이야. 원수 사이인 두 가문의 청춘 남녀가 어느 날 가면 쓰고 춤추는 잔치에서 눈이 맞아 사랑에 빠졌다가 집안 반대로 헤어진 뒤 남자가 독약 마시고 자살하자 여자도 자결한다는 이야기지. 오늘의 주인공인 호동왕자와 낙랑공주 이야기도 이에 못잖게 비극적이었다는 말씀."

"오늘은 시작부터 역사니 문학이니 철학이니 아주 정신이 없네."

"나 정도 되니까 너한테 문학, 역사, 철학을 통합적으로 강의해 주는 거다. 이런 강의 어디서 못 듣는다."

"아이고, 네네. 강의 안 하겠다고 버틸 땐 언제고."

"그땐 그때고. 자, 그럼 호동왕자와 낙랑공주의 비극적인 사랑과 전쟁 이야기하기 전에 호동왕자님 신상부터 알아볼까?"

　

호동왕자는 고구려의 세 번째 임금인 대무신왕의 아들이란다. 대무신왕은 유리왕의 아들이고. 무관의 반열에 올랐다는 뜻의 무(武) 자가 들어간 이름에서도 알 수 있듯이 고구려에서 정복 군주, 전쟁의 왕으로 추앙받는 임금이야. 대무신왕은 힘과 지략을 동시에 갖춘 군주였는데 그의 아들이 바로 호동왕자였어.

호동은 무척 아름다운 소년이었어. 이름만 봐도 알 수 있잖니? 호동, 아름다운 아이란 뜻이야. 대무신왕은 이런 아들을 무척 아끼고 사랑했어. 하지만 아름다운 소년에게 앞으로 닥칠 운명은 결코 아름답지만은 않았단다. 오히려 비극적이었지. 호동에게 어떤 비극이 기다리고 있는지 지금부터 들려줄게.

 때는 기원후 32년, 주몽이 고구려를 건국한 지 1백여 년이 지난 어느 날이었어. 호동왕자가 무리를 이끌고 사냥을 나갔다가 내친김에 옥저까지 내달렸단다. 거기서 한 무리의 사람들을 만났어. 무리 중 연장자로 보이는 사람이 호동에게 말했지.

"그대는 혹시 고구려 왕자가 아니오?"

 이렇게 물은 사람은 고구려 남쪽, 오늘날 평양에 있는 낙랑국의 왕 최리였어. 최리는 고구려 왕자의 미모가 수려하단 걸 익히 알고 있었어. 그래서 호동을 보자마자 단박에 고구려 왕자일 거라 생각했어. 호동이 그렇다고 대답하자 최리가 말했어.

"내 그대를 우리 나라에 모시고 가 대접하고 싶소."

 호동은 최리의 요청을 받아들여 낙랑국으로 갔단다. 낙랑에 도착하자 최리는 성대한 잔치를 베풀어 호동왕자 일행을 대접했어. 그리고 공주를 불러 호동왕자와 소개팅을 시켜 주었어. 최리는 내심 이런 생각을 하고 있었단다.

'지금 고구려는 강국이다. 만주 땅에 있는 부여를 정벌하고 압록강 주변에 있는 구다국과 개마국도 멸망시켰다. 그러므로 고구려와 친하게 지내는 것이 낙랑에 이롭다 할 것이다.'

 이런 생각으로 자기 딸을 호동의 아내로 삼게 할 생각이었어. 호동은 낙랑 왕의 요청을 마다할 이유가 없었지. 비록 고구려와 낙랑이 적대국

이긴 하나 어엿한 열다섯 살 청년이었으니까. 호동왕자와 낙랑공주는 아버지의 바람대로 사랑에 빠졌단다. 호동은 낙랑에서 공주와 함께 꿈같은 시간을 보냈어. 그러던 어느 날 호동이 낙랑공주에게 말했어.

"이제 고구려로 돌아가 아버지의 허락을 받고 정식으로 그대를 데리러 오겠소."

그렇게 호동왕자와 낙랑공주는 헤어졌어. 고구려로 돌아온 호동이 대무신왕에게 그간 있었던 일을 말했지. 그러고는 은밀하게 낙랑공주에게 사람을 보내 이런 말을 전했단다.

"공주, 낙랑국에 있는 북을 찢고 나팔을 부러뜨리시오. 그러면 내 그대를 정식으로 아내로 맞아 이곳에서 같이 살도록 하겠소. 만약 북을 찢지 않으면 그대와 내 미래를 장담할 수 없소."

낙랑에는 적병이 침입하면 미리 알고 스스로 울려 대는 북과 나팔이 있었어. 이 자명고와 나팔 때문에 다른 나라가 낙랑을 함부로 쳐들어가지 못했지. 그런데 지금 호동왕자가 그 북을 찢으라고 얘기한 거야. 그것도 공주 자신의 손으로 말이야. 호동의 전갈을 받은 공주는 깊은 고민에 빠졌단다. 북을 찢는다는 건 아버지와 조국을 배신하는 행위니까. 사랑이냐 조국이냐. 고민하던 공주는 사랑을 택했어.

늦은 새벽 공주는 예리한 칼로 북을 부욱, 찢었단다. 나팔의 주둥이도 잘라 버렸지. 그러고는 호동에게 이 사실을 알렸어. 그러자 호동이 고구려 군대를 이끌고 낙랑으로 출격했어. 낙랑 군사들은 고구려 군대가 성

밑에 다다른 뒤에야 북과 나팔이 울리지 않았다는 사실을 알았어. 그제야 낙랑 왕 최리는 북과 나팔을 확인했어. 그리고 북이 찢어져 있다는 걸 알았지. 이때부터 호동에게 북의 저주가 시작되었단다.

　최리가 급히 딸을 불렀어.

　"얘야, 네가 북을 찢었느냐?"

　"……."

　"이런! 네가 어찌 아비와 조국을 배신할 수 있단 말이냐?"

　배신감에 사로잡힌 낙랑 왕이 칼을 들어 공주를 베었어. 북의 저주가 시작된 거야. 고구려 군사들이 성안으로 들어와 성을 점령하자 최리는 더 이상 싸울 의욕을 잃고 항복하고 말았지. 호동이 공주를 발견했을 땐 공주는 이미 싸늘한 주검이 돼 있었어.

　대무신왕은 낙랑을 정복하고 돌아온 호동을 기쁘게 맞아 주었단다. 아들이 고구려의 숙원 사업이던 낙랑국 정복에 가장 큰 공을 세웠으니 얼마나 자랑스러웠겠어. 하지만 호동은 공주를 잃은 슬픔 때문에 기뻐할 수 없었어. 그리고 얼마 뒤 찢어진 북의 두 번째 저주가 시작되었지.

　대무신왕이 호동을 치켜세우자 첫째 왕비가 불타는 시기심을 느꼈어. 호동은 둘째 왕비의 아들이었는데, 호동이 큰 공을 세워 왕의 총애를 받자 자칫하면 태자 자리를 호동에게 빼앗길까 봐 두려웠던 거야. 그래서 무시무시한 작전을 짰어. 어떤 작전이냐고? 대무신왕에게 호동을 헐뜯으며 죄가 있는 것처럼 고자질하는 거였지.

"호동이 저를 무례하게 대접하더니 그것도 모자라 저를 희롱했습니다."

말도 안 되는 소릴 듣고 대무신왕이 첫째 왕비를 나무랐어.

"호동이 당신 아들이 아니라고 미워하는 것이오?"

그 말을 듣고 왕비는 화가 자기에게 미칠까 두려워 울면서 말했어.

"어찌 제가 대왕께 거짓을 고하겠습니까? 만약 사실이 아니라면 제가 처벌을 받겠습니다. 흑흑흑."

동북아시아 속담에 눈물에 약한 것이 사나이 마음이란 말이 있단다. 무쇠처럼 단단한 대무신왕도 여인의 눈물 쇼에 깜빡 속아 넘어갔지. 대무신왕은 호동에게 죄를 물어 벌을 주려 했어. 호동은 난감했어. 공주를 잃은 슬픔이 채 가시기도 전에 계모의 모함으로 벌을 받게 생겼으니 말이야. 호동을 아끼는 신하가 답답해하며 호동에게 말했어.

"왜 사실이 아니라고 말하지 않습니까?"

"내가 사실대로 말씀드리면 어머님의 죄가 드러나게 되고 그것은 아버님께 불효를 저지르는 것이다. 그렇게 하지 못하겠다."

얼마 뒤 호동은 칼을 품고 자결하고 말았지. 이로써 찢어진 북의 저주도 끝나고 호동왕자와 낙랑공주의 사랑과 전쟁 드라마도 막을 내리고 말았단다.

슬픈 표정을 짓는 토리를 보고 내가 말했다.

"이 이야기에는 미스터리가 하나 숨어 있다. 호동이 과연 우연히 낙랑 왕을 만나 공주와 사랑에 빠진 걸까?"

"무슨 말이야? 우연히 만난 게 아니란 말이야?"

"낙랑 왕이 호동을 보고 자기 나라로 데려간 건 맞아. 딸을 호동왕자에게 시집보내 고구려와 친하게 지내려고. 그런데 호동도 낙랑공주한테 계획적으로 접근했다는 설이 있다. 낙랑에 있는 자명고를 없애기 위해서. 낙랑 왕을 만나고 공주와 혼인한 게 다 낙랑을 정복하기 위한 대무신왕의 작전이었다는 거지."

"에이, 설마. 순수한 사랑을 전쟁에 이용했을까?"

"설마는 눈썰매 끄는 말이라니까. 누구든 작심 쓰고 접근하면 당할 수밖에 없다. 어쨌거나 호동왕자와 낙랑공주의 비극은 작전을 짠 대무신왕에게도 크나큰 비극이었어. 비록 낙랑을 정복했지만 아들이 자결하고 말았으니까. 앞에서 내가 말한 독일 철학자 있지? 마르크스라는 철학잔데 그 사람이 뭐랬는지 아냐? '내 스승 헤겔이 말했다. 역사는 반복된다고. 그런데 헤겔은 다음 말을 덧붙이는 걸 까먹은 것 같다. 한 번은 비극으로, 또 한 번은 희극으로.' 대무신왕의 비극을 생각하면 그 철학자의 말이 꼭 맞는 거 같구나."

"뭐가 반복됐다는 건데?"

"대무신왕이 어린아이였을 때 형이 아버지의 꾸지람을 듣고 자결한 일이 있었어. 그런데 지금 자기 때문에 아들 호동이 자결했으니 비극적인 역사가 반복된 거지. 다음엔 또 한 명의 비극적인 공주 이야기를 해 주겠다."

두 번째 이야기

온달, 국민 바보에서 고구려 영웅으로

우리는 차 한잔을 마시고 다시 탁자에 마주 앉았다.

"어때, 고구려인 이야기 들을 만하냐?"

"낙랑공주와 호동왕자 이야기는 정말 슬프고 감동적이어서 가슴이 아파."

"음하하. 내 그럴 줄 알았다. 하지만 그 이야기가 아무리 감동적일지라도 지금 들려줄 이야기에 비하면 아무것도 아니란다."

"무슨 이야긴데?"

토리가 큰 눈을 더 크게 뜨며 귀를 쫑긋 세웠다.

"바보가 공주와 혼인해 고구려 영웅이 된 이야기."

"와, 재밌겠다. 어서 빨리 들려줘."

"좀 기다려. 본론에 들어가기 전에 꼭 알아 둬야 할 게 있으니까 그것부터 잠깐 얘기하고 시작할게. 앞에서 이야기한 호동왕자와 낙랑공주 이야기는 고구려가 건국하고 나서 부여와 낙랑 등 주변 나라를 정복해 나가던 시절 이야기다. 한마디로 고구려가 동서남북 사방으로 영토를 조금씩 넓혀 가던 초기의 이야기라고 할 수 있지. 지금부터 들려줄 이야기는 한반도에 자리 잡은 고구려, 백제, 신라, 세 나라가 치열하게 경쟁하던 시대의 이야기다. 삼국은 한반도 중심부인 한강 유역을 차지하기 위해 국가의 운명을 걸고 피 터지게 싸웠는데, 지금부터 고구려의 최고 스타 플레이어 장수 이야기를 들려주겠다."

"고맙다."

"어른이 말씀하시는데 고맙다가 뭐냐. 머리에 혈액도 안 마른 꼬마가."

"아이유, 혈액 타령 그만하시고 얼른 이야기나 시작하시지."

나는 토리의 핀잔을 가볍게 웃어넘기곤 바보와 울보 이야기를 시작했다.

옛날 고구려 평원왕(제25대 왕) 때 온달이라는 청년이 살았단다. 온달은 몹시 여위고 구부정해서 겉모습이 무척 우습게 보였어. 집안은 또 어찌나 가난한지, 항상 밥을 빌어다 늙고 눈먼 어머니를 봉양했지. 온달이 다 떨어진 옷을 입고 해진 신발을 신고 저잣거리를 다닐 때면 사람들은 그를 바보 온달이라 불렀어. 동네 아이들은 온달이 나타나면 온달 주제가를 부르며 놀려 댔지. 요렇게.

바보 바보 온달이

아무것도 모르네

밥 먹을 줄 모르고

옷 입을 줄 모르고

대성산의 까마귀

왜 까만지 모르고

패강물의 갈매기

왜 흰지도 모르네

바보 바보 온달이

아무것도 모르네.

 동네 꼬마들이 이런 노래를 부르고 다닐 정도였으니 평양에서 그를 모르면 간첩이었지. 하지만 아무리 바보 소릴 들어도 우리의 온달은 화내는 법 없이 그저 웃기만 했다는구나. 온달은 그 정도로 순박한 사람이었어.

 그러던 어느 날 온달 집에 얼굴이 예쁘고 귀티가 좔좔 흐르는 처녀가 찾아왔어. 처녀는 온달 어머니에게 온달이 어디 있냐고 물었어. 눈먼 어머니는 처녀 손을 만져 보곤 말했지.

 "그대의 냄새를 맡으니 향기는 꽃 같고 손을 만져 보니 부드럽기가 솜 같구려. 그대는 분명 천하에 귀한 분인 듯한데 어찌하여 지지리 못난 내 자식을 찾는 게요? 어디서 무슨 소릴 듣고 예까지 왔는지 모르지만 내 아들은 그대가 가까이 할 사람이 못 되니 어서 돌아가시오."

 어머니의 말을 듣고 처녀는 빙그레 웃기만 할 뿐 아무 대답도 하지 않았어. 그러곤 산에 나무하러 간 온달을 기다렸지. 오래 기다려도 온달이 오지 않자 처녀는 직접 온달을 찾아 나섰어. 한참을 가다가 산 밑에 이르렀는데, 저 멀리서 나무를 잔뜩 지고 내려오는 온달이 보였어. 처녀는 반가운 마음에 온달에게 다가가 말했단다.

"온달 님, 당신이 오시기만을 기다렸어요."

 온달이 흠칫 놀라며 물었어.

"나를 기다리다니, 그대는 뉘시오?"

 처녀는 방긋 웃으며 자기가 이곳에 온 사연을 털어놓았단다.

 온달 님, 저는 이 나라 평원왕의 딸 평강공주라고 합니다. 제가 어려서 잘 울자 아버지께서 농담으로 이렇게 말씀하곤 하셨지요. "네가 늘 울어서 내 귀를 아프게 하니 커서도 틀림없이 점잖은 사람의 아내는 못 되겠구나. 바보 온달에게나 시집을 보내야겠어. 허허." 그런데 제가 울 때마다 그런 농담을 듣다 보니 어느 날엔 온달이 누군지 무척 궁금해지더군요. 그래서 궁궐을 빠져나와 온달 님을 살펴보기로 마음먹었답니다.

 제가 궁궐을 잠깐 빠져나온 그날 다행히 온달 님을 저잣거리에서 보게 되었지요. 그때 저는 온달 님 눈 속에서 온달 님의 참모습을 보았답니다.

비록 가난하여 옷 입은 모양이 볼품없으나 마음은 순박하고 따뜻하며, 가슴속엔 뜨거운 용기가, 머릿속엔 뛰어난 식견이 있다는 것을요. 저는 온달 님을 처음 본 순간 모래 속에 파묻혀 있는 진주 같은 사람이라고 생각했습니다. 그날 이후 저는 마음 한구석에 온달 님을 담아 두게 되었답니다.

그런데 제 나이 열여섯이 되자 아버지께서 저를 힘 있는 귀족 집안에 시집을 보내려 하셨습니다. 이해 못 할 일도 아니었지요. 아버지께서는 권세 있는 귀족 집안과 사돈을 맺어 왕권을 든든히 하고 싶어 하셨으니까요. 하지만 저는 실력보다 집안을 더 중시하는 요즘 풍조가 못마땅했습니다. 게다가 저는 온달 님을 마음에 두고 있었기에 아버님 명을 받아들일 수 없었습니다. 그래서 아버지께 말씀드렸지요. "아버지께서 늘 말씀하시길, 너는 커서 반드시 온달의 아내가 되리라 하셨는데 오늘 무슨 까닭으로 전에 하신 말씀을 바꾸십니까? 보통 사람도 한 입으로 두말을 하지 않는데, 왕으로서 어떻게 거짓말을 할 수 있으십니까." 하고요.

제 말을 듣고 아버지께서는 기도 안 차다는 듯 웃으시더니 그 농담을 곧이들었냐고 하시더군요. 그래도 제가 뜻을 굽히지 않자 화를 내며 말씀하셨답니다. "네가 내 말을 듣지 않는다면 도저히 내 딸이라 할 수 없다. 너는 너 갈 대로 가려무나." 저는 그길로 궁궐을 나왔습니다. 그러곤 물어물어 온달 님을 찾아오게 되었답니다. 그러니 온달 님, 부디 저를 받아 주세요.

온달이 평강공주의 구구절절한 사연을 듣더니 어쨌는지 아니?

"여기는 산이 깊어 여자 혼자 다닐 데가 아닌데, 이렇게 여자 혼자 나타난 걸 보니 틀림없이 여우 아니면 귀신이로구나. 내게 가까이 오지 마라."

아, 나는 온달이 진짜 바보가 아니라고 주장하는 한 사람이지만, 이 대목을 볼 때마다 온달이 정말 바보가 아니었을까 하는 생각을 하곤 한단다. 나 같으면 이게 웬 횡재냐, 하고 공주를 아내로 맞았을 텐데 말이야.

하지만 온달은 뒤도 돌아보지 않고 그 자리를 떠나 버렸어. 공주는 쓸쓸히 온달 집으로 돌아왔어. 공주가 온달 집에 도착했을 때 이미 날은 어두웠고 날씨는 쌀쌀했지. 공주는 춥고 깜깜한 한데에서 하룻밤을 지냈단다.

다음 날 아침, 공주는 온달네 방에 들어가 다시 한 번 자기가 오게 된 사연을 세세하게 이야기했어. 그제야 온달은 이럴까 저럴까 결정을 못하고 갈등을 했지. 이런 거 보면 온달이 진짜 바보는 아닌 거 같아. 그런데 어머니가 여전히 반대했어. 자기 자식이 지지리 못나서 공주의 짝이 될 수 없고, 집이 가난하여 공주가 머무를 곳이 못 된다고 말이야. 그러자 공주가 말했어.

"옛사람들이 말하길, 곡식 한 말만 있어도 함께 찧어 먹을 수 있고, 베 한 자만 있어도 함께 옷을 기워 입을 수 있다고 했는데 마음만 맞는다면 어찌 같이 살 수 없겠습니까?"

그제야 온달 어머니도 공주를 맞아들이기로 했단다. 공주는 궁궐을 나올 때 팔목에 주렁주렁 차고 온 황금 팔찌를 팔아 밭과 집과 노비와 소와 그 밖의 살림살이를 사들였어. 그러자 온달 집은 어느새 번듯한 살림집이 되었지. 어느 정도 살림을 갖추자 공주는 온달에게 말 한 필을 사 오라며 말했어.

"절대 장사꾼의 말은 사지 말고 나라 말로서 병들고 수척하여 버리게 된 것을 값싸게 사 오세요."

온달이 공주의 말대로 말을 사 오자 공주가 부지런히 말을 길러 말은 날로 살지고 튼튼해졌어. 아울러 온달도 공주를 아내로 맞이한 뒤로 몸을 깨끗이 하고 날마다 책을 읽고 말타기와 활쏘기를 익혀 말이 살지고 튼튼해진 것처럼 총명하고 강인한 청년으로 변해 갔지.

그렇게 한두 해가 지난 어느 봄날, 드디어 온달의 진가를 발휘할 기회가 찾아왔어. 고구려에서는 해마다 3월 3일이면 젊은이들이 낙랑 언덕에 모여 사냥 대회를 열고, 그때 사냥한 멧돼지와 사슴으로 하늘과 신령에 제사를 지내는 풍습이 있었어. 온달도 자신이 기른 말을 타고 사냥 대회에 참가하게 된 거야.

온달은 왕과 귀족들과 수많은 고구려 사람들이 보고 있는 그 사냥 대회에서 언제나 맨 앞에서 말을 달리며 가장 많은 사냥감을 잡았단다. 내로라하는 귀족 집안 자제들을 제치고 말이야. 사람들은 도대체 저 젊은이가 누구일까 궁금해했어. 이윽고 사냥이 끝나자 왕이 가장 많은 사냥감을 잡은 온달을 불렀지.

"그대의 용맹함을 따를 자가 없구나. 이름이 무엇이냐?"

"온달이라 하옵니다."

"온달이라고?"

왕은 깜짝 놀랐어. 바보라 놀림을 당하던 온달이 사냥 대회에서 1등을 했으니 놀랄 수밖에. 그날 이후 온달은 고구려 군대의 장수가 되었단다. 그리고 얼마 뒤 북주라는 나라가 요동 지역으로 침략해 오자 온달은 장수로 나가게 되었지. 평원왕이 이끄는 고구려 군대가 배산 들판에서 북주 군대를 맞아 싸웠어. 이때 온달은 맨 앞에서 군대를 이끌며 적병 수십여 명의 목을 베었어. 그러자 모든 군사들이 힘을 내서 북주 군대를 물리쳤단다. 전쟁에 이기고 돌아와서 모든 사람들이 온달의 공이 세일 크다고 입을 모았어. 왕은 매우 흡족해하며 말했어.

"이 사람이 내 사위니라."

온달이 드디어 왕의 사위로 인정을 받은 거야. 온달에게는 대형이라는 높은 벼슬이 주어졌어. 그리고 공주와 함께 궁궐에 들어가 살게 되었지. 공주는 그날 기쁨의 눈물을 흘렸단다. 자기 선택이 틀리지 않았다는 게 입증됐기 때문이야. 고구려 사람들은 전쟁에 나가 큰 공을 세우고 왕의 사위로 인정받은 온달을 입에 침이 마르도록 칭찬했어. 국민 바보 온달이 한순간에 고구려 최고 스타로 떠오른 거야.

그러던 어느 날 평원왕이 죽고 영양왕(고구려 제26대 왕)이 왕위에 올랐단다. 그때 고구려는 국가적으로 큰 숙제 하나가 있었어. 신라에 빼앗긴

온달산성과 온달 장군 동상
단양에 있는 온달산성의 서쪽 모습이다. 《삼국사기》에 온달 장군이 아단성 아래에서 전사했다고 기록되어 있어 이 성을 온달산성이라고 부르게 되었다.

한강 이북 지역을 되찾는 것이었지. 그 지역은 광개토대왕이 백제로부터 빼앗은 이후 고구려 영토였다가 진흥왕 때 신라에 빼앗긴 곳이었어. 어제 삼국 통일과 김춘추 얘기했지? 온달 이후에 있던 일인데 연개소문이 김춘추에게 옛 고구려 땅을 돌려주면 신라를 도와주겠다고 했던 곳이 바로 한강 유역이야.

온달이 요충지인 한강 유역을 되찾겠다며 영양왕에게 말했어.

"폐하, 지금 신라가 한강 이북을 빼앗아 자기네 땅으로 만들어 우리 백성들이 원통해하고 있습니다. 바라옵건대 저를 어리석다 마시고 군사를 내주신다면 한걸음에 달려가 우리 땅을 되찾겠습니다."

왕이 온달의 청을 들어주었어. 온달은 남쪽으로 떠나기 전 아내에게 "계립현과 죽령 서쪽 지역을 되찾지 못하면 돌아오지 않겠다."고 맹세했단다. 드디어 온달이 말을 달려 신라군이 지키고 있는 한강으로 떠났어. 온달은 아단성에서 신라군을 맞아 밀고 밀리는 전투를 벌였어. 고구려군을 이끄는 장수로서 누구보다 용감히 싸웠지. 그 지역에는 온달이 성을 쌓아 신라군 공격에 대비한 이야기며, 부하 장수를 구하고 홀로 남아 싸운 이야기가 많이 전해 온단다. 하지만 온달은 안타깝게도 전투 도중 신라군이 쏜 화살에 맞아 숨을 거두고 말았어.

고구려군 진영은 비통함에 빠졌지. 고구려 최고 스타 장수를 잃고 한강 이북 지역도 되찾지 못했으니 얼마나 슬프고 원통했겠어. 그래서 이런 뒷이야기가 사람들 사이에 전해졌는지 몰라. 무슨 이야기냐고? 부하들이 온달을 장사 지내려는데 관이 움직이지 않는 거야. 고구려 병사들은 잃어버린 땅을 되찾지 않고는 돌아오지 않겠다던 온달의 굳은 의지 때문일 거라 생각했어. 그래서 온달의 아내를 불렀어. 공주가 달려와 관을 어루만지며 말했단다.

"죽고 사는 것은 결정이 났습니다. 아아, 장군이시여, 이제 그만 돌아가세요."

그제야 온달의 관이 움직이기 시작했다는구나. 온달이 전사했다는 소식을 들은 고구려 사람들은 자기 일처럼 슬퍼했어. 고구려 영웅이 된 온달이 사랑하는 공주와 함께 행복하게 살기를 바랐는데 뜻하지 않게 죽었으니 얼마나 안타까웠겠니. 이후 온달 이야기는 이런 비극적인 사연과 함께 고구려 사람들 마음속에 오랫동안 남아 있게 되었단다.

"진짜 궁금한 게 있는데 온달이 진짜 바보였어?"

"진짜 바보였다고 생각하는 사람이 바보겠지. 우리나라 사람들이 진짜 바보를 《삼국사기》에 기록하고 오늘날까지 기억하고 있겠냐?"

"그럼 왜 역사에 바보로 기록된 거야?"

"바로 그 점이 온달 이야기 뒤편에 숨어 있는 본질이겠지. 고구려 사람들은 온달을 왜 바보라 불렀고, 김부식은 왜 《삼국사기》〈열전〉편에 6세기의 고구려 최고 바보인 온달을 자랑스럽게 기록했으며, 오늘날까지 매력적인 인물로 남게 되었느냐, 하는 문제."

"그러게. 내가 중국이나 일본 역사 공부를 좀 해서 아는데, 그쪽엔 바보가 영웅이 됐다는 얘기가 전해 내려오는 게 없거든. 혹시 한국 사람들이 바보를 좋아하는 특이 유전자를 갖고 있는 건 아닐까?"

"토리 네가 자꾸 바보 같은 소릴 하니까 강의를 중단하고 싶구나. 그게 아니고, 바보도 아닌 온달이 바보로 불리게 된 데는 몇 가지 이유가 있을 거다. 그 이유를 추측해 보면 첫째, 온달을 시기하는 귀족들이 고구려 스타로 떠오른 온달을 시기해서 바보 이미지로 만들었을 가능성. 둘째, 신분의 벽을 뛰어넘은 온달의 결혼과 성공, 비극적인 죽음과 이별이 너무 극적이다 보니, 그 이야기가 사람들 입에서 입으로 전해지는 과정에서 바보로까지 떨어지게 되었다는 추측. 왜냐, 그래야 영웅의 모습이 더욱 부각될 테니까."

이야기를 듣던 토리가 고개를 끄덕였다.

"아하! 그래서 온달을 바보라 불렀던 거구나. 그래야 더 돋보이니까."

"어이구, 우리 토리 굉장히 똑똑하네. 다음 시간엔 진짜 바보 같은 장수 이야기해 줄게."

세 번째 이야기

수나라와 당나라 침략을 물리친 고구려인

"예고한 대로 이번 시간엔 바보 장수 두 사람과 슬기 장수 한 사람 이야기를 해 주겠다."

이렇게 운을 뗀 뒤 나는 노래를 부르기 시작했다.

"을지로에는 감나무를 심어 보자. 감이 익을수록 사랑도 익어 가리라~."

"바보 장수 이야기한다더니 웬 감나무 타령?"

"감나무 때문이 아니고 을지로라는 도로 이름 때문에 불러 봤다. 을지로는 종로, 충무로와 함께 서울 중심에 있는 대표적인 도로인데, 이번 강의 끝날 즈음에 왜 그 도로를 을지로라고 불렀는지 알아맞히면 오늘 강의는 성공한 거다. 너 혹시 고구려, 백제, 신라에서 큰 업적을 남긴 장수가 있었는데 혹시 아냐?"

"계백? 김유신? 온달?"

"어, 제법인데. 다 맞는데 고구려 을지문덕 장군을 빼놓을 수 없단다."

"그럼 혹시 을지로가 을지문덕 장군 이름을 따서 지은 거야?"

"어라, 끝나기도 전에 맞혔네. 그럼 왜 하필 그 도로에 을지문덕 장군의 이름을 붙였을까? 이건 모를 거다. 강의 끝날 때까지 생각해 봐. 알았지?"

"알았으니까 어서 시작하셔!"

"온달이 죽음을 불사하고라도 한강을 되찾아야겠다고 했던 그때, 그때가 삼국 사이의 경쟁이 가장 치열했던 때가 아닌가 싶다. 그런데 고구려는 그렇게 중요한 순간에 백제나 신라보다 더욱더 강력한 적 때문에 애를 먹고 있었어. 그게 누구냐 하면 대륙의 형님들, 바로 중국이었다. 중국의 수나라와 당나라는 고구려를 못 잡아먹어서 안달 난 사람처럼 전무후무한 병력을 투입해 고구려 정복에 나섰지. 그때 수나라와 당나라 침략을 물리친 고구려의 영웅들이 있었다. 바로 지금 이야기하려고 하는 을지문덕과 양만춘 장군이다."

"아하! 그러니까 수나라와 당나라가 고구려 정벌한 이야기를 하려는 거구나. 그 이야긴 왕 선생님한테 들어서 내가 좀 알지."

"넌 참 아는 게 많구나. 근데 정벌이 아니라 침략이다. 하긴 왕 선생한테 강의 들었으면 당연히 정벌이라고 들었겠지."

"정벌과 침략이 다른 말이야?"

"다르지. 그 문제는 마지막에 짚어 보기로 하고 지금은 고구려가 수나라와 당나라의 침입을 어떻게 물리쳤는지 그 이야기를 하도록 하겠다. 먼저 을지문덕부터. 을지문덕은 온달 이후에 맹활약한 7세기의 고구려 장수인데, 을지문덕의 상대는 수나라 황제와 우중문, 우문술이었어. 양제(수나라 제2대 왕)는 4백여 년 동안 분열했던 중국을 통일한 문제의 아들이란다. 양제는 황제가 된 뒤 형을 죽이는 등 권력에 방해가 될 요소를 제거해 나갔다. 아버지 죽음에도 관여했다는 설이 있지."

"자기 권력을 유지하기 위해 형을 죽이고 아버지까지? 인간 종족은 원래 그래?"

"다 그런 건 아니고, 왕 중에 그런 사람이 좀 있다. 동양 속담에 권력은 아버지와 자식 간에도 나눌 수 없다는 말이 있는데, 당 태종도 형제들 죽이고 황제가 됐지. 중국만 그런 게 아니다. 조선의 태종 이방원도 왕자의 난을 일으켜 형 동생 죽이고 왕이 됐다. 왕이 되고 나서는 자기를 도왔던 처남들도 다 날려 버렸지. 어때, 인간 종족 무섭지? 흐흐흐."

"쳇, 무섭긴. 나 토리야, 외계 소년 토리. 근데 왕 선생님이 수나라 역사 강의해 주실 때 그런 얘긴 안 했는데. 수나라와 당나라가 고구려를 정벌했단 얘긴 하셨지."

"내 그럴 줄 알았다. 왕 선생인지 왕 서방인지 역사 강의를 한 게 아니라 아주 중국사 피알(PR)을 하셨구만."

"피알이 뭔데?"

"기업이 자기네 제품 홍보하는 거. 어떤 사람들은 피할 건 피하고 알릴 건

알리는 거라고 우스갯소리를 하기도 해. 왕 서방이 중국 역사 얘기하면서 어두운 역사는 피하고 좋은 얘기만 알린 것처럼 말이다. 하지만 역사 강의는 그렇게 해서는 안 된다. 나 봐라. 아까 호동왕자 얘기할 때 큰 지략으로 영토를 넓힌 대무신왕의 업적도 알려 주고, 멍청하게 자기 아들을 자결하게 만든 과오도 다 얘기했잖아. 이런 게 진정 균형 잡힌 역사 강의다. 알겠냐?"

"아저씨 지금 자기 피알 하는 거지? 간단히 말해 자랑질?"

"흠흠. 무슨 얘기하다가 삼천포로 빠졌는지 모르겠구나. 암튼 황제가 된 수나라 양제는 피비린내 나는 권력 투쟁을 벌인 뒤, 중국을 남북으로 잇는 대운하를 건설하는 동시에 사방으로 정복 활동을 벌였다."

니는 곧바로 수나라 침략과 을지문덕 이야기를 시작했다.

※

6세기 말 수나라가 중국을 통일했을 때 이야기란다. 수나라가 중국을 통일하자 이웃 나라인 고구려 영양왕은 긴장하지 않을 수 없었지. 왜냐하면 옛날부터 중국은 대륙을 통일하고 나면 주변 나라들을 정벌하는 습관이 있었거든. 영양왕은 적당히 화친할 것인가 대결할 것인가 고민하다 대결하기로 결심했단다. 수 문제는 내 그럴 줄 알았다면서 고구려에 협박 편지를 보내왔어.

"고구려는 내가 장수 한 명만 보내도 충분히 응징할 수 있다. 좋은 말로 할 때 신하 된 도리를 다하라."

신하는 무슨. 영양왕은 코웃음을 치며 외려 수나라 요서 지역을 먼저 공격했어. 이런 거 보면 고구려 참 대단해. 중국이건 뭐건 심기를 건드리면 그냥 들이박으니까. 요서 지역은 고구려와 국경을 맞댄 곳으로 수나라의 보급 기지이자 전진 기지였어. 고구려는 이곳을 타격해 수나라의 날카로운 기세를 꺾어 보자는 생각이었지. 하지만 이 공격으로 고구려가 얻은 이익은 크지 않았어. 수나라도 별다른 타격을 입지 않았고. 다만 수나라에게 침공의 빌미를 주었을 뿐이야.

고구려의 선제공격을 받은 수나라는 598년 육군과 수군 30만 명을 동원해 고구려를 침공했어. 하지만 수나라의 첫 번째 고구려 원정은 실패였지. 기록에 따르면 수나라 군사는 열에 여덟, 아홉이 죽었대.

고구려 원정 실패 후 수나라 황실에 한 차례 격변이 일어났어. 앞서 말한 대로 양제가 형을 죽이고 황제가 된 거야. 양제는 612년 깜짝 놀랄 만한 대국민 담화문을 발표했어.

"고구려 같은 보잘것없는 무리가 우리 영토를 자주 침범해 왔다. 이에 아버지께서 지난번 고구려 정벌에 나섰으나 어설프게 토벌하는 바람에 고구려가 운 좋게 살아남았다. 하지만 나는 두 번 걸음을 하지 않을 것이다. 모든 군대에게 명하노니 평양성으로 총집결하라."

양제의 명령보다 더 무서운 건 원정대 규모였어. 군사 113만 3800명, 보급 부대는 전투 병력의 두 배, 이들이 출정을 마치는 데만 40일이 걸렸고, 수나라 군대의 길이가 서울과 대구에 이를 만큼 길었지. 예로부터 군사

동원이 이처럼 성대한 적이 없었다고 《삼국사기》에 기록돼 있을 정도였어. 하긴 뭐 고구려도 수십만 대군을 보유하고 있었다니까 그 정도는 몰고 가야 붙어 볼 만했겠지.

양제도 직접 원정에 나섰어. 수나라 팀 최전방 공격수는 좌익대장 우문술과 우익대장 우중문. 요하를 건넌 수나라 군대는 요동성을 겹겹이 에워싸고 갖가지 최신식 무기를 동원해 요동성 공략에 나섰단다.

요동성 안에 있는 고구려군은 성을 굳게 지키다가 기회를 엿보아 기습하는 작전을 펼쳤어. 이 작전은 꽤 효과적이었어. 수나라 군대가 여러 날 요동성을 공격하고도 함락시키지 못했을 정도니까. 화가 난 양제가 장수들을 불러 놓고 꾸짖었어.

"그대들이 내가 이곳에 온다고 했을 때 반대한 이유가 이것이로구나. 그대들이 죽는 것이 무서워 힘쓰기를 기피하고 있으니 참으로 통탄스럽도다. 내가 그대들을 죽이지 못할 것 같으냐?"

분위기가 싸늘해졌지. 얼굴빛이 하얗게 변한 장수들이 그 자리에 얼어붙어 감히 움직이지 못했을 정도로. 때마침 바다를 건너 평양성으로 진격했던 수군이 고구려 군대에 참패를 당했다는 소식이 들려와 분위기가 아주 참담했단다.

마침내 양제가 특단의 조치를 내렸어.

"요동성을 그대로 두고 곧바로 평양성으로 진격하라!"

양제의 명에 따라 우문술과 우중문이 이끄는 별동 부대가 압록강 방면으로 진격했단다. 그런데 여기서도 문제가 생겼어. 전투 장비와 군량미가 너무 무거우니까 병사들이 행군 도중 군량미를 길에 버리거나 구덩이를 파고 묻었어. 그 때문에 수나라 군대가 압록강에 이를 무렵엔 군량미가 거의 바닥이 났지.

그 시각 고구려 영양왕은 을지문덕에게 수나라 진영으로 가서 항복하라는 명을 내렸어. 작전이었지. 수나라 군대의 상황을 파악하기 위한 거짓 항복 작전. 을지문덕이 수군 진영으로 들어가자 우중문이 회심의 미소를 지었어. 이곳에 오기 전 양제로부터, "만일 고구려 왕이나 을지문덕이 오거든 반드시 사로잡으라."는 밀명을 받았거든.

우중문이 을지문덕을 사로잡으려 하자 황제의 특사로 와 있던 자가 강하게 반대하고 나섰어.

"항복한 장수를 사로잡는 것은 큰 나라가 할 일이 못 되오."

우중문은 속이 탔어. 이건 뭐 도둑질도 손발이 맞아야 한다는데 잘 알지도 못하는 특사가 을지문덕을 놓아주자고 하니 답답해 미칠 지경이었지. 그렇다고 황제 특사의 의견을 무시할 수도 없어서 우중문은 을지문덕을 놓아주었어.

바둑을 두거나 전쟁을 할 때 승패를 가르는 결정적 한 수가 있단다. 수나라는 을지문덕을 살려 보낸 게 치명적인 실수였어. 앞으로 보면 알겠지만 수나라는 그 바보 같은 한 수 때문에 망했다 해도 과언이 아니야.

수나라 진영을 무사히 빠져나온 을지문덕이 압록강을 건너려 할 때였어. 수나라 군사 하나가 헐레벌떡 을지문덕을 쫓아오더니 "더 하고 싶은 말이 있으니 돌아오시오." 하고 말했어. 하지만 을지문덕이 바본가? 오란다고 가게. 을지문덕은 뒤도 돌아보지 않고 압록강을 건넜어.

을지문덕을 놓친 수나라 진영에서 내분이 일어났어. 우문술은 군량미가 떨어졌으니 철수하자고 하고, 우중문은 고구려군을 추격하자고 맞섰지. 우중문은 그러잖아도 을지문덕을 놓아준 것 때문에 속이 쓰린데 철군하자는 말을 들으니 분노가 치밀어 올랐어.

"내 이럴 줄 알았다. 옛날 명장들이 공을 이룰 수 있었던 것은 한 사람이 결정을 했기 때문인데 지금은 그대와 내 생각이 다르니 어찌 적을 이길 수 있겠는가?"

우중문과 우문술이 티격태격한다는 소식을 들은 양제가 우중문의 손을 들어 주었어. 그리하여 우중문의 주장대로 수나라 군대가 압록강을 건너 고구려군을 추격하기 시작했지.

을지문덕은 침착하고 용맹하며 지혜가 많은 장수였단다. 그는 수나라 군사들이 지쳐 있다는 걸 이미 꿰뚫어보고 있었어. 그래서 수나라 군대가 압록강을 건너 추격해 오자 그들을 더 피로하게 만들려고 싸울 때마다 져 주는 척하며 후퇴를 거듭했어. 하루에 일곱 번 싸워 일곱 번 다 져 주는 식으로. 그러자 수나라 군대의 사기가 올라 오늘날의 청천강인 살수를 건넜단다.

살수를 건넌 수나라 군대는 평양성에서 30리, 그러니까 12킬로미터 정도 떨어진 곳에 진을 쳤어. 이때 을지문덕이 우중문에게 시 한 편을 지어 보냈지. 5언 절구로 된 시로 우리 고대 문학사에 별처럼 빛나는 명시란다. 들어 봐.

　　신책구천문(神策究天文), 그대의 신기한 계책은 하늘을 꿰뚫고
　　묘산궁지리(妙算窮地理), 신묘한 전술은 땅의 이치를 통달했다
　　전승공기고(戰勝功旣高), 싸워서 이긴 공이 이미 높으니
　　지족원운지(知足願云止), 만족함을 알고 그치기를 바라노라.

시를 받은 우중문은 열도 함께 받았어. 신기한 계책이니, 기묘한 전술이니, 공이 높니 어쩌니 하며 자기를 치켜세우더니 결국 만족함을 알고 돌아가라고 충고한 거니까. 우중문은 을지문덕에게 돌아갈 뜻이 없다고 답장을 보냈어. 그러자 이번엔 을지문덕이 우문술에게 사람을 보내 "만일 군사를 철수시키면 왕을 모시고 그대의 황제가 계신 곳으로 가겠다."는 뜻을 전했지.

　을지문덕의 뜻을 전해 들은 우문술은 이리저리 머리를 굴렸어.

　'지금 우리 군사들 기운이 소진하여 싸울 수도 없고, 평양성은 견고해 쉽게 빼앗기도 어려우니 거짓 항복이라도 받은 김에 돌아가는 게 좋지 않을까.'

　우문술이 철군하자고 우중문을 설득했어. 우중문도 더 이상 고집을 부

리지 못하고 철군하기로 결정했지. 바보 장수 두 사람은 고구려 군대의 기습에 대비하며 조심조심 후퇴했어. 그렇게 수나라 군대가 살수에 이르렀을 때였어. 군사 절반이 강을 건넜을 때, 을지문덕이 이끄는 고구려 병사들이 수나라 군대의 후방으로 짓쳐 들어갔단다.

수나라 군대는 걷잡을 수 없이 무너졌어. 빠져 죽고 찔려 죽고 난리도 아니었지. 겨우 강을 건넌 수나라 군사들은 하룻낮 하룻밤을 걸어 요동을 향해 도망쳤어. 고구려 군대가 이들을 집요하게 추격했어. 수나라 군대가 요동에 도착했을 때 살아남은 병사가 겨우 2천7백 명뿐이었대. 올 때 113만 3800명이었던 걸 생각하면 참패도 이런 참패가 없었지.

화가 난 양제는 철군을 주장한 우문술을 쇠사슬에 묶어 돌아갔어. 을지문덕을 놓아주자고 주장한 특사는 처형했고. 우중문은 감옥에 갇혔다가 석방되었으나 화병으로 죽었어. 한 무제가 고조선 정벌에 실패한 책임을 물어 한나라 장수들을 거의 다 처형한 것에 못지않은 조치였지.

이제 마지막 얘길 해야겠구나. 수나라 양제는 고구려 정벌 실패에도 아랑곳하지 않고 세 차례나 더 고구려 침략에 나섰어. 하지만 세 차례 모두 정벌에 실패하고 말았지. 수나라는 전쟁에만 실패한 게 아니라 4년 뒤 쫄딱 망했단다. 훗날 역사가들은 수나라가 무리한 고구려 원정 때문에 망했다고 입을 모았어. 물론 대운하 건설처럼 토목 공사를 무리하게 벌이는 바람에 백성들이 등을 돌렸다고 말하기도 하지만.

고구려는 수나라 군대의 침공을 잘 막아 내 동북아시아 강국임을 확인

시켜 주었어. 아울러 중국인들에게 고구려 트라우마를 안겨 주었지. 트라우마가 뭐냐고? 의학 용어야. 상처를 입은 뒤에 느끼는 스트레스 같은 건데, 살수대첩에서 참패한 이후 중국인들은 고구려만 생각하면 밀려드는 공포감 때문에 심장이 벌렁벌렁하는 트라우마를 겪었대. 그래서 중국에 이런 격언이 내려오고 있다나 봐. 성질 더러운 고구려의 코털을 건드리지 마라. 믿거나 말거나.

"을지로는 을지문덕 이름을 따서 만든 거라고 이미 맞혔고, 그럼 을지문덕 장군 이름을 왜 그 도로에 붙였는지 생각해 봤냐?"

"아자씨 이야기에 빠져서 넋 놓고 듣느라 그건 생각 못 했는데."

"말이나 못 하면. 들어 봐. 조선 말기에 중국 청나라 사람들이 서울에 많이 들어왔는데, 그 사람들이 지금의 을지로 주변에 떼로 모여 살았대. 그 뒤로 을지로는 중국인들이 많이 사는 동네가 됐어. 그래서 해방 이후 서울시에서 도로 이름을 지을 때 그 도로를 을지문덕 장군 이름을 따서 을지로라고 지은 거래. 왜냐고? 중국 침략을 물리친 을지문덕 장군 이름 내세워서, 중국인들 꼼짝 마라, 이런 뜻으로."

"에이, 그건 좀 억지 같은데. 지족원운지, 만족함을 알고 그치시는 게 어떠신지?"

"억지가 아니라 역사가 그렇다니까. 들어 볼래? 을지로 옆에 충무로가 있는데 충무로는 충무공 이순신 장군의 호를 따서 지은 거야. 왠지 아냐? 일제 강점기 때 일본인들이 주로 모여 산 동네가 지금의 충무로 일대거든. 그래서 그 도로에 충무로라는 이름을 지었지. 임진왜란 때 일본군을 박살 낸 이순신 장군의 혼으로 일본인의 혼을 빼놓겠다, 뭐 이런 의도로. 이쯤에서 다음 이야기로 넘어가자."

"잠깐!"

"또 뭐야?"

"아까 침략과 정벌이 어떻게 다른지, 왜 서로 다른 표현을 쓰는지 얘기해 준다고 했잖아."

"토리, 기억력 대단한데. 좋아, 설명해 줄게. 한마디로 말해서 똑같은 전쟁을 서로 자기 입장에서 이야기하다 보니 서로 다른 표현을 쓰게 된 거다. 정벌이란 '죄가 있는 나라를 정복해 벌을 준다.'는 뜻이야. 수나라와 당나라는 죄지은 고구려를 혼내 주기 위해 정복에 나섰다는 의미로 정벌이란 표현을 썼지. 하지만 우리 입장은 좀 다르다. 우리가 중국한테 무슨 잘못을 했다고 벌을 받냐? 그래서 수나라와 당나라가 쳐들어와 노략질했다는 뜻에서 침략이란 단어를 쓰지. 정벌과 침략의 차이를 알겠냐?"

"알겠다. 그런데 중국은 왜 그렇게 생각하는 거지?"

"날은 저물고 갈 길은 멀다만, 토리 너의 그 진지함이 가상하여 내 일찍이 사우스코리아 초등학생 독자들에게는 들려주지 않은 초특급 프리미엄 역사 정보 하나를 알려 주마. 어제 왕 선생 와서 토론할 때 그 얘기 잠깐 해 줬다만 중국이 왜 그러느냐, 중화사상 때문이란다. 중화사상은 중국이 세상의 중심이라고 생각하는 건데 그 생각에 따르면 중국 주변의 모든 나라는 중국이 정복하고 다스려야 할 오랑캐일 뿐이다. 그래서 중국은 우리를 침입할 때마다 정벌이란 표현을 썼지. 고조선을 무너뜨린 한나라도 그랬고, 수나라도 그랬고, 지금 이야기할 당나라도 그랬다. 그런데 토리 네가 나보다 더 잘 알겠지만, 세상의 중심이 어디 중국이냐? 우리 은하 안에 태양계가 1천억 개가 넘고, 그런 은하만 4천억 개가 넘는다는데 무슨 세상의 중심 타령이냐. 어처구니없는 창조적인 발상이지만, 그땐 그랬다. 그런 생각에 따라 중국은 대륙을 통일하고 나면 반드시 동서남북 주변을 침략해서 복속시키려 했지. 중국 중심의 세계 질서를 잡으시겠다고. 이제 얘기할 당 태종도 고구려를 정복해서 빈칸으로 남아 있는 동아시아 퍼즐을 완성하시겠다, 이런 생각을 하신 거다."

"어쩜, 이렇게 머리에 쏙쏙 들어오게 설명해 줄 수가 있어? 아자씨, 정말 대단해. 왕 선생님한테는 이런 명쾌한 강의를 못 들었거든."

"비교할 걸 비교해라. 왕 선생이나 나카무라 상은 3차원이지만 난 4차원 입체파 작가 아니냐. 음하하."

"이그, 자랑 그만하고 본론으로 들어가시죠, 4차원 작가님."

"좋다. 수나라가 망하고 당나라가 들어선 이야기는 왕 선생한테 들었을 테니 아주 간략하게 핵심만 콕 집어서 이야기하겠다. 고구려를 침공했던 수나라가 망하고 당나라가 건립되었다."

나는 **당 태종**과 **안시성 성주**의 대결 이야기를 시작했다.

❀

 당 태종이 고구려를 침략하면서 내세운 명분은 뭐였는지 아니? '지금 고구려가 차지하고 있는 요동은 옛날에 중국 땅이었으므로 되찾아야 한다. 고구려 연개소문이 자기 임금을 죽이고 백성들을 핍박하므로 벌해야 한다. 신라가 고구려 때문에 못살겠다며 도와 달라니까 도와주어야 한다. 지금 사방이 평정되었는데 오직 고구려만이 평정되지 못했으므로 반드시 평정해야 한다!' 이런 거였어.

 당 태종이 내세운 명분은 다 침략을 위한 구실이고 실제는 마지막 이유 때문에 정벌에 나선 거라고 봐야 해. 고구려를 정복해 중화사상의 질서를 완성하겠다는 것 말이야. 당 태종이 고구려 정벌에 나서겠다고 하자 말리는 신하가 한둘이 아니었어. 그때 중국 사람들은 수 양제가 을지문덕에 된통 당한 걸 보고 고구려에 공포심을 갖고 있었거든. 그래서 한 신하가 당 태종에게 이렇게 말했지.

 "요동은 길이 멀어 군량미 수송이 무척 어렵습니다. 또한 고구려 사람들은 성을 잘 지켜 항복을 받아 내기 어렵습니다. 이런 이유로 수 양제도 끝내 항복을 받아 내지 못한 것입니다. 이 점 헤아려 주십시오."

 당 태종은 신하의 말을 들으려 하지 않았어. 지금은 수나라 때와 다르다며 신하의 말을 무시했지. 그러고는 645년 육군 사령관에 이세적, 수군

사령관에 장량을 임명해 고구려 정벌에 나섰단다. 군사 수는 수나라 때보다 적었지만 작전은 비슷했어. 육군은 요하를 건너고, 수군은 바다를 건너 평양성으로 진격하는 작전. 수나라 때와 한 가지 다른 게 있다면 요동에 있는 고구려 성들을 모두 격파한 뒤 평양성으로 쳐들어가겠다는 점이었어. 수나라 군대가 요동성을 점령하지 못한 채 평양으로 갔다가 을지문덕한테 크게 당한 걸 알고 있었기 때문에 그런 작전이 나왔지.

당나라 군사들 정말 대단했어. 요동 지역에는 요하라는 긴 강을 따라 북쪽에서 남쪽으로 신성, 개모성, 백암성, 요동성, 안시성, 건안성, 비사성이 줄줄이 자리 잡고 있는데, 당나라 육군은 요하를 건너자마자 각 성들을 하나하나 격파해 나가기 시작했어. 그리고 드디어 수나라 군대가 함락시키지 못했던 요동성을 눈앞에 두고 있었지.

나중에 출발한 당 태종도 요동성에 도착했어. 당 태종은 요하를 건너온 뒤 다리를 모두 없애 버렸어. 고구려를 정복하지 않고는 돌아가지 않겠다는 의지를 병사들에게 보여 준 거야. 그 덕분인지 당나라 군대는 요동성을 무너뜨리고 여세를 몰아 백암성을 점령했어. 그리고 그곳에서 고구려 정벌의 성패를 가를 중요한 회의가 열렸단다. 당 태종이 이세적에게 자기 생각을 털어놨어.

"안시성은 산세가 험하고 성주가 용맹하다 하니 먼저 건안성을 점령한 뒤 안시성을 치는 게 어떻겠는가?"

이세적이 대답했지.

"건안성은 안시성 남쪽에 있습니다. 지금 우리 군대가 안시성을 그대로 내버려 둔 채 건안성으로 내려가다 고구려군이 우리 수송로를 끊으면 어떻게 하겠습니까? 먼저 안시성을 치는 게 순서입니다."

당 태종은 이세적의 말에 따라 안시성을 먼저 공격하기로 결정했단다. 이 정보를 입수한 고구려 비상대책위원회 위원장 연개소문이 고연수와 고혜진 두 장수에게 15만 군사를 주어 안시성을 돕도록 했어. 그런데 두 장수는 기습 작전을 쓰지 않고 당나라 군대와 맞붙어 싸우다 패한 뒤 당군에 항복해 버렸단다.

이제 남은 건 안시성뿐이었어. 안시성에는 양만춘이라 알려진 성주가 버티고 있었어. 그는, 몇 년 전 군사 반란을 일으켜 권력을 잡은 연개소문에게 협조하지 않을 만큼 꼿꼿한 장수였는데, 당나라 군대를 물리치는 데에는 연개소문과 뜻을 같이했지.

드디어 당군 30만 병사들이 안시성을 공격하기 시작했어. 안시성 성주는 당군에 포위된 안시성에서 군사 2만 5천여 명과 주민 5만여 명을 이끌고 성문을 굳게 닫은 채 슬기롭게 당군의 공세를 막아 냈지. 여러 날 맹공을 퍼붓고도 진척이 없자 당군 진영에서 "안시성을 포기하고 곧바로 수도 평양성으로 진격하자."는 의견이 나왔어. 당 태종이 이 말을 좇으려 하자 한 장수가 반대하고 나섰어.

"아니 되옵니다. 지금 함락되지 않은 고구려 여러 성에는 고구려 군사가 10만이나 됩니다. 안시성을 포기하고 평양성으로 진격하면 반드시 추

격을 당할 텐데 그렇게 되면 폐하의 안위를 장담하지 못할 것입니다."

이에 당 태종은 평양성으로 진격하려는 계획을 버리고 안시성부터 함락시키기로 마음을 굳혔단다. 그는 성 동남쪽 모퉁이에 안시성 성벽보다 높이 흙산을 쌓게 했어. 당나라 군사 수십만 명이 60일 동안 열심히 삽질을 한 끝에 흙산이 완성되었지. 당 태종의 명령에 따라 당나라 장수가 군사를 거느리고 흙산에 올라 성안으로 무수히 많은 화살을 날렸어. 그런데 갑자기 황당한 일이 벌어졌어. 흙산이 와르르 무너져 내린 거야.

흙산이 무너지자 당군 진영도 함께 무너져 내렸어. 엎친 데 덮친 격으로 요동 지역의 기온이 급격히 떨어지기 시작했고, 당군 식량도 떨어져 가고, 군사들 사기도 추락해서 더 이상 안시성을 공격할 수 없었지.

안시성 점령에 실패한 당 태종은 어쩔 수 없이 철수 명령을 내렸단다. 이때 안시성 성주가 성곽 위에서 철수하는 당 태종을 향해 절을 올렸다는 이야기가 있어. 그러자 당 태종이 안시성 성주에게 겹실로 짠 명주 100필을 주었대. 잘 싸웠다는 격려 차원에서.《삼국사기》에 나오는 내용이야.《삼국사기》를 지은 김부식이 철수하는 당 태종 체면이나 살려 주자는 마음에서 그런 이야기를 끼워 넣은 게 아닐까 싶어.

고구려 군대의 추격과 추위 때문에 죽을 고생하며 겨우 살아 돌아간 당 태종은 조금 살 만해지니까 또다시 고구려를 정벌하겠다며 신하들에게 의견을 물었어. 그러자 신하들이 또 말렸지.

하지만 당 태종은 신하들의 반대에도 굴하지 않고 세 차례나 더 고구려를 침공했어. 그러다 결국 649년에 "요동 정벌을 중단하라."는 유언을 남기고 죽었어. 요동 지역에 내려오는 전설에 따르면 안시성 전투 때 고구려 군사가 쏜 화살에 눈을 맞아 그것이 화근이 돼 죽었다고 해.

《삼국사기》 저자 김부식은 "당 태종이 신하들의 말을 듣지 않고 자기만족을 위해 기어이 고구려를 폐허로 만들려다 죽고 말았다."고 평했단다. 중국 역사가들도 당 태종을 중국 역사상 가장 위대한 황제로 치켜세우면서도 고구려 정벌에 나선 건 실수였다고 말하지.

"이 이야기의 핵심을 알겠지?"

"글쎄……"

"고구려와 수나라, 당나라 전쟁 강의를 통해 내가 말하고 싶은 건 을지문덕 꾀에 빠진 우중문이 바보 같다거나 수나라 실패에서 교훈을 얻지 못한 당 태종이 멍청하다거나 그런 이야기를 하려는 게 아니라 고구려가 얼마나 강한 나라였는지를 말하려는 거야. 당시 고구려는 세계 최강인 수나라와 당나라 군대를 물리칠 만큼 강력한 군사력을 보유하고 있었고, 실제로 수나라와 당나라의 침입을 모두 물리쳤다. 그런 힘의 바탕에는 고구려 사람들 머릿속에 자신들은 하늘 자손의 후손이며, 고구려가 세상의 중심이라는 세계관이 깔려 있었다는 점이야. 중국 사람들만 세계 중심이라고 생각한 게 아니고. 이야기가 좀 길어졌다. 다음엔 백제 사람들 이야기 들려줄게."

네 번째 이야기

서동과 선화공주 이야기

"강의 시작하기 전에 강의를 얼마나 잘 들었는지 깜짝 테스트 한번 해 봐야겠다."

"깜짝 테스트가 뭔데?"

토리가 눈을 동그랗게 떴다.

"지구촌 초등학교에서 흔히 보는 시험이야. 대단한 건 아니고 강의를 잘 들었는지 안 들었는지 확인해 보는 거. 내가 단어를 말하면 너는 그와 연관된 단어로 대답하면 돼. 이를테면 내가 단군왕검 하면 너는 고조선, 이렇게. 자 시작해 보자. 리듬은 4분의 2박자로, 쿵쿵따~. 오케이? 을지문덕?"

"을지로!"

"어, 틀렸다고 할 순 없지만 내가 원하는 대답은 아니었다. 내가 원한 건

살수대첩. 다시 해 보자. 리듬 살리고, 황산벌?"

"계백 장군!"

"삼국 통일?"

"김유신!"

"토리 제법인데. 호동왕자?"

"낙랑공주!"

"바보 온달?"

"평강공주! 아, 진짜, 이게 무슨 테스트야. 좀 어려운 거 없어?"

"알았다. 그렇다면 맛 좀 봐라. 서동?"

토리가 꿀 먹은 벙어리처럼 대답을 하지 못했다. 당연하지. 아직 서동 이야기를 듣지 못했으니까.

"미안. 내가 안 배운 문제를 냈다. 큭큭. 이 시간엔 그 이야기를 해 보자. 의자왕의 아버지이자 백제 제30대 왕인 무왕인데, 그가 바로 방금 말한 서동이란다. 고구려에 호동왕자와 낙랑공주가 있고 바보 온달과 평강공주의 비극적인 러브스토리가 있다면, 백제에는 서동과 선화공주의 사랑 이야기가 전해 온다. 서동이 선화공주를 만나 왕이 된 극적인 이야기가 《삼국유사》에 실려 있지. 〈서동요〉라는 노래의 주인공이기도 하니까 랩으로 그 이야기를 들려주겠다. 너는 내가 하는 랩에 맞춰서 비트박스를 넣어 봐."

"나 참, 쿵쿵따도 어처구니없는데 비트박스는 또 뭐야? 도대체 역사 강의 하는데 뭐 그렇게 잡다한 걸 시키고 그래."

"얘 좀 봐라. 네 귀에 쏙쏙 들어가라고 4차원 입체 강의를 해 주겠다는데 잠다하다니. 그리고 서동과 선화공주가 신라 노래인 〈서동요〉 주인공이어서 거기에 최적화된 노래 형식으로 강의해 주려는데 잠다하다고? 잔말 말고 비트박스 넣어 봐. 입으로 드럼 소리 내면 돼. 움파움파 붐치키붐치키 붐붐치키치키, 대충 이렇게. 알았지? 자, 그럼 아저씨는 서동과 선화공주 랩 들어간다."

토리는 복숭아를 먹다가 살이 통통한 벌레 씹은 표정을 짓더니 마지못해 비트박스를 넣기 시작했다. 내가 시키긴 했지만 정말 혼자 보기 아까운 장면이란 생각이 들었다. 그러거나 말거나 나는 왼손엔 마이크 대신 만년필을 잡고 오른팔을 들어 아래위로 흔들며 서동과 선화공주 랩을 시작했다.

쿵쿵따~, 쿵쿵따~, 내 이름은 서동, 마를 캐는 서동, 백제에서 제일가는 마 장수 서동. 그런데 왜 내 이름이 서동이냐고? 마를 한자로 하면 서(薯), 그래서 서동, 나무 하면 초동, 소를 몰면 목동, 마를 캐면 서동. 우리 집은 어려서부터 가난했고, 그래서 나는 마를 캐는 서동이 되었고, 어머니는 내가 캔 마가 싫다고 하셨어, 그래서 모두 장에 내다 팔았어, 그렇게 우리 모잔 모질게 살아왔어. 어느 날 어머니는 내 출생의 비밀을 알려 주셨어, 일러 주셨어, 말씀해 주셨어.

"체키라웃, 잘 들어 봐 서동! 이 어미는 사비성 남쪽 연못가에 살고 있었어. 어느 날 연못을 지날 때 용 한 마리가 나타났어, 그 용이 나를 어디론가 끌고 갔어, 데려갔어. 거기서 우린 사랑을 나눴어, 그리고 얼마 뒤 너를 낳았어, 잘생긴 너를 낳았어."

이상한 어머니 말씀, 신비롭고 황당한 어머니 말씀, 하지만 난 그때부터 이상한 자심감이 생겼어. 그러던 어느 날이었어, 시장에서 들려오는 수상한 소문, 내 귀를 간질이는 달콤한 소문, 신라에서 선화공주가 제일 예쁘다는 소문, 그날로 나는 머리 깎고 신라로 갔어, 선화공주 찾아 국경을 넘어갔어.

내가 누구? 마를 캐는 서동, 마를 파는 서동, 재주와 도량이 넘치는 마장수 서동. 작전을 짰어, 노랠 만들었어, 서라벌 아이들을 불러 모았어, 아이들에게 마를 주며 노래를 가르쳤어, 작사 작곡 서동, 노래 제목 서동요, 요!

선화공주님은 남몰래 짝지어 두고
서동을 밤에 몰래 안고 간다네.

신나는 노래, 가사, 곡조, 리듬, 완벽한 사랑의 노래. 아이들이 신이 나서 노랠 불렀어, 서라벌을 휘젓고 다니며 노랠 불렀어, 선화공주님이 서동을 몰래 사랑한다고 노랠 불렀어. 난리가 났어, 서라벌이 뒤집어졌어, 서라벌 빌보드차트 3주 연속 1위, 서라벌 노래방 애창곡 2위, 역대 신라 가요 인기 순위 3위. 나는야 이제부터 진평왕의 사위, 신라 조정 관리들이 펄펄 뛰었어, 앙큼한 공주를 유배 보내야 한다고 거품을 물었어, 진평왕은 공주를 궁궐에서 내쫓았어, 왕비가 공주에게 순금 한 말을 들려 보냈어. 공주 오는 길목에서 나는 기다렸어, 공주가 나타나길 기다렸어, 나타났어, 다가갔어, 그리고 공주에게 말했어.

아이 워너 홀 유어 핸즈.(그대의 손을 잡고 싶어)
아이 워너 비 위드 유.(그대와 함께 있고 싶어)

쿵쿵따~, 쿵쿵따~, 선화공주 넘어왔어, 우린 서로 사랑을 나눴어, 게임 끝났어. 그제야 나는 내가 누구인지 공주에게 말했어, 내가 누구? 마를 캐는 서동, 용의 아들 서동, 백제에서 제일가는 풍채 당당 서동, 공주가 놀라며 내게 말했어. "아이들이 부르던 그 가요가 정말인가요? 그렇다면 나는 서동 님을 따르겠어요." 그렇게 우리는 백제로 들어왔어, 돌아왔어, 난 꿈을 이뤘어, 행복했어, 소리 질러, 예~.

한동안 붐치키붐치키 붐붐치키치키를 하던 토리는 내가 아이 워너 비 위드 유 어쩌고저쩌고 하는 대목에서 비트박스를 중단했다. 그러고는 더 이상은 못 들어 주겠다는 듯 나를 째려보았다. 할 수만 있다면 지금 당장 50시시(cc) 스쿠터를 빌려 타고서라도 이 지구를 벗어나고 싶다는 절절한 눈빛으로. 그러거나 말거나 나는 토리의 눈빛을 외면한 채 서동과 선화공주 이야기를 마쳤다.

토리가 내 얼굴을 물끄러미 바라보았다.

"왜, 아저씨 랩에 감동 먹었냐?"

"날 위해 애쓰는 아자씨가 너무 안쓰러워."

"안쓰럽긴. 난 널 위해서라면 얼마든지 더 할 수 있다. 너도 쿵쿵따 붐치키붐치키 그거 조금만 연습하면 잘하겠더라. 쿵쿵따~의 악센트는 '따'에 있다. 자 다시 한 번 해 볼까?"

"한 번만 더 나한테 붐치키치키치키 같은 거 시키면 아자씨 이들 데리고 바로 지구 뜰 거야."

"이거 왜 이래. 랩 안 하면 되지, 가긴 어딜 간다고 그래. 섭섭하게. 알았어, 지금부턴 정상적으로 강의할게. 어디까지 했더라, 그렇지, 선화공주 데리고 백제로 돌아온 얘기까지 했지? 그다음 이야기는 대략 이래."

선화공주가 궁궐에서 쫓겨날 때 왕비가 순금 한 말을 공주에게 주었다고 했지? 공주는 서동에게 "앞으로 이 황금으로 살림살이를 장만하면 된다."고 말했어. 그러자 서동이 웃으며 말했지.

"이게 그렇게 귀한 것이오? 이런 거라면 내가 마를 캐던 산에 널리고 널렸소."

공주는 신기해하며 서동이 말한 산으로 갔어. 그랬더니 정말 황금이 산처럼 쌓여 있는 거야. 그래서 공주는 황금을 아버지 진평왕에게 보내고 싶다고 말했지.

서동은 그 많은 걸 어떻게 보낼지 고민하다가 스님인 지명법사를 찾아갔어. 지명법사는 자기가 보내 줄 방법이 있다며 일단 가져오라고 했어. 서동이 황금을 가져가자 지명법사가 신통력을 발휘해 신라로 보내 주었어. 황금 택배를 받은 진평왕은 너무 놀랍고 기뻐서 서동에게 안부 편지를 보내며 대견스러워했지. 그 뒤로 진평왕은 서동이 왕이 되는 데 적극 도움을 주었어. 진평왕의 도움으로 왕이 된 서동이 바로 백제 제30대 왕인 무왕이란다.

"여기까지가 서동이 선화공주를 얻어 왕이 된 이야기다."
토리가 뭔가 미심쩍다는 표정으로 물었다.
"이 이야기가 모두 사실이야? 용 이야기도 그렇고 황금 이야기도 믿기지 않는데."
"그야 다 믿기 어려운 얘기지만 서동이 백제 제30대 무왕인 건 맞다. 다만 선화공주와의 러브스토리는 좀 아닌 것 같다고 주장하는 학자들도 있지."
"아니 왜? 아저씨가 붐치키붐치키에 맞춰서 아주 사실적으로 침 튀겨 가며 부른 노랜데?"

"첫째, 당시는 백제와 신라 관계가 무척 안 좋을 때였어. 무왕의 증조할아버지인 성왕이 신라 진흥왕의 배신으로 전사한 뒤로 두 나라 관계가 아주 냉랭한 상태였거든. 그런 상황에서 무왕이 신라 공주와 결혼을 했다? 이게 가능한 얘기냐는 거지. 둘째, 무왕이 왕이 된 뒤로 약 40년 동안 꾸준하게 신라를 공격한 사실만 봐도 그래. 무왕이 정말 신라 진평왕의 사위라면 장인의 나라를 그토록 성실하게 공격하진 못했을 거란 얘기다. 셋째, 신라 진평왕에겐 딸이 둘밖에 없었대. 첫째 딸은 나중에 선덕여왕이 되는 덕만, 둘째 딸은 훗날 김춘추를 낳은 천명공주, 이렇게. 그리고 결정적으로 무왕의 왕비가 선화공주가 아닐 가능성이 높다는 유물이 최근에 발견됐어."

"무왕의 왕비가 선화공주가 아닐 가능성이라고?"

"그래. 《삼국유사》에 보면 왕비가 된 선화공주가 어느 절에 가는 길에 연못에서 미륵불이 나타나 경의를 표하자, 무왕에게 그곳에 큰 절을 짓고 싶다고 해서 미륵사를 지었다고 나오거든. 그래서 얼마 전까지만 해도 미륵사는 선화공주가 희사한 절로 알려져 왔지. 희사했다는 말은 돈을 댔다는 말이야. 그런데 2009년 미륵사지 석탑에서 절의 창건 역사를 알려 주는 기록이 발견됐어. '미륵사는 사택적덕의 딸인 왕비가 소원해서 지은 절이다.' 대략 이런 내용이야. 이 기록대로라면 미륵사를 지은 사람은 선화공주가 아니라 백제 귀족인 사택 가문 출신의 왕비가 되는 거지. 그 기록이 발견된 뒤로 서동과 선화공주 설화가 큰 의심을 받게 됐단다."

"아유 진짜 헷갈리네. 그러니까 서동과 선화공주 이야기가 사실이라는 거야, 아니라는 거야? 사실이 아니라면 왜 《삼국유사》에 실렸으며 무왕의 진짜 왕비는 누군데?"

"넌 뭐 그렇다고 짜증을 내고 그러냐? 선화공주 이야기는 한국사의 대표적인 미스터리야. 하지만 선화공주가 무왕의 왕비가 아니라고 단정할 수도 없어. 왜냐하면 또 다른 왕비일 수도 있으니까. 그리고 서동과 선화공주 이야기 속에 담긴 진실이 분명 있다고 봐. 뭐냐면, 무왕이 왕이 되는 과정에서 신라 왕실의 도움을 받았을 수도 있다는 이야기야. 그 사실이 극적인 러브 스토리로 전해졌을 수 있지. 체키라웃, 들어 봐! 서동은 어려서부터 가난했고, 마를 캐고, 선화공주는 황금 갖고 궁궐에서 쫓겨나고, 고구려 온달처럼, 공주 만나 결혼하고, 출세하고, 스타 되고, 요!"

"아, 쫌 그만해!"

"은하철도 999 노래도 못 하게 하더니, 넌 무슨 노래든 노래면 다 못 하게 하더라. 알았다, 알았어. 정리. 무왕은 어릴 때 마를 캐는 서동이었는데 신라의 선화공주를 꾀어 결혼하고, 왕이 되어서는 왕권 강화를 위해 애썼던 백제의 제30대 왕이었다는 사실. 이번 시간엔 의자왕의 아버지 무왕 이야기를 했으니까, 다음 시간엔 백제가 멸망할 때 의자왕 부하였던 비운의 백제 장수 이야기를 하고 오늘 강의 끝내도록 하마. 십 분간 휴식!"

나는 잠시 바람을 쐬기 위해 큰 바위 하우스를 나왔다.

다섯 번째 이야기

백제 부흥을 꿈꾼 비운의 장수 흑치상지

바깥은 어느새 칠흑 같은 어둠이 내려앉았다. 칼칼한 겨울 밤바람이 내 양 볼을 할퀴고 지나갔다. 나는 심호흡을 크게 한 번 하고 서둘러 큰 바위 하우스로 들어갔다.

"자, 오늘의 마지막 강의로 백제의 마지막을 장식한 비운의 장수 이야기를 해 주겠다."

"비운의 장수? 백제에는 계백 장군만 있는 것처럼 얘기하더니."

"계백처럼 장렬하게 전사하진 않았지만 계백보다 파란만장한 삶을 산 백제 장수가 있다. 흑치상지 장군인데 백제 공부할 때 한번 생각해 봐야 할 인물이다. 우리 역사책인 《삼국사기》와 당나라 역사책인 《구당서》와 《신당서》 〈열전〉 편에 모두 이름을 올린 장수니까. 하지만 그것 때문만은 아니고, 멸망한 나라의 장수로서 이후 그가 살아간 삶이 오늘날에도 생각거리를 주고 있기 때문이야."

내 말에 토리가 고개를 갸우뚱하며 다시 물었다.

"왕 선생님한테 강의 들을 때 흑치상지란 이름은 들어 보지 못했는데."

"그럴 수도 있다. 그때나 지금이나 대륙에 사람들이 좀 많냐. 그러니 자기네 인물 이야기하기도 숨찰 텐데 패망한 나라의 장수 이야기까지 하진 않았겠지. 그러니 나라도 한 번 짚고 넘어가야 한다는 말씀. 그럼 본격적으로 이야기 들어가기 전에 흑치상지에 대해서 간략하게 알려 줄게. 흑치상지는 백제 왕족 출신 장수였는데 백제 멸망 이후 백제 부흥 운동을 전개했다. 그리고 부흥 운동이 실패로 끝나자 당나라로 가서 당나라 장수로 활약하며 이름을 날리다 모함을 받고 옥에서 죽었다. 인생 자체가 파란만장했던 만큼 그에 대한 오늘날 평가도 극명하게 엇갈린다. 백제의 부흥을 꿈꾼 장수냐, 당나라에 항복한 배신자냐, 아니면 멸망한 나라의 비운의 장수냐. 네 생각은 어떤지 강의 다 듣고 말해 보렴."

660년 여름 신라와 당나라 연합군에 의해 백제가 멸망한 뒤, 의자왕을 비롯한 수많은 백제 사람들이 당나라로 끌려갔단다. 일부는 백제와 친한 일본으로 건너갔고, 또 일부는 이웃 나라 고구려로 갔지. 하지만 대부분의 백제 사람들은 자기가 살던 곳에 남아 당의 지배를 받았어. 그렇게 남아 있던 사람들 가운데 일부가 무너진 백제를 일으켜 세우겠다며 백제 부흥 운동을 전개했단다.

백제 부흥 운동을 이끌었던 대표적인 리더가 복신과 도침이야. 복신은 왕족이고 도침은 승려였는데 두 사람은 부흥 운동에 호응하는 백제 사람들을 이끌고 충청남도 한산에 있는 주류성에 진을 치고 당나라 주둔군에 맞서 싸웠어.

복신과 도침은 먼저 왜나라 황실에서 생활하던 의자왕의 아들 부여풍을 불러들였단다. 백제는 망했지만 백제 왕족을 왕으로 삼아 나라의 꼴을 갖추고 싸움을 전개하기 위해서였지. 이들은 옛 백제 땅 여기저기서 663년까지 나당 연합군과 싸웠어. 그 결과 당나라는 백제를 멸망시키고도 아직 완전히 백제 땅을 지배하지 못했지. 하지만 잘나가던 부흥군은 내분이 생기면서 점차 힘을 잃게 되었어. 부흥군을 이끌던 복신과 도침 사이에 갈등이 생겨 복신이 도침을 죽이고, 복신은 부여풍에게 죽음을 당했지. 이런 와중에 백제 부흥군을 돕기 위해 파견된 일본군 수만 명이 백강전투에서 패하면서 백제 부흥 운동의 막을 내리게 되었단다.

이제 백제 부흥군을 이끌었던 또 다른 리더 흑치상지 장군 이야기를 해야겠구나. 흑치상지는 기골이 장대하고 지략이 뛰어나 계백 장군 이상으로 따르는 사람들이 많았다고 해. 그는 왕족 출신으로 원래 부여씨였는데 흑치 지역에 살게 된 이후 지역 이름을 따서 흑치씨로 성이 바뀌었대. 의자왕이 나당 연합군에 항복했을 때 그는 항복한 장수 신세가 되었어.

그런데 당나라 장수 소정방이 의자왕을 핍박하는 게 지나치고 당나라 병사들이 백제 민가를 노략질하는 것을 보고 분개해 백제 부흥 운동에 나서게 되었단다.

 흑치상지가 부하들을 이끌고 충남 예산 지방의 임존성에서 백제 부흥 운동의 깃발을 들자 열흘 만에 3만여 명이 그를 따라나섰다고 해. 이것만 봐도 흑치상지가 백제 사람들로부터 얼마나 큰 신망을 얻은 장수였는지 알 수 있겠지. 흑치상지가 이끄는 백제 부흥군은 백제 고을 2백여 성을 되찾을 만큼 큰 세력을 떨쳤어.

 그런데 그즈음 앞에서 말한 대로 주류성에 있던 복신과 도침과 부여풍 사이에 내분이 일어나 주류성이 함락되자 흑치상지 군대는 고민에 빠졌어. 그때 당 고종이 흑치상지가 지략이 뛰어나고 용맹하단 걸 알고 사람을 보냈지. 항복하고 당나라로 오라고. 흑치상지는 항복할 것인가 계속 항전할 것인가를 놓고 지수신과 의논을 했어. 의논 끝에 두 사람은 항복하기로 했단다.

 그 뒤로 지수신은 고구려로 망명했고 흑치상지는 당나라로 갔어. 그리고 얼마 뒤 흑치상지는 백제로 잠깐 돌아와 백제 부흥 운동군 잔존 세력을 진압했지. 바로 이 일 때문에 흑치상지는 우리 역사에서 그다지 좋은 평가를 받지 못해. 한때 백제 부흥 운동을 전개했지만 결국 그 부흥 운동 세력을 없애는 데 한몫했으니까. 그에 비해 계백은 5천 결사대를 이끌고 황산벌에서 장렬히 전사해 오늘날까지도 충절의 대명사로 칭송을 받고 있단다.

동양에선 장수가 싸움터에서 전사하는 걸 아름답게 여기는 전통이 있어. 화랑 관창이 임전무퇴 정신으로 백제군과 싸우다 전사한 걸 높이 사는 거, 김유신의 아들 원술이 전투에서 지고도 죽지 않고 살아왔다가 아버지한테 자식 취급 못 받은 것도 그런 이유에서야. 흑치상지도 그걸 알았겠지만 고민 끝에 그는 항복을 택했지. 망해 버린 나라의 장수로 더 이상 어떻게 해 볼 도리가 없어서 그런 선택을 했겠지만, 어쨌든 그는 그의 선택으로 우리 역사에서 배신자라는 오명을 쓰게 되었단다.

하지만 당나라에서 그는 성공한 장수였어. 당나라 장수가 된 흑치상지는 30년 동안 수많은 전투에 나서 단 한 번도 패하지 않을 만큼 뛰어난 활약을 펼쳤어. 특히 그는 678년 토번(티베트)과의 전투 때 토번군에 포위돼 전멸 위기에 처한 당군을 병사 500명을 이끌고 구출해 일약 당나라 스타 장수가 되었어. 그 후 돌궐과의 전투에서도 큰 공을 세워 당나라 안에서 칭송이 자자했단다.

그는 당 황제뿐만 아니라 부하들 사이에서도 신망이 두터웠다고 해. 중국 역사책에 그의 인품을 알 수 있는 대목이 기록돼 있어. '힘센 것을 자랑하지 않고, 자신을 잘 드러내지 않는다.'《삼국사기》에도 인자하고 덕이 많은 장수의 모습으로 기록돼 있지. 이런 일이 있었대. 하루는 어느 병사가 흑치상지의 말을 때렸대. 그러자 다른 부하가 흑치상지에게 그를 엄벌하라고 건의했대. 흑치상지는 "말도 소중하고 병사도 소중한데 사사로운 실수를 저질렀다고 병사를 때릴 수 없다."며 그 병사를 용서했다고 해. 흑치상지는 자기가 받은 상을 부하들에게 다 나눠 주어 남은 재산이 없었다는구나.

이런 거 보면 흑치상지는 장수가 갖추어야 할 3요소 중 지덕용(智德勇)을 모두 갖춘 장수였던 것 같아. 지덕용이 뭐냐고? 지략, 덕, 용기. 장수라도 이런 미덕을 다 갖추기가 쉽지 않은데 흑치상지는 당나라 장수로 참가한 모든 전투에서 단 한 번도 패하지 않을 만큼 지략과 용맹함을 갖췄고, 부하들의 신망이 두터웠으니 세 요소를 다 갖췄다고 할 수 있지.

이런 이유로 훗날 흑치상지는 당나라 7대 장수에 꼽혔어. 하지만 그러한 인기가 그의 목을 치는 칼날이 될 줄 누가 알았겠니. 당나라에서 어떤 자가 반란을 일으켰을 때였어. 흑치상지가 반란군을 진압하러 출정했는데 그를 시기하는 세력이 "흑치상지가 반란군에 가담했다."고 모함을 했어. 당나라를 다스리던 측천무후는 처음에 그 말을 믿지 않았어. 그런데 "흑치상지가 저렇게 전공을 올리는 건 백제가 망한 것에 복수를 하기 위함"이라는 등 자꾸 와서 모함을 해 대니까 결국 흑치상지를 옥에 가뒀어. 옥에 갇힌 흑치상지는 자신의 신세를 한탄했어.

"내가 고향 백제를 버리고 여기까지 와서 수많은 전투에서 공을 세웠건만 이런 누명을 쓰다니!"

결국 그는 옥에서 자결했다고 해. 묘지명에는 자결이라고 나오는데 중국 역사책에는 처형됐다고 달리 적혀 있어. 자결이든 처형이든 흑치상지는 백제를 다시 일으켜 세우기 위해 당군과 싸웠던 백제 장수에서 당나라에 항복한 배신자였다가 큰 공을 세우고도 억울한 누명을 쓴 채 비운의 삶을 마감한 장수였단다. 이쯤에서 나도 오늘 강의를 마감해야겠다.

✿

이야기를 마치고 토리에게 물었다.
"넌 역사가 뭐라고 생각하나?"
"뜬금없이 웬 역사? 뭐긴 뭐야. 사랑과 전쟁이라며?"
"그건 호동왕자와 낙랑공주 얘기할 때 한 말이고. 나는 영국의 역사학자 카 선생이 한 말대로 현재와 과거의 끊임없는 대화라고 생각한다. 그게 역사고 역사를 공부하는 이유이기도 하지. 난 말이다 흑치상지 이야기를 하면서 끊임없이 그와 이야기를 했단다. 순간순간 그가 선택한 길이 옳은 건지 그른 건지부터 조국 백제를 버리고 당나라 장수가 됐을 때 심정이 어땠을까, 억울한 누명을 쓰고 옥에 갇혔을 때 심정은 어땠을까, 그때 나라면 어떻게 했을까, 이런 생각을 하며 끊임없이 과거에 질문을 던지고 스스로 답을 찾지."
"그래서 답을 찾았어?"
"모르겠다. 찾기는커녕 점점 복잡해지는 것 같아. 비단 흑치상지뿐만 아니라 다른 역사 인물을 대할 때도 그런 질문을 하곤 하는데 역시 선뜻 답을 내긴 어려워. 이를테면 내가 계백이라면 그렇게 할 수 있었을까, 관창이었다면 죽을 줄 알면서도 나가 싸울 수 있었을까, 내가 이성계였다면 위화도 회군을 했을까, 멀리 갈 것도 없이 일제가 조선을 식민지로 삼았을 때 나라면 어떤 삶을 살았을까, 가족을 버리고 독립운동의 길을 걸었을까, 핍박을 당하면서도 어쩌지 못하고 쥐 죽은 듯 살았을까, 아니면 일제에 빌붙어 동포의 등에 칼을 꽂는 친일파가 됐을까, 등등. 그리고 지금 이 시대의 모순을 극복하는 데 나는 어떤 역할을 할 것인가, 뭐 이런 고민들을 하게 된다는 말이지."

"우왕! 아자씨 그렇게 안 봤는데 정말 대단해. 그런 거창한 고민을 하다니. 갑자기 아자씨 처음 본 날 내가 했던 말이 후회되네."

"뭐, 한심한 작가라고 한 거?"

"응. 역사 강의 안 해 주려고 뺀질거리기에 어린이 역사책을 15년 넘게 쓰고도 왜 여태 베스트셀러 하나 없는지 그 이유를 이제야 알겠다고 했잖아. 제대로 된 역사책을 쓰겠다는 소명 의식도 없이 영혼 없는 글쓰기만 해 댔으니 요 모양 요 꼴이라고. 베리베리 쏘리. 헤헤."

"됐다. 니킥 날려서 절 받기도 아니고. 네가 나를 어떻게 생각하든 상관없지만, 그날 너에게 납치돼서 역사 강의를 하게 된 게 내 인생 역사에서 어떤 의미가 있을까, 고민하긴 한다."

"고민할 거 없어. 아자씨 역사에서 빛나는 한 페이지로 기록될 거야. 물론 강의를 끝까지 완수한다는 전제하에. 안 그러면 아주 어두운 흑 역사가 되겠지."

"너 지금 나 협박하냐?"

"협박은 무슨, 말이 그렇다는 거지. 역사 강의 잘 마무리하면 나는 무사히 우리 별로 돌아가서 좋고 아자씨도 아들 지킬 수 있어 좋고, 형 좋고 형수 좋고, 안 그래?"

"참, 넌 아는 것도 많다. 근데 누이 좋고 매부 좋고야. 둘 다에게 좋은 일이라고 할 때 쓰는 말. 오늘은 여기서 마무리하자. 내일 신라 사람들 강의 마치면 삼국 시대와 통일 신라 시대 강의 마치는 거네. 참, 이 작가의 3분 생활사 특강 해야지. 오늘은 무슨 이야길 해 줄까?"

무덤으로 보는 삶

"그래, 그게 좋겠다."

토리가 궁금한 듯 바짝 다가서며 물었다.

"뭔데?"

"이제까지 삼국 시대 사람들이 산 이야기를 했으니까 그 반대 이야기를 해 볼까 한다."

"사람들이 산 이야기의 반대면 집 이야기? 바다 이야기? 아니면 판 이야기나 알칼리 이야기? 낄낄낄."

"아주 훌륭한 유머다."

"한국 오기 전에 최신 유행어랑 유모 좀 조사했지. 나 잘했지?"

"조사를 하려면 제대로 해야지, 어디서 쌍팔년도에 유행한 산토끼 반대말 개그를 하고 있어. 그리고 유모가 아니라 유머다. 유모는 젖 먹여 키워 주는 아줌마를 유모라고 하고. 농담 그만하고 본론으로 들어가자. 삼국 시대 사람들이 산 이야기의 반대는 죽은 이야기다. 구체적으로 말하면 삼국 시대 사람들의 죽음과 무덤에 관한 이야기. 그때 그 사람들이 죽으면 어디에 어떻게 묻혔는지, 왜 그렇게 큰 무덤을 만들었는지, 그걸 아는 게 어떻게 살았는지를 아는 것만큼 중요해. 그리고 무덤에서 발견된 물건들과 벽화를 통해서도 당시 사람들의 생각과 생활 풍습을 알 수 있으니 무덤을 알아보는 게 중요하고."

나는 숙연한 마음으로 삼국 시대 고분 이야기를 시작했다.

❀

토리야, 예나 지금이나 사람은 한 번 태어나면 반드시 죽는단다. 예외가 없어. 사람이 죽으면 지구인들은 그 시신을 땅에 묻거나 불에 태우는 식으로 장사를 지내지. 시신을 상자에 담아 땅에 묻고 돌과 흙을 덮어 놓은 걸 무덤이라고 해. 한자어로는 묘(墓), 왕들의 무덤은 능(陵), 오래된 무덤 중에서 출토 유물이나 벽화 등으로 지배 계층의 것이라 생각되는 무덤은 고분(古墳), 고분들 중에서 출토된 유물들로 봤을 때 왕이나 왕비의 무덤으로 추측되지만 어떤 왕의 무덤인지 확실치 않은 무덤은 고총 또는 총(塚)이라고 불러.

무덤이 언제부터 생겨났는지는 정확히 모르지만 한반도에서는 구석기인 무덤이 발견되지는 않았어. 무덤이 발견된 건 신석기 시대 이후부터야. 그런데 구석기인들의 무덤이 없다고 구석기인의 뼈가 없는 건 아니야. 한반도 여기저기서 구석기인 유골이 발견됐는데 가장 특이한 유골이 충청북도 청원에 있는 두루봉이라는 동굴에서 발견됐어.

그 유골은 동굴 안쪽 평평한 바위 위에 놓인 채로 발견됐어. 시신 위에는 꽃을 뿌린 흔적이 발견됐어. 그래서 구석기인들도 장사를 지낼 때 죽은 사람의 명복을 빌며 꽃을 뿌렸을 거라 얘기해. 물론 이건 어디까지나 지금을 살고 있는 우리의 생각일 뿐이지. 실제로는 꽃나무가 있는 장소에 시신을 묻은 건지, 우연히 꽃나무 아래였는지 정확히는 몰라. 진실이 무엇일지 한번 상상해 봐.

그곳에 묻혀 있던 주인공은 토리 너만 한 어린아이로 알려졌는데, 유골을 처음 발견한 사람의 이름을 따서 흥수아이로 이름 붙여 주었단다.

청동기 시대 사람들은 고인돌 무덤을 만들었어. 혹시 한반도 상공을 날아가다가 널찍한 바위를 돌기둥 위에 탁자처럼 얹어 놓은 걸 본다면 고인돌이라고 생각하면 돼. 탁자형 고인돌은 만주와 한반도 북부에 많이 분포해 있어. 고인돌은 탁자처럼 생긴 거 말고 바둑판처럼 생긴 것도 있어. 이런 고인돌은 전라도와 경상도에 많이 퍼져 있지. 특이한 건 청동기 시대 때 전 세계에서 고인돌이 세워졌는데, 전 세계의 40퍼센트가 한반도에 있다는 사실. 그래서 한반도를 고인돌 왕국이라 불러. 고인돌은 무게가 50톤이나 나가는 것도 있는데, 그렇게 큰 고인돌은 부족장의 무덤이라고 추정해. 하지만 벌판에 떼 지어 널려 있는 고인돌이 모두 부족장의 무덤이라고 볼 수는 없겠지. 아마 마을 공동묘지였을 거야.

이제 본론으로 들어가서 삼국 시대 고분 얘기를 해 보자. 철기 시대 이

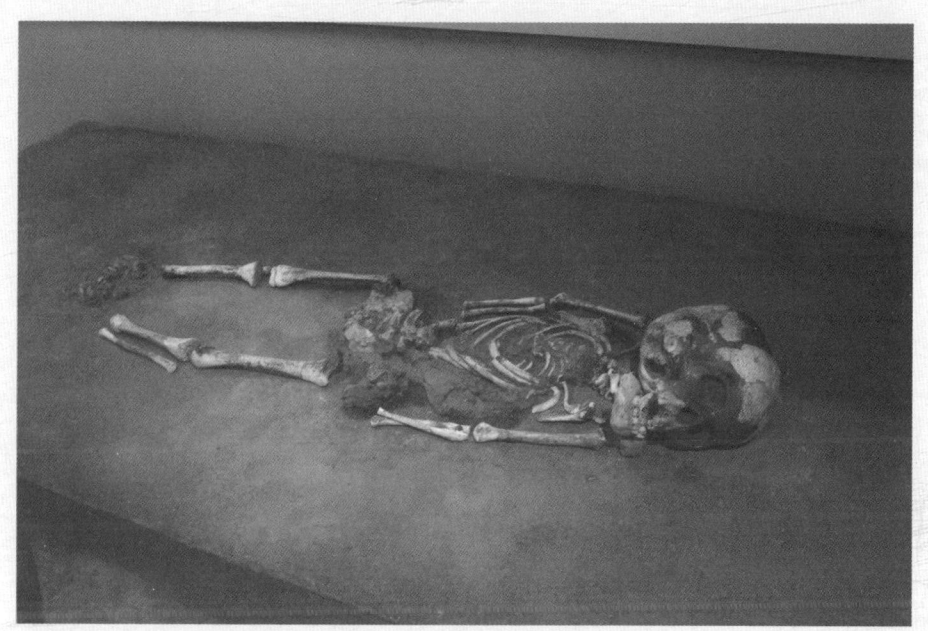

• 두루봉동굴에서 발견된 구석기 시대 유골 홍수아이. _ⓒ연합뉴스

후 그러니까 삼국 시대가 시작되면서 고분은 크기와 형태가 무척 다양해졌어. 내가 학교에서 역사를 배울 땐 이름도 어려운 무덤을 외우느라 고생 좀 했지. 옹관묘(독무덤), 석관묘(돌널무덤), 적석총(돌무지무덤), 적석목곽분(돌무지목곽분) 등등. 지금은 우리말로 바꿔서 부르는데 한번 들어 볼래? 시체를 넣는 상자를 '널'이라고 불러. 한자어로 관(棺)이라고 하지. 나무로 만든 관은 목관, 돌로 만든 관은 석관. 이 관을 안치하는 시설을 덧널, 한자어로 곽(槨)이라고 부른단다.

삼국 가운데 무덤을 가장 많이 남긴 나라는 고구려야. 지금도 고구려 수도였던 압록강 유역에 가면 고구려 무덤 1만 2천여 기가 있어. 그 수가 많기도 하지만 크기도 장난 아니게 커. 그 지역에 있는 장군총은 화강암을 다듬어 피라미드처럼 쌓아 올린 돌무지무덤(적석총)인데, 한 변의 길이가 약 32미터, 높이가 12미터에 달해. 엄청 크지? 하지만 너무 커서 발굴이 언제 끝날지도 모른다는 진시황의 아방궁이나 높이 140미터가 넘는 이집트의 피라미드에 비하면 장군총은 앙증맞은 수준이긴 하다만.

그나저나 고대 사람들은 왜 이렇게 무덤을 크게 만들었는지 궁금하지 않니? 청동기 시대 이후 사람들 사이에 평등 관계가 깨지면서 지배자들이 나타나고, 지배자들은 그들의 권위와 우월함을 과시하기 위해 일반인들과는 다른 무덤을 만들기 시작했어. 그리고 죽어서도 살았을 때처럼 누리며 살라고 큰 무덤 안에 무기와 그릇과 장신구와 농기구 등 여러 가지 껴묻거리를 함께 묻었지. 심지어 살아서 부리던 종들을 산 채로!

세월이 흐르면서 고구려 무덤은 돌무지무덤에서 굴식 돌방무덤으로 바뀌어 갔어. 이 무덤 안에 바로 고구려 문화 예술의 꽃으로 불리는 고분 벽화가 그려져 있지. 고분 벽화는 말 그대로 고분 안쪽 벽에 그린 그림이야. 고분 벽화는 말이다, 그 자체로 훌륭한 미술품이기도 하지만, 당시 사람들의 생활 풍습과 생각을 알려 주는 아주 중요한 역사 자료란다. 벽화 안에 집이며 옷이며 먹을거리며, 탈것, 무기, 그리고 춤추고 서커스 하는 모습, 씨름하는 모습, 사냥하는 모습 등 고구려인들이 어떻게 살았는지 아주 생생하게 묘사돼 있어. 아마 고분 벽화가 없었다면 당시 고구려인의 삶을 반도 이해하지 못했을 거야.

　백제와 신라에서는 나무로 관을 짜고 나무로 안치 시설을 만든 널무덤과 덧널무덤이 유행했어. 물론 고구려처럼 돌무지무덤도 있었고. 신라는 나라 형태를 제대로 갖추기 시작한 4세기 이후 큰 무덤을 만들기 시작했는데 지배자의 무덤 안에 화살촉이나 칼, 창, 갑옷, 투구, 장신구들을 껴묻었지. 국력이 강해진 5세기 이후에는 수도 중심부의 너른 평야에 커다란 무덤을 많이 만들었어. 지금도 경주에 가면 황남대총이나 금관총 등 구릉처럼 높은 무덤을 흔히 볼 수 있단다. 하지만 신라도 세월이 흐르면서 고구려처럼 굴식 돌방무덤으로 바뀌어 갔는데, 그 까닭은 괜히 무덤 만드는 데 인력과 물자 낭비하지 말자, 이런 생각 때문이었대.

　백제 무덤 가운데 아주 특이한 무덤이 하나 있어. 제25대 왕인 무령왕릉인데, 이 무덤 양식은 삼국의 양식과는 다르게 꽃무늬 벽돌로 만든 아치형 무덤이야. 무령왕릉이 왜 이렇게 다른가 알아보니 이유가 있었어. 무령왕릉 양식은 당시 중국 남조에서 유행하던 무덤 양식이었어. 이걸 볼 때 당시 백제와 중국 남조 사이에 활발한 교류가 있었다는 사실을 알 수 있지. 관에 쓰인 목재는 금송인데 일본에서만 자라는 소나무래. 이 역시 당시 백제와 일본이 활발하게 교류했다는 사실을 알려 준단다. 백제 중흥의 역사적 사명을 갖고 왕이 된 성왕은 아버지 무령왕의 무덤을 이처럼 화려하게 국제적인 양식으로 꾸며 백제 중흥을 대내외에 과시한 것 같아.

무령왕릉 현실 내부

꽃무늬 벽돌을 이용해 아치형으로 만들어져 있는 무령왕릉 내부는 당시 중국 남조의 무덤 양식을 받아들인 것이다. 위쪽에 있는 금제 장식과 아래쪽 청동 거울은 왕릉에서 출토된 유물들이다. ⓒ 연합뉴스 이제 삼국의 무덤 가운데 가장 독특한 무덤 하나 소개하고 마쳐야겠다. 신라의 무덤인데, 이 무덤은 땅이 아니라 바다에 만들었어. 삼국 통일을 완성한 문무왕의 무덤이야. 문무왕은 죽을 때, 내가 죽거든 화장을 해서 동해 바다에 묻으라고 유언했대. 죽어서 동해 용왕이 되어 왜구 침입을 막겠다고. 그래서 그런지 문무왕 이후 신라는 왜구 침입을 거의 받지 않았대. 끝!

"아자씨 죽으면 어디에 묻히고 싶어?"

"글쎄다, 한 줌의 재가 되어 푸른 지구가 내려다보이는 우주에 뿌려지고 싶다고나 할까. 음하하."

"알았어. 그럼 내가 아자씨 죽을 때 다시 와서 아자씨 소원대로 해 줄게."

"네가 여길 뭐하러 다시 와. 그리고 어떻게 내 소원을 들어준다고 그래."

"이거 왜 이래. 나 토리야. 한다면 하는, 외계 소년 토리."

"알았다. 알았고, 그 얘긴 그만하자. 죽는 얘기하니까 갑자기 심란해진다. 내일은 마지막으로 신라와 통일 신라 사람들이 살아간 이야기하자. 강의 듣느라 수고했다."

나는 그렇게 생활사 3분 특강을 마무리했다.

다섯째 날

신라인 이야기

첫 번째 이야기   이차돈은 순교자인가 희생양인가
두 번째 이야기   원효는 거칠 것이 없다
세 번째 이야기   신라 천재 최치원의 좌절
네 번째 이야기   장보고, 청해진을 부탁해!
판타스틱 생활사 3분 특강   서라벌 사람들

첫 번째 이야기

이차돈은 순교자인가 희생양인가

삼국 시대와 통일 신라 시대 강의 마지막 날 아침. 이번 주 마지막 강의라고 생각하니 알 수 없는 뿌듯함이 느껴졌다. 어제나 그제처럼 오늘도 토리는 성실한 학생처럼 다소곳이 앉아 있었다.

"토리야, 잘 잤냐?"

토리에게 아침 인사를 건넸다.

"응. 아저씨도 잘 잤어?"

"그래. 잘 잤다. 오늘은 말랑말랑하고 재미있는 이야기를 해 줄게. 내가 전에 프랑스, 독일, 이탈리아, 영국 같은 유럽의 여러 나라를 여행한 적이 있는데 다니면서 느낀 게 뭔지 아냐?"

"글쎄, 난 모르지."

"유럽 사람들은 기독교 문화에 푹 빠져 있구나, 하는 것이었다. 수많은 성당과 그림들, 기독교 절기에 맞춰진 휴일들을 보니 절로 그런 생각이 들더라. 물론 서구인들 문화 속엔 기독교뿐만 아니라 그리스의 문화가 밑에 깔려 있지만 말이다."

"말랑말랑하고 재미있다더니 별로네."

"성질도 급하긴. 우리나라는 어떨까? 3분 생활사 특강에서도 얘기했다만 우리는 불교가 그런 구실을 했다. 여기에 중국에서 들어온 유교가 합쳐져 우리의 고유한 생활문화를 만들어 냈지. 마치 서양에서 기독교와 그리스 문화가 잘 버무려진 것처럼 말이다."

"여전히 별로야. 오늘은 아자씨답지 않게 강렬하지도 않고 반전도 없고 재미도 없어. 실망이야."

"반전? 시작도 안 했는데 무슨 반전이야."

"다 아자씨 덕분에 눈높이가 높아져서 그렇지 뭐."

"알았다. 강렬하게 본론으로 들어가겠다. 불교를 순탄하게 받아들인 고구려나 백제와 달리 신라는 아주 큰 홍역을 치른 뒤에 불교를 받아들였어. 지금부터 그 얘길 해 줄게."

나는 자신의 목숨과 불교를 바꾼 이차돈 이야기를 들려주었다.

지증왕에 이어 왕위에 오른 법흥왕(재위 기간 514~540)에게는 한 가지 소원이 있었어. 불교를 받아들여 강력한 왕권을 확립하는 것이었지. 법흥왕은 소원을 이루기 위해 왕이 되자마자 절을 지어야겠다고 마음먹었어. 그러자 왕의 뜻을 안 신하들이 일제히 반대하고 나섰어.

"절은 무슨 절. 머리 깎고 돌아다니며 백성들 미혹시키는 종교 받아들일 생각 말고 정치나 잘하시지."

신하들 말로 보아 그때 이미 신라에도 불교가 전해져 일부 사람들이 불교를 믿고 있었던 모양이야. 하지만 국가가 나서서 종교를 인정하겠다고 하자 그렇게는 안 된다며 반대를 한 거야. 왜냐하면 신라에는 아주 오래 전부터 내려오는 민속 신앙이 있었거든.

법흥왕은 귀족들 반대 때문에 불교를 받아들이지 못하는 자기 신세를 한탄했어. 그런 법흥왕 앞에 이차돈이라는 젊은 신하가 나타났단다.

"신이 듣건대 옛날 사람들은 꼴을 베는 나무꾼에게도 계책을 물었다 하옵니다. 큰 죄를 무릅쓰고 여쭈고자 합니다. 어떤 근심이 있는지 신에게 말씀해 주십시오."

"사인이 할 만한 일이 아니다."

사인은 왕이나 중앙 관리를 받드는 벼슬을 말해.

그러자 이차돈이 한 번 더 왕에게 말했지.

"나라를 위해 몸을 바치는 것은 신하의 큰 절개이며, 임금을 위해 목숨을 바치는 건 백성의 의리입니다. 왕께서 부처님의 가르침을 신라에 전하려는 것이 어려워 그러시는 줄 제가 압니다. 감히 청하건대 거짓된 말을 전한 죄로 신을 처형하시면 모두 복종하여 감히 왕의 명을 어기지 못할 것입니다."

"그 무슨 당치도 않은 소리인가. 과인이 불교를 전하고자 함은 백성을 이롭게 하고자 함인데 어찌 죄 없는 사인을 죽이겠는가. 안 된다."

이차돈도 물러서지 않았어.

"목숨보다 소중한 것이 어디 있겠습니까. 신 또한 그 점을 잘 알고 있습니다. 그러나 소신이 저녁에 죽어 불교가 아침에 행해진다면 왕께서는 영원토록 편안할 것이며 저 또한 기쁠 것입니다. 허락해 주십시오."

이차돈의 거듭된 요청에 법흥왕은 결정을 하지 못한 채 깊은 고민에 빠졌단다.

그 일이 있고 얼마 뒤, 귀족들이 신성하게 여기는 숲에서 이상한 공사가 벌어졌어. 일꾼들이 신령한 숲 속의 나무들을 마구 베어 내고 있었지. 귀족들이 그 소식을 듣고 숲으로 달려갔어. 귀족들은 대대로 신께 제사를 지내는 신령한 숲이 엉망이 되는 것을 보고 공사를 지휘하는 이차돈에게 소리쳤어.

"당장 멈추어라. 그대는 누구의 명으로 이런 엄청난 일을 하고 있는 것인가?"

이차돈이 귀족에게 말했어.

"저는 지금 왕의 명으로 나무를 베고 터를 닦고 있는 중입니다."

"뭐라? 왕명으로? 도대체 왕은 무슨 생각으로 신령한 나무를 베라고 했단 말인가?"

"왕께서 제게 이르시길 이곳에 큰 절을 세우라 하셨습니다."

귀족들은 그길로 법흥왕에게 달려가서 말했어.

"지금 신성한 숲에서 어떤 일이 벌어지는지 아십니까? 젊은 사인 하나가 절을 짓겠다며 신령한 숲을 뒤집어 놓고 있습니다. 왕의 명이라면서요."

"그게 무슨 말인가? 과인의 명이라니. 그자가 대체 누구인가?"

"이차돈입니다."

"이차돈? 그자를 당장 잡아들여라."

이차돈은 손이 묶인 채 왕 앞에 끌려왔어. 법흥왕이 이차돈을 꾸짖었지.

"네가 감히 내 명을 빙자하여 그릇된 일을 꾸몄더냐? 여봐라. 지금 당장 이차돈의 목을 베어라!"

뜰 안 분위기가 살벌해졌단다. 이차돈을 고발한 신하들조차 임금이 좀 세게 나온다 싶을 정도로. 하지만 이미 처형 명령이 내려진 뒤여서 누구도 이차돈을 변호해 주지 못했어. 그때 이차돈이 고개를 들어 왕에게 말했어.

"제가 지금 죽으면 반드시 부처님의 큰 기적이 일어날 것입니다."

이차돈의 말이 끝나자 처형 담당인 옥사정이 칼을 들어 이차돈의 목을 단칼에 내리쳤단다. 그러자 아주 놀라운 일이 벌어졌어. 이차돈의 목에서 나온 흰 젖이 한 길이나 솟구쳐 오르고, 잘린 목이 저 멀리 산으로 날아가고 땅이 흔들리며 꽃비가 내리고, 하늘이 어두워지면서 태양이 빛을

감추고 샘물이 말라 물고기와 자라가 앞다투어 튀어 오르고, 곧은 나무가 부러져 원숭이들이 떼를 지어 울어 댔어.

이 모습을 본 법흥왕이 몹시 슬퍼하며 눈물을 쏟자, 그 눈물이 용포를 적시고 여러 신하들은 그 모습을 보고 얼굴에 근심이 가득하여 머리에 쓴 사모에 땀이 흠씬 배었어. 이차돈이 말한 기적을 본 신하들은 책망을 받을까 두려워 모두들 왕께 말했지.

"개자추가 허벅지 살을 벤 것도 이차돈의 뼈아픈 절개에는 비교할 수 없습니다."

"그렇습니다. 홍연이 배를 가른 것도 어찌 사인의 장렬함에 견줄 수 있겠습니까?"

개자추는 춘추 시대 진나라 사람으로 진나라 왕 문공의 망명길에 동행하며 굶주린 문공에게 자신의 허벅지를 베어 먹게 한 사람이고, 홍연은 춘추 시대 위나라 사람으로 적들이 위나라를 공격하여 주군인 의공을 죽여 살을 다 파먹고 간만 남겨 놓았을 때 자신의 배를 갈라 의공의 간을 배 속에 넣고 죽은 사람이야.

신하들이 개자추와 홍연을 들어 이차돈을 성스런 사람으로 치켜세운 뒤 이차돈의 머리가 날아간 곳을 찾아 그곳에서 장사를 지내고 절을 세웠다고 해. 이차돈의 기적이 있은 뒤 불교는 비로소 신라에서 공인을 받아 크게 번성했단다.

여기까지 이야기를 마친 내가 토리에게 물었다.

"어떠냐, 이차돈의 기적과 신라 불교 이야기."

"어떻긴 뭐가 어때? 흰 젖 솟구치고 꽃비 내리고, 강렬하다 못해 눈 튀어 나오겠어. 근데 반전은 좀 없는 거 같은데."

"너는 이차돈이 정말 자기 맘대로 왕명을 거짓으로 꾸며서 신령한 숲의 나무를 베었다고 생각하냐?"

"그러게. 이차돈이 왜 그랬는지 생각을 못 했네."

"바로 그거야. 그날 법흥왕과 이차돈이 대화를 나누던 날, 어떤 합의가 있었던 거지. 이차돈이 자기를 희생해 불교를 꽃피우겠다고 하자, 차마 허락하지 못하겠다던 법흥왕이 결국 허락을 한 거야. 그리고 나서 절을 짓는 작전에 들어간 거고. 어때?"

"우왕! 이토록 놀라운 반전이라니. 그럼 이게 다 각본 있는 드라마였단 얘기네."

"그렇지. 각본 감독 법흥왕, 주연 이차돈.《삼국유사》에 이차돈 이야기를 소개한 일연은 이렇게 말했다. '아, 이런 임금이 없었으면 이런 신하가 없었을 것이고, 이런 신하가 없었으면 이런 업적을 이루지 못했을 것이니, 법흥왕과 이차돈의 만남은 유비라는 물고기가 제갈량이라는 물을 만난 것과 같으며, 구름과 용이 서로 감응하는 것처럼 아름다운 일이다.' 법흥왕과 이차돈의 조합은 한마디로 지구를 지키기 위해 뭉친 어벤저스 이후 최고의 조합이라는 거야."

"어벤저스는 또 뭐야?"

"있어. 아이언맨, 캡틴 아메리카, 헐크, 토르, 호크 아이처럼 마블에 소속된 지구 용사들. 우리 지구인들은 얘네 덕분에 외계인 침입 걱정 안 하고 단잠을 이룬단다. 너도 지구 오다가 봤을 수도 있는데. 궁금하면 다운 받아봐. 자, 오늘은 신라에 불교가 전해지는 데 무척 힘들었다는 이야기를 했다. 값진 희생 덕분이었는지 몰라도 삼국 가운데 가장 늦게 불교가 전해진 신라에서 가장 화려에게 불교의 꽃이 피어났지. 이번 시간은 여기까지 할까."

그렇게 강의를 끝내려는데 토리가 손을 들며 외쳤다.

"질문! 근데 지구인들은 다 종교가 있어?"

"왜? 너네 별엔 종교 없냐? 하나님이나 부처님, 공자님, 예수님 이런 분 안 믿어?"

"우린 그런 분 없는데. 우린 우리 서로를 믿어."

"서로를 믿는다? 흠. 우리 지구인 중에도 무신론자들 많다. 신이란 인간이 만들어 낸 상상의 산물이다, 이렇게 말한 독일 철학자도 있고, 신은 죽었다고 말한 철학자도 있다. 또 신은 죽은 게 아니라 애초에 없었으며 인간의 공포와 절망감에서 비롯된 발명품이라고 말한 인도 명상가도 있다. 그럼에도 지구인들은 깨달음과 구원을 얻기 위해 신께 의지하지. 종교 이야기하려면 하루 종일 해도 모자라니까 그 이야기는 이쯤 하고 마치자. 오케이?"

"안 오케이!"

"또 뭐야? 토리, 뒤끝 있네."

"아자씨는 종교가 뭐야?"

"음, 있었는데 며칠 전에 개종했다."

"왜? 무슨 종교로?"

"토리교로. 난 네가 하늘에서 강림하신 신 같다. 하하하."

두 번째 이야기
원효는 거칠 것이 없다

이차돈 이야기를 다 마쳤는데도 토리가 뭔가 모르겠다는 표정으로 나를 바라보았다. 내 얘기가 재미없었나?

"그건 아니고……."

"에구, 깜짝이야! 사람 속 좀 그만 들여다봐. 무슨 생각을 못 하겠네."

"토리교로 개종했다는 말이 무슨 말인지 모르겠어."

"아, 그거? 농담이야, 농담. 토리교란 건 그냥 해 본 말이고 실은 토리 네가 비행접시 타고 내 앞에 나타난 이후 인간과 과학, 과학과 종교 이런 걸 다시 생각해 보게 됐다. 천국과 극락정토는 우주 어디에 있는지 원."

"그래서 그런 농담을 한 거야?"

"이 아저씨가 널 좋아한다는 뜻이니까 너무 마음 쓰지 마라. 처음 널 봤을 땐 이 일을 어떡하나 걱정했는데, 마음을 비우니까 조금 편해지더라. 그래서 그분이 이런 말씀을 하셨나 봐. 모든 건 마음먹기 달렸느니라."

"그분이 누군데?"

"원효대사. 우리나라 불교 역사에서 이분 빼놓으면 쓰러진다. 아니, 어쩌면 우리 역사 전체에서 가장 위대한 사상가요 철학자요 실천가라고 할 수 있다."

"그럼 김춘추나 김유신이나 광개토대왕보다 훌륭한 분이야?"

"로봇 태권브이랑 소크라테스랑 누가 더 훌륭하냐는 것 같구나. 활동 분야가 달라서 누가 더 훌륭하다고 말하긴 힘들어. 하지만 원효는 큰 깨달음과 방대한 저술 활동으로 한국 불교를 빛낸 분이다."

"우왕! 그렇게 훌륭한 사람이 있다니 무척 궁금한데?"

"궁금하지? 원효가 어떤 사람이고, 왜 원효를 우리 역사에서 가장 위대한 사상가라고 하는지 그 이유를 알려 주겠다."

650년. 당나라 유학길에 오른 두 승려가 있었단다. 당시 신라에서는 불교를 연구하기 위해 당나라로 유학을 가는 게 큰 유행이었어. 요즘 너도 나도 미국으로 유학 가는 것처럼. 유학길에 오른 두 사람은 배를 타기 위해 당항성 포구를 향해 걸어갔어. 당항성 근처에 이른 두 사람은 배를 구하던 중 큰 폭우를 만났어. 날은 저물고 비는 내리고, 두 사람은 하는 수 없이 길가 토굴에서 하룻밤을 묵어가기로 했지.

두 사람은 원효(617~686)와 의상(625~702) 스님이었어. 나이는 원효가 여덟 살 위였지만 둘은 신라에서 불교 공부를 함께한 도반이야. 도반? 함께 불도를 닦는 벗이라는 뜻이야. 두 사람은 아늑한 토굴에서 이런저런 이야기를 나누며 밤을 보냈지. 어쩌면 얼마 전 요동에서 있었던 일을 이야기했는지 몰라. 무슨 얘기냐고?

얼마 전 두 사람은 육로를 따라 당나라 유학길에 올랐다가 신라 스파이로 오해를 받아 고구려 국경 수비대에게 추방당한 일이 있었어. 삼국 시대 때는 스님들이 곧잘 첩자 노릇을 했어. 엊그제 이야기했던 개로왕과 고구려 승려 도림 이야기 기억나지? 그래서 원효와 의상도 그런 오해를 받고 고구려 땅에서 쫓겨났던 거야. 원효와 의상은 그때 얘기를 하면서 이번에는 꼭 당나라 유학에 성공하자고 다짐했겠지.

그런저런 이야기를 나눈 두 사람은 잠을 달게 잔 뒤 일어났어. 원효가 단잠에서 깨어나 눈을 떴을 때, 토굴 안에는 끔찍한 풍경이 펼쳐져 있었어. 해골과 사람 뼈가 널브러져 있고 부서진 관이 흩어져 있었어. 토굴은 무너진 무덤이었어. 깜짝 놀란 두 사람은 당항성으로 가기 위해 서둘러 무덤을 빠져나왔지. 그런데 글쎄 폭우가 그치질 않고 주룩주룩 내리지 뭐니. 길은 진창이고 비는 앞길을 가리고, 두 사람은 하는 수 없이 그 토굴, 아니 무너진 무덤에서 또 하룻밤을 묵게 되었단다.

밤이 되어 잠을 자는데 꿈에 온갖 귀신들이 나타나 원효를 괴롭혔어.

원효는 밤새 악몽에 시달리다 새벽녘에 깨어났어. 그러다가 불현듯 한 가지 깨달음을 얻었지.

'첫날 무덤인 줄 모르고 잘 때는 그렇게 잠이 달더니 무덤이란 걸 알고 나니 온갖 귀신에 시달렸구나. 세상만사가 내 마음먹기에 달렸다. 일체유심조(一切唯心造)!'

부처가 나이 35세 때 보리수 아래서 깨달음을 얻은 것처럼 원효는 나이 34세에 무덤에서 잠을 잔 뒤 깨달음을 얻은 거야. 원효의 깨달음에 관해 또 다른 전설이 있어. 원효가 한밤중에 목이 말라 손에 잡히는 대로 바가지에 고인 물을 마셨는데, 그 물맛이 감로수처럼 달았대. 아침에 깨어 보니 그 물은 해골 물이었어. 원효는 역겨움을 이기지 못하고 다 토해 내다가 문득 깨달았대. '어제는 그렇게 달더니 해골 물인 줄 알고 나니 이렇게 역겨울 수가!' 똑같은 물인데 마음먹기에 따라 감로수가 되기도 하고 해골 물이 되기도 한다는 걸 깨달은 거지.

깨달음을 얻은 원효가 의상에게 말했어.

"진리가 당나라에 있다면 그것이 왜 신라에는 없겠는가. 나는 당나라에 가지 않겠네."

나는 당나라에 가지 않겠네! 멋진 말이지? 이미 깨달음을 얻었으니 당나라 유학 따윈 아무 의미가 없다는 거야. 원효는 독하게 독학하기로 결심하고 지금의 경주인 금성으로 돌아왔어. 그러고는 원효라는 이름 두 자를 금성에서 찬란하게 빛내기 시작했지. 문제는 이름을 빛낸 방식이 좀 독특했다는 거. 어떤 방식이었냐고?

당시 금성에서는 당나라 유학을 다녀온 승려들이 큰 절에 머물면서 왕실과 귀족을 위한 포교 활동을 했어. 왕실은 불교를 통치에 이용하고, 불교는 그런 왕실과 협력해 불교를 발전시켜 나갔지. 그런 와중에 좀 다른 방식으로 부처님 말씀을 전하는 승려가 있었어. 혜공과 대안 스님이야. 이 스님들은 저잣거리에서 삼태기를 메고 춤을 추거나 구리 그릇을 두드리며 부처님 말씀을 전했어.

원효는 바로 이런 비주류 아웃사이더 승려들과 어울려 중생 제도에 나섰어. 중생 제도가 뭐냐고? 고통의 바다에서 헤매는 모든 중생을 구원의 열반에 이르게 한다는 말이야. 원효는 그들보다 한발 더 나갔어. 술집과 기생집에 드나들며 술을 마시고, 사당에서 거문고를 타며 노래를 부르고, 일반인 집에서 잠을 자고, 그러다 어떨 땐 조용히 앉아서 참선하다가 불경을 해석하기도 하고, 도무지 어디로 튈지 모르는 럭비공 같았지. 당나라 유학을 포기한 좌절감 때문이었는지, 아니면 큰 깨달음을 얻은 자의 창조적 파괴 행위였는지 모르지만, 한 가지 확실한 건 당시 승려들이 지켜야 할 계율을 모두 깨뜨렸다는 사실이야. 하지만 원효의 이런 기이한 행동도 자루 없는 도끼 사건에 비하면 새 발의 피란다.

여기까지 말한 뒤 이야기를 잠시 멈췄다. 토리가 살짝 눈을 찡그리며 말했다.

"으이씨! 좀 재밌을 만하면 끊고. 아자씨 너무하네. 자루 없는 도끼 사건이 뭔데?"

"스님으로선 해서는 안 될 일을 벌였다. 거칠 것이 없는 무한 질주랄까?"
나는 다음 이야기를 이어 갔다.

그러잖아도 이상한 스님이라는 소릴 듣던 원효가 하루는 진짜 이상한 노래를 불렀어.

"누가 자루 없는 도끼를 빌려 준다면 내가 하늘을 떠받칠 기둥을 베어 오련만."

사람들은 이 노래가 뭘 뜻하는지 알지 못했어. 아마 백제 청년 서동이 신라에 와서 선화공주를 꾈 때 부른 〈서동요〉처럼 쉬웠다면 금방 알아들었을 텐데 말이야. 이 대목에서 〈서동요〉 한번 부르고 갈까? 토리 네가 비트박스 넣고. 알았다, 알았어. 안 할게.

원효가 부른 노래는 〈서동요〉보다 훨씬 풍부한 비유를 내포하고 있지만 뜻은 간단해. 자루 없는 도끼는 임자 없는 과부를 뜻하고, 하늘을 떠받칠 기둥을 베겠다는 건 나라에 큰일을 할 아들을 낳고 싶다는 뜻이야.

보통 사람들은 이 노래를 알아듣지 못했지만, 단 한 사람 태종 무열왕 김춘추는 그 노래의 뜻을 알아챘어. '원효대사가 과부를 얻어 훌륭한 아이를 낳고 싶다는 거로군!' 그래서 원효를 과부가 된 자기 딸과 엮어 줘야겠다고 생각했지. 왕의 명에 따라 신하들이 원효를 찾아 나섰는데, 때마침 원효가 요석궁 근처 시냇가를 지나다가 다리에서 떨어져 물에 빠져 있었지 뭐야.

신하들이 원효를 요석궁에 데리고 가서 옷을 말린다, 어쩐다 부산을 떨더니 급기야 원효와 요석공주가 사랑을 나누고 얼마 뒤 공주가 아들을 낳았어. 원효와 요석공주 사이에서 태어난 이 아이가 신라 유학의 아버지라고 불리는 설총이란다.

원효와 요석공주의 만남은 파격을 넘어선 것이었어. 스님이 여인과 사랑을 나눠 아이를 낳은 것도 놀랍고, 골품 제도라는 꽉 막힌 신분 제도가 있는 신라에서 6두품인 남자가 그보다 신분이 높은 왕족의 여자와 결혼을 한다는 건 도무지 신라인 상식에 맞지 않는 일이었지. 1백여 년 전 고구려에서 바보 온달이 평강공주와 결혼해 고구려 스타가 되었다면 신라에서는 원효가 요석공주와 혼인해 스타 중의 스타, 킹짱왕이 된 거야.

그 일이 있은 후 원효는 무엇에도 얽매이지 않았어. 진짜 자유인으로 살기 시작했지. 먼저 입고 있던 승복을 벗어던지고, 아니, 그러니까 발가벗고 다녔다는 게 아니라 승복 대신 속세 사람들이 입는 옷을 걸쳤다는 말이야. 그러고는 스스로를 낮추어 소성거사라 불렀어. 거사는 속세 사람처럼 살면서 부처님 말씀을 전하고 실천하는 사람을 말해. 소성거사 원효는 장터에서 광대들이 표주박 모양의 박을 가지고 다니는 걸 보고는 그 모양을 따라 도구를 만들어 그것을 두드리며 노래를 불렀어. "일체에 걸림이 없는 사람은 한 번에 생사를 벗어난다." 이런 노래를.

이 노랫말은 원효가 가장 소중히 여겼던 〈화엄경〉이라는 불경에서 따온 구절인데, 일체에 걸림이 없다는 뜻에서 〈무애가〉라고 불렀지. 원효는 왕실과 귀족을 위해 복을 빌며 큰 절에서 편안한 삶을 누리는 승려들과 달리 저자에서 〈무애가〉를 부르고 춤을 추며 뽕나무 농사짓는 늙은이와 옹기장이와 무지한 사람들에게 누구나 나무아미타불만 외치면 부처가 될 수 있다고 가르쳤어. 왕실과 귀족의 전유물인 불교를 신라 대중들에게 파격적인 방법으로 전파한 거야.

거칠 것 없는 행동과 기이한 포교 방식 때문에 원효는 신라 제일의 스타 승려가 되었어. 하지만 불교 교단에선 왕따를 당했지. 아니, 왕따가 아니라 승려 자격을 박탈당할 정도였어. 그래서 왕이 지도층 승려 100명이 참석하는 법회를 주최해서 원효를 모시려 했을 때, 승려들이 왕에게 원효는 절대 참석시키면 안 된다고 하는 바람에 원효는 참석하지 못했어. 그런 일이 있은 뒤 지방에서 저술 활동을 하던 원효에게 일대 반전의 기회가 찾아왔으니, 그것은 바로 〈금강삼매경〉 강의 이벤트였단다.

〈금강삼매경〉 강의 이벤트가 뭐냐고? 어느 날 왕비 머리에 종기가 났어. 왕이 왕비의 병을 고쳐 주려고 무던히 애썼지만 백약이 무효였어. 그러던 중 한 무당으로부터 다른 나라에서 약을 구하면 나을 수 있다는 말을 들었어. 왕은 사자를 보내 약을 구해 오게 했지. 그런데 사자가 뱃길로 약을 구하러 가다가 바다에서 용왕을 만났어. 용왕은 사자의 사연을 듣더니 부처님 말씀이 적힌 〈금강삼매경〉을 주면서 말했단다.

"금성에 있는 승려 대안에게 이것을 주고 그 책을 잘 편집해서 원효에게 강의하게 하면 왕비의 병이 나을 것이다."

사자가 돌아와 대안 스님에게 경전을 주자 대안이 순서에 맞게 편집을 해 주었단다. 그러면서 반드시 원효에게 강의를 하도록 해야 한다고 못 박았지. 왕이 원효를 불렀어. 원효는 소가 끄는 수레를 타고 금성으로 오면서 경전을 풀이하기 시작했어. 그렇게 5일 만에 〈금강삼매경〉 풀이를 마치자 왕이 황룡사에서 직접 강의를 해 달라고 부탁했어. 그런데 원효가 지은 경전 풀이집을 어느 도둑놈이 훔쳐갔어. 아마 전에 100인 법회 때 원효를 참석 못 하게 했던 그 스님 집단이 시킨 짓이었겠지. 그러자 원효는 다시 거침없는 문장으로 단 3일 만에 풀이를 마쳤어. 그리고 드디어 왕과 왕비와 신하와 승려와 수백 명의 신도들이 구름처럼 모여 있는 황룡사 법당에서 〈금강삼매경〉 강론을 펼쳤단다. 원효가 그들을 보며 열변을 토하는데 흐르는 물처럼 도무지 막힘이 없었지. 마침내 원효가 강론을 마치며 말했어.

"지난날 백 개의 서까래를 고를 때는 비록 끼지 못했지만, 이제 대들보 하나를 놓는데 나 혼자만 할 수 있구나!"

원효가 기염을 토하며 승려들을 꾸짖자 참석했던 승려들이 모두 얼굴을 숙이며 부끄러워했다고 해. 황룡사에서 펼쳐진 〈금강삼매경〉 강론 이벤트를 계기로 원효는 신라 불교계의 중심으로 화려하게 복귀했어.

원효가 위대한 건 파격과 기이한 행동 때문만은 아니야. 그는 죽는 날까지 수많은 책을 지었어. 원효가 지은 책이 1백여 종 240여 권 정도 된다고 하는데, 현재는 20권이 전해 온대. 지은 책이 하도 많아서 오늘날에도 발견되고 있는 중이래. 원효 사상은 우리나라뿐 아니라 중국, 일본, 인도에까지 알려져 있고, 우리나라에 원효를 연구하는 논문만 1천여 편에 이른대. 그만큼 원효가 동서고금의 연구 대상이라는 거겠지. 이상!

이야기를 마치고 내가 물었다.

"원효에 대해 좀 알겠냐?"

토리가 대답했다.

"모르겠다."

"잘났다. 나비 같은 그분의 높은 뜻을 어찌 한낱 애벌레 같은 우리 중생들이 알겠냐. 하지만 어렵더라도 이것만은 알아 둬라. 원효가 말하려고 했던 건 마음이다. 마음먹기에 따라 자유가 되고 구속이 되고, 감로수가 되고 해골 물이 되고, 아늑한 잠자리가 되고 무덤이 된다는 것. 더러움과 깨끗함도 자기 마음먹기에 달렸다는 말씀. 하!"

"더 모르겠다."

어떻게 설명을 해야 하나? 나는 고민 끝에 내 손등에 침을 퉤 뱉었다가

쪽 빨아 먹었다. 토리가 기겁을 했다.

"이 지구인이! 지금 뭐 하는 거야, 더럽게?"

"내가 뱉은 침은 방금 전 내 입안에 있던 거다. 입안에 있을 땐 전혀 더럽다는 생각을 못 했지만 입 밖으로 내뱉었을 땐 더럽다고 생각하지. 하지만 그 침은 같은 침이다."

"왜? 아주 몸 안에 있는 똥을 싸서 다시 집어넣어 보시지? 그 똥이 그 똥이라면."

"이 더러운 외계 소년을 봤나. 안 되겠다. 말로 해선 안 되겠고 영화 한 편을 보는 게 좋겠다. 내 노트북에 있으니까 같이 보자꾸나."

"무슨 영환데?"

"너처럼 어린 주인공이 도를 찾아 떠나는 이야기. 불교란 무엇인지, 원효가 누구인지 이해하는 데 도움이 될 거다. 제목은 〈화엄경〉. 오케이?"

세 번째 이야기

신라 천재 최치원의 좌절

　영화 〈화엄경〉을 보기 위해 노트북을 열자, 토리는 역시 아자씨는 4차원 입체 강의 작가 어쩌고저쩌고하며 킬킬거리더니 영화가 시작되자 다소곳이 영화에 집중했다. 부처의 말씀이 담겨 있는 영화여서 이해하자면 한도 끝도 없이 어렵지만 줄거리는 무척 단순하다.

　포대기에 싸여 버려진 선재라는 사내아이가 자기를 길러 준 아버지가 죽자 어머니를 찾아 나선다는 내용이다. 선재는 어머니를 찾으러 다니는 동안 원효 같은 파계승, 평등 사상을 지키기 위해 40년 동안 감옥에 갇혀 지내는 장기수, 장돌뱅이, 눈먼 여가수, 어린이 별 박사, 등대 할아버지 등을 만나 '도'란 무엇인지 묻는다. 그러던 어느 날 선재는 강물에 빠져 의식을 잃고 꿈속에서 어머니를 만나 마침내 깨달음을 얻은 뒤, 더 이상 어머니와 도를 찾지 않는다. 그 깨달음이란, 흐르는 것을 좇으라는 것.

영화를 보는 내내 토리는 모니터 속으로 빨려 들어갈 듯 영화에 집중했다. 하긴 지구에 와서 영화라는 걸 처음 볼 테니 그럴 만도 하지. 그런데 영화가 끝나자 토리 표정이 조금 슬퍼 보였다.

"영화가 재미없어서 그래?"

"아니."

"그럼 왜?"

토리는 여전히 시무룩한 채 대답이 없었다. 나는 분위기를 띄워 보려고 농담을 던졌다.

"선재가 엄마 찾아 나선 거 보고 엄마 생각나서 그러냐? 우쭈쭈."

순간, 토리가 눈을 동그랗게 뜨고 나를 노려봤다. 원망과 슬픔이 절반씩 섞여 있는 눈빛이었다. 뭔가 잘못됐다는 걸 깨달은 나는 일단 사과부터 했다. 그리고 다시 물었다. 왜 그런 원망 어린 눈으로 나를 바라보는지. 한참 동안 말이 없던 토리가 입을 열었다.

"어릴 때 엄마가 돌아가셨어. 병으로. 영화 보니까 엄마 생각이……."

이런, 녀석. 말을 하지. 그랬으면 이 영화 안 보여 줬을 텐데. 그래서 강의 첫날 은하철도 999 노래 부를 때 그만하라고 그 난리를 친 거였구나. 갑자기 미안한 생각이 들었다. 어떻게 수습해야 할지 난감했다.

"괜찮아, 아저씨. 날 위해서 입체 강의 준비해 준 건데 내가 고맙지."

괜찮기는 녀석아, 내가 안 괜찮다.

"토리야, 은하철도 999 노래 불러서 미안하다. 너한테 그런 아픔이 있는지 모르고……. 하지만 힘내. 엄마 찾아 나선 〈화엄경〉의 선재나 은하철도 999의 철이처럼 너도 언젠가 깨달음을 얻게 될 거야. 그래서 네가 여기까지 오게 된 건지도 모르고."

나는 분위기를 바꿔야겠다고 생각했다. 그래서 최치원 이야기를 들려주기로 했다.

"토리야, 아저씨가 너처럼 똑똑하고 용감한 신라 천재 이야기를 해 줄게."

"내가 똑똑하고 용감하다고?"

토리가 언제 그랬냐는 듯 밝은 표정으로 눈을 동그랗게 떴다. 역시 애는 애가 보다.

"그럼. 이 먼 지구까지 한국사 탐구하러 왔으니 얼마나 용감하고 똑똑하냐. 지금 얘기하려는 사람도 너처럼 어린 나이에 큰 뜻을 품고 먼 길을 떠났던 사람이다. 누구냐 하면, 통일 신라 시대 최고의 유학자이자 대문장가이며 개혁에 뜻을 두었다가 좌절한 뒤 끝내 자연으로 돌아간 최치원."

나는 최고의 문장가 최치원 이야기를 시작했다.

통일 신라 시대 때 천재 소릴 듣는 아이가 있었단다. 아이의 이름은 최치원(857~?). 이 아이는 네 살 때 이미 글을 깨우쳐 열 살에는 사서삼경을 좔좔 읽었지. 사서삼경이란 《논어》, 《맹자》, 《대학》, 《중용》 유교 책 네

권과 《시경》, 《서경》, 《주역》 세 가지 경전을 말해. 그렇게 어려운 유학 책을 열 살 때 읽었다는 건 보통 사람으로는 하기 어려운 일이지.

아이의 재능을 일찍 알아본 아이의 아버지는 아들이 열두 살이 되던 868년 어느 날 아들에게 말했어.

"당나라로 유학을 떠나거라."

아버지는 떠나는 아들에게 다음과 같이 당부했단다.

"가서 10년 안에 과거에 합격하지 못하면 너는 내 아들이 아니다."

통일 신라 시대에는 새로운 학문인 유학을 배우기 위해 당나라로 유학 가는 게 유행이었어. 많을 때는 한 해에 200명이 넘는 신라 유학생이 당나라로 가기도 했지만, 열두 살 어린이에게 내린 미션치고는 좀 과하지 않았나 싶다. 아마 최치원의 아버지는 아들의 재능이 뛰어나기도 했지만, 재능이 아무리 뛰어나도 진골 귀족이 아니면 신라에서 출세하기 어렵다고 판단해 일찌감치 아들을 국제 무대로 진출시키려던 게 아니었을까 해.

최치원은 아버지를 실망시키지 않겠다는 다짐을 하며 당나라 유학길에 올랐단다. 당나라에 도착한 소년 최치원은 정말 열심히 공부했어. 졸음을 쫓기 위해 상투를 매달고 가시로 살을 찌르며 남들이 백을 하면 자기는 천을 할 정도로 아주 열심히 학문을 닦았지.

이러한 노력 덕분에 최치원은 아버지와 약속한 10년보다 4년을 앞당긴 6년 만에 외국 유학생을 위한 과거 시험에서 당당히 장원으로 합격했단다. 이때 최치원 나이가 열여덟 살이었어. 과거에 합격한 이후 최치원은 당나라 관리로 승승장구했어.

그러던 어느 날 최치원은 874년 당나라에서 황소의 난이 일어났을 때 반란을 진압하러 가는 관리의 종사관으로 발탁됐단다. 종사관은 참모 구실을 하는 부하를 말해. 최치원은 반란군 진압 작전에 참가해 황소를 토벌하는 내용의 〈토황소격문〉을 지었어. 대략 이런 내용이야.

"황소, 온 천하 사람이 너를 죽이려 할 뿐 아니라 지하의 귀신들까지 너를 죽이려 작전을 짜고 있다. 너는 황소처럼 미련한 짓을 하지 말고 일찍 기회를 보아 잘못을 고치도록 하라."

전선에 따르면 이 글을 읽던 황소가 침상에서 굴러떨어졌다고 해. 황소가 어떻게 글을 읽냐고? 토리야, 여기서 말하는 황소는 누렁이 황소가 아니라, 황소라는 이름을 가진 사람이란다. 황소의 난이 진압된 뒤 당나라 사람들은 "황소를 격퇴한 것은 칼이 아니라 최치원의 문장이었다."며 최치원을 칭송했어. 동아시아 격언에 붓은 칼보다 강하다는 말이 있는데, 이 말은 최치원 때문에 생긴 말이라는 전설이 있지. 믿거나 말거나.

당나라 관리로 승승장구하던 최치원이었지만 그에게도 말 못 할 고민이 있었어. 그건 바로 고국 신라에 대한 향수였지. 어느 가을날 지은 시 한 편이 당나라 시절 최치원의 심정을 제대로 보여 주고 있어. 들어 볼래? 제목은 〈추야우중〉, 가을밤 비는 내리고. 흠흠.

> 가을바람에 괴로이 읊나니
> 세상에 나를 아는 이 적구나
> 창밖엔 쓸쓸히 밤비 내리는데
> 등 앞의 외로운 마음 만 리를 달리네.

어때? 비 내리는 가을밤 고국을 그리워하는 청년의 쓸쓸함이 절절하게 느껴지지 않니? 내가 타국 생활을 좀 해 봐서 아는데 고국을 그리워하는 향수, 이거 장난 아니다. 아마 토리 너도 먼 타행성에 와 있으니 그 심정을 모르지 않을 거다. 결국 최치원은 신라에 사신으로 올 기회가 있었는데, 그때 아주 귀국해 버렸어. 그때가 최치원 나이 28세 때인 884년이야.

신라로 돌아오는 배에서 최치원은 다짐했을 거야. 신라로 돌아가면 그동안 갈고닦은 학문 실력과 행정 경험을 살려 신라를 발전시키는 데 이바지하겠다! 하지만 최치원을 기다리는 건 골품제라는 신분제의 높은 벽이었단다.

884년 오랜 타국살이를 마치고 귀국한 최치원은 한림학사라는 벼슬을 얻어 관리 생활을 시작했어. 그가 맡은 업무는 뛰어난 문장가답게 당나라에 보내는 외교 문서를 작성하는 일이었지. 하지만 의욕적으로 일하던 최치원은 곧 그 일을 그만두어야 했어. 자기를 발탁한 헌강왕(신라 제49대 왕)이 갑자기 죽는 바람에 지방 군수 자리로 밀려났는데, 여기에는 최치원의 말 못 할 사정이 있었어. 최치원은 어느 자리에선가 자기가 지방 관직으로만 돌게 된 이유를 다음과 같이 말했어. "귀족들의 시기와 질투가 심해서 도저히 일을 할 수가 없다." 당나라에서 이름을 날리던 최치원이 신라 정계에 들어오자 예상대로 귀족들이 그를 시기하고 배척했던 거야.

당시 신라는 통일이 된 지 2백여 년이 지난 뒤였는데 여러 가지로 문제가 많았어. 중앙에서는 진골 귀족들이 서로 왕이 되겠다며 왕위 쟁탈전을 벌이고, 6두품 출신의 관리나 지방에 세력을 둔 호족들은 그런 귀족들 때문에 불만이 많았지. 귀족들의 수탈에 시달리던 농민과 천민들은 여기저기서 난을 일으키고, 한마디로 신라 말기는 신분제의 폐해와 귀족들의 횡포로 붕괴 직전이었어.

이런 상황에서 지방 관직을 떠돌던 최치원은 한 번 더 나라를 개혁하겠다는 뜻을 품고 진성여왕에게 정치 개혁에 관한 건의문을 올렸어. 이른바 '시무 10조'라는 개혁안이었어. 시무 10조의 내용이 전해지지 않아 잘 모르지만, 아마 신라의 최대 모순인 신분 제도를 개선하고 인재를 고루 등용해 무너져 가는 신라를 개혁하려는 내용이었을 거야. 진성여왕은 최치원의 건의를 받아들이고 최치원에게 6두품이 오를 수 있는 가장 높은 관직인 아찬에 임명해 힘을 실어 주었단다.

하지만 이번에도 진골 귀족들의 반발이 만만치 않았어. 결국 최치원은 신라 개혁의 뜻을 이루지 못하고 두 번째 좌절을 겪으며 물러나야 했지. 이후 최치원은 여기저기를 떠돌아다니며 책을 썼어. 그러다가 말년에 해

인사에 들어가 신선이 되었다고 해.

❀

"토리야, 최치원의 꿈과 좌절 이야기 재미있었냐?"

"너~무 재미있었어. 당나라에서 성공하고 신라에서 실패한, 뭐랄까 환희와 슬픔이 동시에 느껴지는 희극적 비극이라고 할까?"

"아휴, 오버는. 비록 최치원이 품었던 뜻을 살아생전에 펼치진 못했지만, 최치원이 남긴 발자취는 너무 또렷했다. 그의 생각이 고려 시대 유학자들에게 계승됐고, 오늘날 그를 기념하는 기념관이 중국에 세워질 정도니까. 최치원 이야기는 이만할까?"

네 번째 이야기

장보고, 청해진을 부탁해!

통일 신라 시대 강의 마지막 날, 마지막 시간. 나는 지갑 속의 사진을 들여다보며 결의를 다졌다. 그래, 잘할 수 있어!

토리가 뭐냐며 고개를 쑥 내밀었다.

"아저씨 부인 사진이네? 나더러 우주에 데려가랄 땐 언제고, 그래도 사랑하긴 하나 보지?"

"내가 여기 와서 왜 매일 지갑 속 사진을 들여다보는지 아냐?"

"보고 싶으니까 그런 거겠지. 우쭈쭈."

"어허. 어른한테 못 하는 말이 없구나. 난 말이다, 지갑 속 아내 사진 보면서 매일매일 다짐하곤 한단다. 내가 이 사람하고도 사는데 이 세상에서 못 할 일이 뭐 있겠나."

"아자씨, 내가 한마디만 할게. 여우가 황금 머리카락 소년에게 뭐랬는지 알아? 사막이 아름다운 건 오아시스가 있기 때문이래. 있을 때 잘하셔."

"그 말이 그런 뜻이냐? 아무튼 알겠다. 빨리 본론으로 들어가자. 오늘은 통일 신라를 들었다 놓은 사람 이야기를 하겠다."

"오늘은 죄다 들었다 놨다 했던 사람만 나오네. 이차돈부터 원효, 최치원까지. 이번 주인공은 누군데?"

"장보고. 완도에 청해진을 설치해 해적을 소탕하고 동아시아 바다를 누빈 무역 왕. 이분은 정치, 종교, 학문 쪽은 아니었지만 국제 무역을 주름잡았던 보기 드문 국제인이었다."

"우왕, 엄청 궁금해지는데!"

"그렇지? 자, 그럼 해상왕 장보고 속으로 들어가 볼까?"

나는 장보고가 신라로 돌아온 이야기를 시작했다.

❀

때는 828년 어느 날 건장한 사내가 흥덕왕(신라 제32대 왕)을 찾아와 말했단다.

"왕이시여, 제가 완도에 청해진을 설치하여 해적을 소탕할 수 있도록 허락해 주십시오."

"해적을 소탕하겠다고? 무슨 이야기인지 자세히 말해 보라."

그러자 사내가 왕에게 자기 이야기를 하기 시작했어.

왕이시여, 저는 장보고라 하온데 본디 완도 부근 섬에서 태어난 미천한 자입니다. 어려서 가진 재주라고는 미역 감고 활 쏘는 재주밖에 없었습니다. 그래서 마을 사람들은 저를 '궁복'이라 불렀습니다. 활 잘 쏘는 아이라는 뜻이지요.

조금 자라 무엇을 하며 살아야 할까 고민하던 저는 고민 끝에 당나라로 가기로 결심했습니다. 같은 동네에서 자란 정년과 함께 말이지요. 정년은 저보다 나이는 어리지만 몸이 날래서 잠수를 했다 하면 50리(약 20km)를 가는 비상한 아이였습니다. 저는 정년과 함께 청운의 꿈을 안고 무역선을 몰래 얻어 탄 뒤 당나라로 갔습니다.

당나라에 도착해 보니 때마침 군인을 뽑는 무술 시합이 열렸습니다. 그래서 저와 정년은 그 시합에 응시해 당당히 합격했습니다. 우리 둘은 무령군이라는 부대의 군인이 되었습니다. 무령군이 주로 한 일은 이정기 후예의 반란을 진압하는 일이었습니다.

대왕께서도 아시는 바와 같이 이정기는 고구려 유민 출신으로 당나라 군인이었다가 그만의 작은 왕국을 건설해 당 제국과 맞선 자이옵니다. 한창일 때는 군사 10만을 거느린 막강한 지도자였지요. 그러자 당나라가 이정기의 아들들이 우두머리로 있는 반란군을 진압하기 시작했습니다. 그 작전에 저도 참여해 반란을 진압했는데, 고구려 후예 군인들을 진압하는 제 마음이 그렇게 편치 만은 않았습니다. 반란은 819년 완전히 진압되었고 저는 무령군 소장이라는 지휘관 자리에까지 올랐습니다. 하지

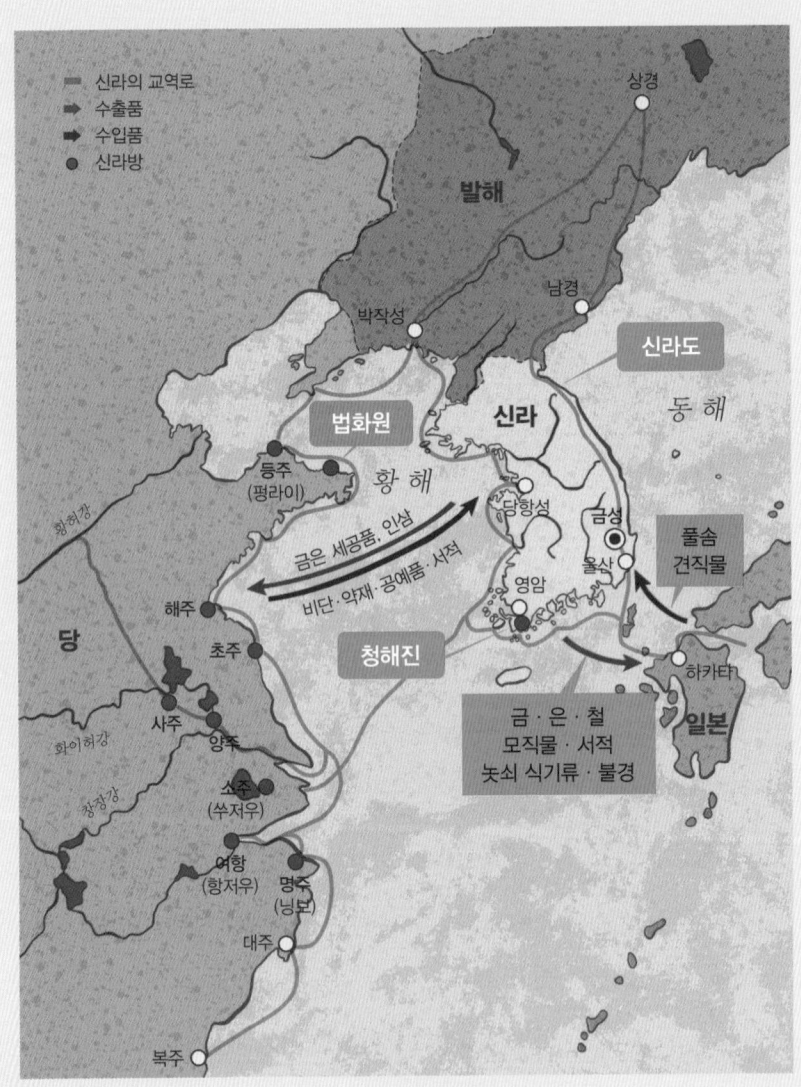

• 청해진 무역 지도

만 저는 반란군 진압 이후 군대를 나왔습니다. 하고 싶은 일이 있었기 때문입니다.

군대에서 나온 저는 산둥 반도와 당나라 동해안에 거주하는 신라인들을 많이 만났습니다. 그곳에서 저는 그들과 함께 무역업을 시작했습니다. 돈을 많이 벌었지요. 그래서 장사 규모를 더욱 키우고, 당나라에 거주하는 신라인들의 신앙 거점을 마련하기 위해 산둥 반도 적산에 법화원이라는 절도 세웠습니다. 그렇게 한창 잘나가던 저는 당나라에 처음 왔을 때 본 충격적인 모습이 떠올라 신라로 돌아올 결심을 했습니다.

제가 군인일 때 항구에 나가면 노예로 팔려 오는 사람들을 볼 수 있었습니다. 처참한 모습이 노예들이었습니다. 그 노예들은 다름 아닌 신라 사람들이었습니다. 저는 그 노예들을 볼 때마다 마음이 아팠습니다. 당 황제가 신라 사람들을 노예로 잡아 오지 못하도록 조치를 취했지만 노예 매매는 그치지 않았습니다. 저는 신라로 돌아가 신라인들을 노예로 잡아가는 당나라 해적들을 소탕해야겠다고 마음먹었습니다. 그래서 오늘 대왕을 뵈옵고 감히 완도에 군사 기지를 설치해 해적을 소탕할 수 있게 해 달라고 청하는 것입니다. 부디 허락하여 주십시오.

장보고의 보고를 다 들은 흥덕왕은 완도에 군사 기지를 설치히도록 허락하는 한편, 군사 1만을 지휘할 수 있는 지휘권도 주었단다. 그러면서 장보고를 청해진 대사에 임명했어. 대사라는 직함은 신라 1천 년 역사에서 찾아볼 수 없는데, 지역을 책임지는 총독과 같은 개념이라고 보면 돼.

장보고는 완도 일대를 '청해'라고 이름 붙였어. 해적 없는 깨끗한 바다를 만들겠다는 의지의 표현이었을 거야. 청해진을 설치한 장보고는 완도 앞에 있는 장군 섬에 성곽을 쌓고 목책을 둘러 방어 시설을 설치한 뒤, 수십 척의 배들이 정박할 수 있는 접안 시설도 만들었어. 해적을 소탕하겠다는 장보고의 말은 빈말이 아니었어. 장보고가 지휘하는 청해진 군사들은 신라의 서남해안에서 노략질을 일삼는 해적들을 소탕해 나갔어. 덕분에 당나라에 끌려가는 신라 노예들도 사라지게 되었지.

장보고는 청해진을 군사 시설과 상업 시설을 겸비한 국제 무역 기지로 만들어 나갔어. 청해진은 눈부시게 발전해 갔단다. 장보고 무역 센터에 속한 무역선이 활발하게 당나라와 일본을 오가며 물건을 사고팔았지. 당시 당나라에는 멀리 아라비아와 동남아시아, 인도에서 물건들이 들어왔는데, 장보고는 당나라 상품뿐만 아니라 이 물건들도 사다가 신라와 일본 규슈 지역 시장에 내다 팔았어. 물론 그 반대로 신라와 일본 상품들을 당나라 시장에 팔기도 했지.

장보고 선단이 가져온 물건들은 신라와 일본 귀족들에게 인기가 좋았어. 특히 금과 은으로 장식한 공예품들과 벼루, 명품 비단과 도자기 등은 없어서 못 팔 정도였지. 장보고 선단의 물건을 사들이다가 패가망신한 사람이 늘어나자 신라와 일본에서는 귀족들이 사치품 사는 것을 법으로 제한하기도 했어. 동아시아 뱃길을 장악하고 당나라와 신라와 일본을 잇는 국제 무역으로 부와 명성을 쌓아 가던 장보고는 837년 뜻하지 않은 사건에 휘말리게 된단다. 바로 신라의 왕위 쟁탈전이었어.

837년 어느 날, 금성에 있던 김우징이란 자가 장보고를 찾아왔어.

"장 대사, 얼마 전 금성에서 왕위 쟁탈전이 벌어졌소. 그 와중에 내 아버지가 죽고 나 또한 위험에 처해 이렇게 염치를 무릅쓰고 장 대사를 찾아왔소. 잠시만 나를 받아 주시오."

장보고도 모르는 바가 아니었어. 당시 신라 수도 금성은 중앙 귀족들이 벌이는 왕위 쟁탈전으로 허구한 날 시가전이 벌어졌어. 장보고가 신라에 돌아와 죽을 때까지 약 12년 동안 네댓 명의 왕이 바뀔 정도였으니 그 싸움이 얼마나 치열했는지 알겠지?

장보고는 김우징을 받아 주었어. 장보고는 그런 사람이었어. 자기를 찾아오는 사람은 거의 받아 주었지. 어려서 함께 당나라로 갔던 정년 알지? 그 정년도 받아 줬거든. 고향 후배 받아 준 게 무슨 대단한 일이냐고? 그렇지 않아. 당나라에 있을 때 두 사람은 조금 안 좋게 헤어졌어. 정년과 헤어진 이후 장보고는 국제 무역상으로 성공했지만, 정년은 군에 남았다가 해고당한 뒤 굶어 죽을 처지에 놓였지. 그때 정년이 창피함을 무릅쓰고 장보고를 찾아왔어. 그런 정년을 장보고는 기쁘게 맞아 준 거야.

김우징이 청해진에 몸을 의탁한 지 한 해가 지났을 무렵, 신라 중앙 정계에 또 한 번의 회오리가 몰아쳤어. 김우징의 아버지를 죽인 자가 이번에는 왕을 협박해 자살하게 만들고 직접 왕이 된 거야. 김우징은 때가 왔

다고 판단했어. 그래서 장보고에게 군사를 내 달라고 요청했어. 자기가 왕이 되면 장보고의 딸을 왕비로 삼겠다고 약속하면서.

장보고는 김우징의 요청을 받고 무척 고민했을 거야. 만약 군사를 보낸다면 왕위 쟁탈전에 발을 담그게 되는 거니까. 고민 끝에 장보고는 금성에 군사를 보내기로 결심했어. 장보고는 정년에게 군사 5천을 주어 김우징을 돕도록 했어. 청해진 군사들을 이끌고 금성으로 쳐들어간 김우징은 왕을 죽이고 드디어 자기가 왕이 되었어. 이 사람이 신무왕(신라 제45대 왕)인데 신무왕은 장보고에게 더 높은 직책을 주고 땅을 하사했단다. 하지만 장보고 딸을 왕비로 맞는다는 약속은 지키지 못했어. 중앙 귀족들 반발 때문에.

아까 최치원 얘기할 때 진골 귀족들이 자기들 기득권을 지키기 위해 얼마나 집요하게 개혁을 반대하고 최치원이 정계에 발을 붙이지 못하게 했는지 말했지? 장보고도 마찬가지였어. 귀족들은 미천한 섬 출신의 장사치 딸을 왕비로 맞는 게 말이 안 된다며 일제히 반대했단다. 그러다가 신무왕이 갑자기 죽는 바람에 신무왕의 아들이 왕이 됐어. 아들 문성왕도 귀족들의 반대 때문에 장보고 딸을 부인으로 받아들이지는 못했지.

귀족들은 막강한 군사력과 경제력을 가진 장보고를 차츰 위험한 인물로 보기 시작했어. 그래서 장보고를 제거하기 위한 음모를 꾸몄지. 이때 적임자로 발탁된 자가 장보고의 옛 부하였던 염장이었어. 《삼국유사》에는 염장이 귀족들의 뜻을 알고 자기가 자청해서 장보고를 제거하겠다고 나섰다는데, 귀족들이 먼저 음모를 꾸미고 염장에게 일을 시켰다고 보는 게 옳을 거야.

장보고 제거 임무를 맡은 염장이 청해진을 찾아가, 장보고에게 말했어.

"왕에게 잘못을 저지른 후 피신해 왔습니다."

장보고는 옛 부하를 따뜻하게 맞아 주었어.

그날 밤 장보고는 오랜만에 만난 옛 부하와 함께 즐겁고 편하게 술을 마셨어. 그래서 그랬을까? 그날 장보고는 빨리 취했어. 염장은 장보고가 술에 취해 정신을 차리지 못하는 틈에 장보고가 차고 있는 칼을 뽑아 들었어. 그러고는 장보고를 베었지.

장보고가 죽은 뒤 청해진은 폐쇄됐고 청해진 사람들은 지금의 김제인 벽골군으로 옮겨졌어. 그 이후 동아시아 바다를 장악해 국제 무역 활동을 벌이던 신라인의 기상은 푹 꺾였지. 결국 신라는 장보고 사후 몇십 년 뒤, 각 지방에서 일어난 지방 호족들의 봉기로 후삼국 시대로 접어들었고 곧 나라 문을 닫았단다.

당시 장보고와 교류를 나눴던 당나라 시인 두목이 이런 말을 했어. "옛말에 이르기를 나라에 한 사람만 있어도 그 나라는 망하지 않는다. 장보고가 바로 그런 사람이다." 장보고의 크기를 한마디로 집약해서 표현한 것 같아. 《삼국사기》를 지은 김부식도 김유신 다음으로 두 사람을 높이 샀는데, 한 사람이 을지문덕이고 또 한 사람이 바로 장보고였단다.

서라벌 사람들

"삼국 시대 마지막 날, 진짜 마지막 강의를 시작하겠다."

"진짜 마지막 강의라니 엄청 기대되는걸. 무슨 내용이야?"

토리가 물었다.

"오늘의 3분 특강은 산 사람들 이야기한다고 했지? 그래서 통일 신라 때 수도 경주 이야기를 준비했다. 경주의 옛 이름은 서라벌이었다. 통일 신라 때는 금성이라고 불렸지. 앞에서 신라 사람 이차돈, 원효, 최치원, 장보고가 살아온 얘기했으니까 그 사람들이 살았던 서라벌이 실제로 어떤 모습이었는지 알면 신라를 입체적으로 이해하게 될 거다."

내 말에 토리가 눈을 동그랗게 뜨며 말했다.

"그렇게만 된다면 금산천화지."

"금산천화? 금산천화가 무슨 말이야? 넌 어떻게 하는 말이 다 조금씩 빗나가냐? 금산천화가 아니라 금상첨화(錦上添花)야. 비단 금, 위 상, 더할 첨, 꽃 화. 비단 위에 꽃을 더한다는 뜻으로 좋은 일 위에 더 좋은 일이 더해진다고 할 때 쓰는 말. 맞지?"

"방구!"

"방구?"

"정답이라고."

"어디서 당나귀 방귀 뀌는 소릴 하고 있어. 그럴 땐 빙고! 라고 하는 거야!"

"우이씨, 몰라. 빨리 서라벌 이야기나 들려줘."

"하하하, 알았다. 오늘의 생활사 3분 특강, 실크로드의 동쪽 끝, 최첨단 국제도시 서라벌 이야기를 시작하마."

나는 1천 년의 역사가 살아 숨 쉬는 경주 이야기를 시작했다.

※

경주는 우리나라에서 최고 오래된 도시 가운데 하나야. 신라 역사가 1천 년인데 그 기간 동안 신라 수도 구실을 해서 경주를 천년 고도라고 불러. 1천 년 역사를 간직한 고대 도시라는 뜻이지. 외국에도 그런 도시가 꽤 많아. 중국의 시안, 그리고 일본의 교토도 경주 같은 도시야. 그리스 아테네나 이탈리아의 로마, 이라크의 바그다드, 이집트의 알렉산드리아도 찬란한 고대 문화를 간직하고 있는 도시로 유명해.

아까도 말했지만 경주의 원래 이름은 서라벌이었어. 신라 초기에 서라벌로 불리다가 금성으로, 그리고 신라가 망한 이후부터 경주로 불렸지. 서울이란 지명이 서라벌에서 왔다는 사실도 기억해 둬라.

• 천년의 고도 경주 시내와 경주 사람들이 소원을 빌었다는 남산의 석탑. ⓒ 경주시

서라벌의 특징을 한마디로 말하면 불교 도시라고 할 수 있어.《삼국유사》에 나오는 말인데 당시 서라벌엔 절들이 밤하늘의 별처럼 퍼져 있고 탑들이 기러기가 줄지어 날 듯 서 있었대. 열 집 건너 절이 하나씩 있었다고 하니 절이 얼마나 많았는지 알 만하지?

서라벌 시내뿐 아니었어. 경주 남산엔 수많은 절과 불상이 있어서 경주 사람들이 남산에 올라 소원을 빌었다는구나. 한번 상상해 봐라. 아파트 30층 높이의 황룡사 9층 목탑과 그에 견줄 만한 분황사 탑이 서라벌 시내에 우뚝 서 있는 모습을 말이다. 나는 상상만으로도 숨이 막힌다.

경주는 또 바둑판 모양으로 디자인 된 고품격 명품 도시였어. 서라벌 시내엔 초가집이 한 채도 없고 모두가 기와집이었어. 그 기와집 가운데는 건물 기둥이나 모서리에 금이나 은으로 된 장식품을 붙인 금입택이 39채나 있었지. 그런 귀족들 저택에서 밥을 지을 땐 최고급 연료인 숯으로 밥을 지었대. 연기 나지 말라고.

서라벌은 또 최첨단 유행 상품이 넘쳐나는 국제적인 상업 도시였어. 서라벌에는 시장이 세 군데 있었는데 그곳에서 당나라와 일본, 멀리 아라비아에서 건너온 희귀한 상품들이 사고 팔렸지. 통일이 되고 난 뒤로 영토가 넓어지고 세금이 더 많이 걷히고 서라벌 귀족들 토지가 늘어나자, 많은 상품이 서라벌로 몰려들면서 서라벌은 신라에서 가장 화려한 상업 도시이자 소비 도시가 됐어.

서라벌 귀족 부인들은 장보고 선단이 당나라와 일본으로부터 수입한 물건에 사족을 못 썼대. 금은 공예품이며 금은제 벼루 받침, 은으로 만든 수저와 찻잔, 옥으로 만든 목걸이 등을 무척 좋아했지. 어느 정도였냐 하면 통일 신라 후기 때 흥덕왕이 서라벌 귀족들에게 사치품 금지령을 내렸을 정도래.

지금도 경주에는 기와집이 많아. 그래서 경주에 가면 옛 서라벌의 정취를 흠씬 느낄 수 있어. 토리 너 지구를 뜨기 전에 경주 한번 둘러보고 가라. 이것으로 장장 닷새에 걸친 고조선과 삼국 시대와 통일 신라 강의를 모두 마치도록 하겠습니다.

❀

이야기를 마치자 토리가 물었다.
"그럼 경주에 있는 기와집들이 천 년 넘은 것들이야?"
"그건 아니지. 그때 집들이 지금까지 남아 있겠냐? 다 새로 지은 거야. 하지만 첨성대나 석굴암, 그리고 분황사 탑은 그 당시에 지어진 거니까 봐 둘 만해. 자, 이제 강의를 마쳐야겠다. 닷새 동안 역사 강의를 들은 소감 한마디 들어 볼까?"
"소감이랄 건 없고, 아자씨가 강의를 너무나 알차고 재밌게 해 줘서 배은이 망극할 뿐이야."
"야, 너 진짜 웃긴다. 내가 1만 5천 날 이상을 살면서 배은이 망극하단 말은 처음 들어 봤다. 고마움을 표현할 땐 성은이 망극하다 그러는 거야. 배은

망덕, 성은 망극. 알았냐?"

"아, 오늘 진짜 되게 안 맞네. 빨리 끝냅시다."

"뭐 그럴 수도 있지. 아무튼 삼국과 통일 신라 강의 듣느라 고생했다. 다음은 고려 시대 이야기할 거니까 그 강의도 기대해 줘!"

나는 뒤도 돌아보지 않고 방으로 들어왔다. 처음에 끌려왔을 땐 도대체 어떻게 저 인간, 아니 저 외계 소년이랑 마주 앉아 역사 이야기를 할지 걱정했는데, 막상 통일 신라 시대까지 끝내고 나니 더 달릴 수 있을 것 같다. 오늘은 지상 최고의 편안함 밤을 보낼 수 있겠지.

여섯째 날

비행접시 타고
유적 답사

고구려 유적 **고분 벽화**
백제 최고의 조각 **마애삼존불상**
신라 건축물의 꽃 **불국사 3층 석탑과 다보탑**
백제 도래인들의 흔적 **법륭사**

고구려 유적 고분 벽화

다음 날 아침. 똑똑똑, 방문을 두드리는 소리에 눈을 떴다. 누구야, 하고 말하려다 하나 마나 한 소리라는 걸 깨닫고 문을 열었다. 문 앞에 토리가 떡 버티고 서 있었다.

나는 조금 짜증 섞인 목소리로 말했다.

"맘먹고 잠 좀 자려는데 왜 아침부터 깨우고 그래?"

"이 작가님, 오늘은 강의 안 해 줄 거야?"

아쉬울 때만 작가님이라지. 토리는 내 짜증에도 아랑곳 않고 생글생글 웃으며 아양을 떨었다. 아유, 얄미운 녀석.

"이번 주 강의는 어제 다 끝났어. 오늘은 토요일이니까 쉬어야 해. 너, 대한민국 헌법 제1조 1항이 뭔지 아냐? 대한민국은 주 5일 근무 공화국이다, 안다스탠드?"

"모른다스탠드. 나 시간 없는 거 알잖아. 제발 나 좀 삐치게 하지 마. 나 삐치면 우주 관광 시켜 버릴 거야."

"우주 관광? 가, 가자고. 나도 좋아."

"에이, 맘에도 없는 소리는. 우주 미아 될까 봐 식겁했으면서. 내가 모를 줄 알고? 그러지 말고 어디 유물이라도 좀 보여 줘. 왕 선생님은 만리장성도 보여 주고, 이집트 피라미드보다 더 큰 진시황릉도 보여 주시던데?"

왕 선생 얘기로 날 자극해 보겠다? 나는 왕 서방 얘기에 욱하려던 마음을 다잡았다.

"널 데리고 어떻게 유물을 보러 다녀. 인터넷에서 실시간 검색어 1위 할 일 있냐? 외계 소년 토리, 한국 유적지 출현 파문! 외계인이 오다니, 대박! 뭐 이런 거."

"나, 외계 소년 토리야. 날 그렇게 몰라."

그러더니 토리가 이곳에 올 때 입고 왔던 은빛 갑옷을 흔들었다. 내가 졌다. 나는 어쩔 수 없이 토리 소원을 들어주기로 했다. 하긴 나도 1주일 가까이 깊은 산속 컨테이너박스에 처박혀 있으려니 좀이 쑤시던 참이었다.

"그래, 원님 덕에 나팔 분다고, 네 덕에 콧구멍으로 인간의 향기 좀 흡입하자. 그래 뭘 보고 싶은데?"

"그거야 내가 아나, 작가님이 알지. 헤헤."

"음, 그럼 고구려 백제 신라, 세 나라 유적들 중에서 하나씩만 보는 걸로 하자."

나는 토리가 준 은빛 갑옷을 입고 고글을 썼다. 내 모습이 보고 싶어 방 안 거울을 보니 그 속에 내가 없었다. 기절초풍하시겠다. 유체 이탈도 아니고 이게 웬 난리람. 허탈한 마음으로 큰 바위 하우스에서 나와 토리의 비행접시 속으로 쑥 빨려 들어갔다.

"어디로 모실까요, 아저씨?"

"고구려부터 가 보자. 봐 두면 좋을 게 수백 가지도 넘지만 이거 하나만은 꼭 보고 가는 게 너도 좋을 테니까. 뭐냐면, 고구려 예술의 절정을 보여 주는 고분 벽화란다. 자, 평안남도 대안시로 출발!"

비행접시가 날아올랐다. 발아래로 눈 덮인 산봉우리들이 북쪽으로 길게 이어졌다. 비행접시는 빌딩 숲이 펼쳐진 도시 위를 지나고 한반도 허리를 가로지른 비무장 지대를 지나 평양 쪽으로 날아갔다. 하늘을 난 지 삼 분여 만에 우리는 평안남도 대안시에 있는 강서대묘 근처에 착륙했다.

비행접시에서 내려 강서대묘 쪽으로 천천히 걸어갔다. 한적한 농촌 길을 따라 걷는데, 드문드문 북한 주민들과 마주쳤다. 말을 걸고 싶었으나 말이 안 된다는 걸 깨닫고 포기했다. 나는 무덤이 있는 곳까지 걸으며 토리에게 고분 벽화에 대해 몇 가지 정보를 주었다.

"토리야, 아는 만큼 보인다는 말이 있으니까 잘 들어 봐. 나는 고구려가 중국과 맞먹는 강국이었다는 것도 대단하다 생각하지만, 그보다 고분 벽화 같은 뛰어난 예술품을 남겼다는 게 더 자랑스러워. 엊그젠가 생활사 3분 특강에서도 얘기했다만, 고분 벽화는 무덤 안에 그린 그림을 말해. 너도 보면 알겠지만 사신도의 그 활달한 선과 절묘한 구도를 보면 그 어떤 그림보다 훌륭하다는 걸 느끼게 될 거야. 고구려는 이거 하나만으로도 문화 강국으로 불려도 손색이 없어.

 지금 보러 가는 고분은 강서대묘야. 을지문덕이 활동하던 시대에 만들어진 것으로 추정되는 고구려 무덤이지. 이 고분에는 사신도라 불리는 그림이 네 벽면에 그려져 있어. 강서대묘의 사신도는 고구려 회화의 절정을 보여 준다는 평가를 받고 있어. 2004년 세계문화유산에 오른 아주 대단한 고분 벽화다."

 내 말이 끝날 즈음 강서대묘 앞에 다다랐다. 우리는 조심조심 무덤 안으로 들어갔다. 무덤방에 이르는 연도를 따라 들어가자 우리 집 안방 크기만 한 방이 나타났다. 그 방 네 벽면에 말로만 듣던 사신도가 파노라마처럼 펼쳐져 있었다. 나는 순간 숨이 멎는 줄 알았다. 과연 사방에 그려진 용과 호랑이와 주작과 현무가 당장이라도 무덤을 뚫고 나갈 듯한 자세로 버티고 있었다. 나는 사신도를 한참 동안 멍하니 바라보다가 토리를 불렀다.

 "토리야, 봐라. 이게 바로 고구려 고분 벽화 중에서도 최고 걸작으로 꼽히는 강서대묘 사신도다. 사신도가 뭐냐면, 동서남북 네 방위를 지키는 신령한 동물을 그린 그림이다. 저기 동쪽 벽에 보이는 게 청룡인데, 사신도 중에서도 최고 작품으로 꼽히는 그림이지. 저 부릅뜬 눈, 불길처럼 내민 혀, 네 다리를 뻗쳐 금방이라도 날아오를 듯한 힘찬 기세. 캬, 보고 있냐, 토리?"

 토리는 내 설명을 들으며 눈을 깜빡여 신체에 내장된 망막 카메라로 청룡의 모습을 찍고 있었다.

 "좌청룡을 봤으니 이제 우백호를 봐야겠지. 저기 서쪽 벽에 있는 게 청룡

• 동쪽을 지키는 청룡(위쪽), 왼쪽부터 서쪽을 지키는 백호, 북쪽 벽을 지키는 현무, 남쪽을 지키는 주작.

과 쌍벽을 이루는 백호다. 흰 호랑이란 뜻이지. 그런데 이 호랑이는 단순한 호랑이가 아니야. 두 날개를 펴고 구름을 차고 달리는 신령한 호랑이지. 흰 색 몸과 붉은 날개, 저 간결한 색의 조화. 캬, 이렇게 대단한 백호라니."

"캬 좀 그만해 침 튀어."

"흠흠, 알겠다. 다음은 남쪽 벽에 있는 주작. 주작은 붉은 봉황을 형상화한 그림이다. 어떠냐, 산봉우리를 발아래 두고 두 날개를 활짝 펴고 나는 한 쌍의 주작, 황홀하지 않니? 마지막으로 북쪽 벽 좀 봐. 북쪽을 지키는 신이 바로 현무라는 거북이야. 거북이와 그 거북의 앞뒤 다리 사이를 지나 등 위로 반원을 그리다가 머리를 돌려 거북과 마주 보는 저 뱀의 살아 있는 듯한 눈매. 캬, 내 짧은 혀로 더 이상 떠든다는 건 시간 낭비 같구나. 네가 보고 직접 느껴라."

토리는 화강암으로 된 무덤방의 네 벽을 만져 보고, 그 위에 그려진 청룡과 백호와 주작과 현무의 모습을 망막 카메라에 담았다. 무덤방을 나가려는데 문득 생각나는 게 있었다. 50년 전 바로 이곳에 와서 저 사신도를 보았던 한 음악가. 어머니가 지리산 위를 나는 태몽을 꾸고 그를 낳았다는 세계적인 음악가 윤이상. 나는 한마디 덧붙이지 않을 수 없었다.

"독일에서 활동한 세계적인 음악가 윤이상이 1963년 이곳을 다녀갔단다. 윤이상은 살아서 꿈틀대는 듯한 사신도를 보고 깊은 감동을 받았지. 하지만 사신도를 본 대가가 너무 컸어. 남한 정부가 유럽에서 활동하는 예술인과 지식인을 간첩으로 조작하는 동베를린 사건을 만들었을 때, 윤이상도 간첩

혐의를 받고 끌려갔다. 북한에 있는 사신도를 보았다는 이유로. 차가운 감방 안에서 죽음의 문턱을 넘나들던 윤이상은 사신도에서 받은 영감을 떠올리며 머릿속으로 곡 하나를 썼지. 〈죽음을 노래하다〉라는 곡인데 자신의 처지를 닮은, 날아오를 듯 날아오르지 못하는 상처 입은 용을 형상화한 곡이었대.”

내 말을 듣던 토리가 조금 슬픈 표정을 지었다.

우리는 무덤을 나와 다시 비행접시를 타고 쑥 날아올랐다. 토리가 고분 벽화를 본 느낌이 어떤지 궁금했다.

“어때, 고분 벽화 괜찮았어?”

“잠자는 숲 속의 아저씨 깨워서 오길 참 잘했어. 그렇게 환상적인 그림은 태어나서 처음 봐. 우리 속담에 백 번 보는 것보다 한 번 만져 보는 게 낫다는 말이 있는데, 청룡과 백호를 직접 만져 보기까지 했으니, 너무 감동적이야.”

“토리, 너 말 많이 늘었다. 아무튼 감동받았다니 다행이다. 고구려 회화를 봤으니 옛 백제 땅으로 가서 백제 최고의 조각을 만나 볼까? 마애삼존불이 있는 충남 서산으로 출발!”

백제 최고의 조각 마애삼존불상

비행접시는 온 길을 되짚어 멀리 바닷가가 보이는 충청남도 서산 가야산 계곡에 내렸다. 계곡 입구에 산 위로 난 계단이 보였다. 우리는 한 계단 한 계단 위로 올라갔다. 그런데 도리가 숨을 헉헉대디니 나를 잡아끌었다.

"힘들어. 왜 이렇게 힘들게 걸어가?"

"그럼 계단을 걸어가지 기어가?"

내 말이 끝나기 무섭게 토리가 내 손을 잡았다. 그러더니 내 손바닥에 있는 단추를 눌렀다. 그 순간 내 몸이 붕 떠올랐다.

우리는 3미터가 넘는 바위 절벽 앞에 무사히 착륙했다. 그 절벽에 새겨진 마애삼존불 앞에서 절을 하는 사람들이 보였다. 나는 넉넉한 웃음으로 우리를 바라보는 삼존불 앞에 서서 잠시 숨을 골랐다.

"이 앞에 있는 조각이 서산 마애삼존불이란다. 풀어 보자면, 바위 벼랑에 새긴 세 부처님이란 뜻이야. 7세기 초쯤 백제인이 새긴 거라고 하는데, 이곳 서산에 있는 삼존불은 다른 마애삼존불과는 좀 다른 특징이 있단다. 다

• '백제의 미소'라 불리는 서산 마애삼존불상.

른 불상의 부처님들은 거의 모두 눈을 가늘게 뜬 모습인데, 서산 마애삼존불은 눈을 동그랗게 뜨고 웃고 있어. 그래서 이 삼존불을 '백제의 미소'라고 불러. 자세히 보렴. 마치 백제 남자의 모습을 한 부처님이 온화하게 웃고 있는 거 같지 않니? 아마 이 불상을 새긴 조각가는 자기가 생각하는 이상적인 부처님을 인도에서 태어난 부처의 모습이 아니라 백제 서민의 모습을 한 친근한 모습으로 새기고 싶었던 것 같아. 나는 이 불상을 볼 때마다 마음이 편안해지고, 그러다가 살며시 웃게 되곤 해."

구름에 가렸던 해가 나타나 삼존불을 비추자 웃는 모습이 더욱 환하고 또렷해졌다. 토리는 고분 벽화를 볼 때 그랬던 것처럼 눈꺼풀을 깜박이며 마애삼존불 모습을 카메라에 담았다. 토리의 표정으로 보아 감동을 한 사발 정도 먹은 듯했다. 삼존불 앞에 한참을 서 있던 토리가 내게 물었다.

"그런데 가운데 있는 부처님 말이야. 왜 오른손은 들고 왼손은 내리고 있는 거야?"

"오우, 제법인걸. 그런 걸 궁금해하다니. 말해 줘 봐야 너한테 어려울 거 같아서 얘기 안 하려고 했는데 물어보니 해 줘야겠다. 가슴까지 들어 올린 오른손은 중생의 두려움을 없애 주는 의미인데, 좀 어려운 말로 시무외인이라고 해. 아래로 내린 왼손은 중생의 소원을 들어주는 의미인데, 여원인이라고 하지. 시무외인 여원인."

우리는 마애삼존불을 뒤로하고 내려왔다. 토리가 다음엔 어디로 가냐고 물어서 나는 신라의 천 년 고도 경주로 간다고 했다.

"삼국 가운데 불교문화가 가장 융성했던 나라가 신라라고 귀가 따갑도록 얘기했지? 신라 사람들은 수도 금성을 부처님의 나라, 즉 불국토로 만들려고 했어. 그 염원이 담긴 곳이 바로 불국사야. 불국사에 가서 신라 건축물의 꽃인 불국사 3층 석탑과 다보탑을 감상해 볼까?"

신라 건축물의 꽃 불국사 3층 석탑과 다보탑

 서산에서 출발한 우리는 경주 불국사 근처에 내렸다. 불국사 경내에 들어서자 한겨울인데도 사람들이 제법 많았다. 우리는 사람들 사이를 유유히 걸어 계단으로 된 다리 아래 섰다.
 "토리야, 설마 이 계단도 못 올라가겠다는 건 아니겠지? 청운교 17계단, 백운교 16계단 모두 33개밖에 안 되니까 걸어가자."
 내 말에 토리는 눈을 깜박했다.
 청운교와 백운교를 지나 자하문을 통과하자 대웅전이 눈앞에 나타나고 그 앞 왼쪽에 불국사 3층 석탑이, 오른쪽에 다보탑이 보였다. 나는 3층 석탑 쪽으로 천천히 걸으며 토리에게 탑 이야기를 들려줬다.
 "어제 내가 김대성 얘기했나? 안 해 줬다고? 그럼 들어 봐. 김대성은 전생의 부모를 위해 석굴암을, 현생의 부모를 위해 불국사를 지었어. 여기 있는 다보탑과 불국사 3층 석탑도 그 당시 세운 건데, 화려해 보이는 다보탑과 소박해 보이는 3층 석탑이 묘한 대조를 이루지. 한번 보렴. 다보탑이 훨

• 불국사 경내 대웅전 뒤편에 있는 무설전. ⓒ경주시

씬 그럴듯해 보이지 않니? 하지만 3층 석탑은 단순하고 간결한 매력이 있어. 게다가 다보탑엔 없는 슬픈 전설을 품고 있지."

 슬픈 전설이라는 말에 3층 석탑을 올려다보던 토리가 고개를 돌려 나를 바라봤다.

 "잘 들어 봐. 불국사 3층 석탑은 별명이 있는데, 그게 뭔지 아니? 무영탑(無影塔)이야. 없을 무, 그림자 영. 그림자가 없는 탑이란 뜻이지. 이 탑에 그림자가 안 생기는 사연이 있단다. 이 탑을 세울 때 김대성이 백제 장인 아사달을 불러왔어. 조각이나 건축 하면 백제를 제일로 쳤거든. 불국사 건축 현장에 온 아사달은 열심히 3층 석탑을 만들었단다. 그러던 어느 날 남편이 일을 끝내고 돌아오기만을 기다리던 아사달의 아내, 아사녀가 기다리다 못해 이곳으로 남편을 찾아왔지. 아사녀를 만난 아사달은 조금만 있으면 탑이 완성될 거라며, 탑이 완성되면 저기 연못에 그림자가 비칠 테니 그때까지 기다리라고 했어. 그렇게 몇 날이 지나 탑이 완성됐는데, 웬일인지 아사녀가 바라보고 있는 연못에 그림자가 보이지 않는 거야. 낙심한 아사녀는 그만 연못에 몸을 던지고 말았단다. 그런 슬픈 이야기가 전해져 불국사 3층 석탑은 그림자가 없는 탑이라는 전설이 내려오게 되었지. 하지만 처음 전해진 이야기는 좀 달라. 아사달은 당나라 석공이고, 아사녀는 아사달의 누이였다고 해. 그런데 이 이야기를 소설가 현진건이 아사달과 아사녀를 백제 인물로 그려 놓았대. 당나라 건 백제건 슬프지 않냐?"

 토리는 진짜 슬픈 표정을 지었다. 그러더니 3층 석탑을 다시 올려다보며

• 불국사 3층 석탑. ⓒ경주시

• 불국사 다보탑. _ⓒ 경주시

말했다.

"우리 아빠가 그러셨어. 사랑하면 알게 되고 알게 되면 보이는데 그때 보이는 것은 전과 같지 않다고. 아자씨한테 아사달 아사녀 이야기를 듣고 보니까 탑이 달라 보여. 뭔가 슬픈 기운이 쫙 뿜어져 나오면서 정말 그림자도 안 보이는 것 같고."

"토리야, 그림자가 안 보이는 건 해가 져서 그런 거야."

토리는 그런가 하는 표정으로 고개를 갸우뚱했다. 나는 웃음이 나올 것 같았지만, 토리의 표정이 너무 진지해 보여 웃을 수 없었다. 우리는 불국사를 빠져나와 비행접시가 있는 곳으로 걸어갔다. 걸으면서 토리에게 말했다.

"토리야, 작가의 양심상 너에게 고백할 게 하나 있다."

"뭔데? 나한테 뭐 잘못 알려 준 거라도 있어?"

"그런 건 아니고 안 보여 준 게 있어. 삼국 시대 이야기할 때 빼먹으면 안 되는 건데."

"그래? 그렇다면 봐야지."

"근데 그게, 우리나라가 아니고 일본에 있어. 그래서 가잔 말을 못 했다."

"아유, 나보고 뭐든지 다 되는 된다 토리라며. 말만 해. 어디야?"

"일본 나라현."

"오케이. 당장 갑시다. 출발~."

그길로 우리는 해 지는 노을을 뚫고 일본 땅으로 날아갔다.

백제 도래인들의 흔적 법륭사

현해탄을 건너는 상공에서 토리가 물었다.

"근데 일본엔 왜 가는 거야? 일본 역사라면 나카무라 상한테 들어서 내가 꽉 꿰고 있는데."

"어련하시겠냐. 그런데 나라와 교토에는 삼국 문화의 흔적이 꽤 많아. 네가 그걸 봐야 삼국 시대 한반도와 일본의 문화 교류를 이해할 수 있다. 삼국 시대에 일본으로 건너간 한반도 도래인이 일본 문화에 어떤 영향을 끼쳤는지 그곳에 가서 자세히 설명해 줄게. 도래인은 앞에서도 말했지만, 일본 사람들이 바다를 건너온 사람들이라고 해서 백제인들을 그렇게 불렀어."

어느새 일본 열도에 도착했다. 우리가 먼저 찾아간 곳은 나라현에 있는 한 절이었다. 나는 절 안을 천천히 걸으며 말했다.

"며칠 전 백제 근초고왕 강의할 때 백제가 왜와 밀접한 관계를 맺었다고 한 거 기억하냐? 이곳이 바로 그 흔적이 남아 있는 법륭사라는 절이다. 일본에선 호류지라 부르지. 이 절은 한반도에서 건너온 백제와 신라 장인들이

• 일본 법륭사의 금당과 5층 목탑.

세웠다고 알려져 있다. 저기 5층 목탑 보이지? 저 탑이 호류지 5층 목탑인데 백제 장인들이 세운 탑이라고 해. 탑 하면 백제, 백제 하면 탑, 답이 나오지? 이곳엔 백제관음상이라는 불상도 있어. 그건 뭐 이름만으로도 백제인이 만들었다는 걸 알 수 있지. 그리고 저기 보이는 건물, 저 건물이 세계에서 가장 오래된 목조 건물로 알려진 금당인데, 저 금당 안에 고구려인의 흔적이 남아 있단다."

나는 토리를 데리고 금당 안을 둘러보았다.

"벽화 보이지? 저 벽화가 바로 고구려 스님 담징이 그렸다고 전해지는 호류지 금당 벽화다. 물론 당시 벽화는 불타서 없어지고 지금 보는 것은 복원한 그림이지만 말이다. 어떠냐, 일본에 남아 있는 백제와 고구려인의 문화가 느껴지냐?"

"그럼. 팍팍 느껴지지. 나카무라 상은 왜 이런 얘기 안 해 주셨는지 몰라."

"이런 강의를 아무나 해 주냐. 4차원 입체파 작가인 나니까 해 주는 거지."

"무슨 말을 못 하겠네. 이름을 바꾸시지 그래. 이 작가가 아니라 나 작가로."

"무슨 말이야?"

"나 잘난 작가."

우리는 이런저런 농담을 주고받으며 다음 목적지로 날아갔다. 다음에 찾아간 곳은 나라 근처 교토였다.

"토리야, 지금 일본 수도가 어딘 줄 알지? 그렇지, 도쿄. 그 전에 일본 수도는 교토였어. 교토는 1천 년 동안 일본의 수도여서 일본의 고대 문화가 가장 많이 남아 있는 곳이란다. 신라 경주처럼. 자, 그럼 신라 후손들이 세웠다는 교토에서 가장 오래된 절로 가 보자."

고류지에 도착한 나는 불상이 전시된 곳으로 토리를 데리고 갔다.

"토리야 봐라. 저기 보이는 불상이 일본 국보인 목조미륵반가사유상이란다. 앉아서 생각에 잠긴 미륵불이라는 뜻인데, 일본 사람들이 무척 사랑하는 유물이지. 그런데 말이다, 저 불상이 우리나라 국보 제83호인 금동미륵반가사유상이랑 쌍둥이처럼 닮았단다."

"그렇다면 저 불상을 한국 사람이 만들었다는 거야?"

"맞아. 신라에서 만들어 일본에 전해 준 불상이지. 일본 역사책 기록에도 나와. 물론 신라가 만들어 줬는지 백제가 만들어 줬는지 아직까지 논란은 있다. 또한 한반도에서 일본으로 건너간 사람이 만들었는지, 일본인이 원료를 가져다 만들었는지에 대해 의견이 분분해. 하지만 확실한 건 한반도와 깊은 관련이 있다는 사실. 증거? 불상을 만들 때 쓴 재료가 적송이라는 나무인데, 당시 일본은 나무로 불상을 만들 때 적송을 안 썼어. 신라와 백제는 한반도에서 자라는 적송으로 불상을 조각했고."

"아저씨 말이 사실이라면 좀 놀라운데. 일본 국보가 한반도에서 건너온 거라니."

"그렇다고 우리만 잘났다는 말은 아니다. 문화라는 게 물처럼 흐르는 거여서 여기서 저리로도 가고 이리로도 오고 그런 거니까. 대륙에서 반도로,

반도에서 열도로. 하지만 중요한 건 위에서 아래로 흐른다는 사실이지. 일본은 미륵반가사유상이 신라에서 왔다는 걸 부정하기 위해 한국인의 얼굴을 한 미륵반가상을 일본인 얼굴로 성형 수술까지 시켰지만 그런다고 메이드 인 신라가 메이드인 재팬으로 변하는 건 아니겠지. 이제 그만 집으로 돌아갈까?"

★

우리는 다시 비행접시를 타고 큰 바위 하우스로 날아왔다. 모처럼 편안한 저녁이었다. 우리는 탁자에 앉아 차를 마시며 오늘 다녀온 곳에 대해 이야기를 주고받았다. 토리는 고분 벽화랑 마애삼존불이랑 불국사 3층 석탑이랑 일본에서 본 미륵반가사유상이 너무 감동이었다며 다음 주에도 유적 답사 꼭 가자고 말했다. 나는 왠지 허전한 마음에 휴대용 턴테이블을 가져다 음악을 틀었다. 감성적인 피아노 선율이 큰 바위 하우스 안에 울려 퍼졌다. 토리가 눈을 동그랗게 뜨고 귀를 쫑긋 세우더니 밝은 목소리로 말했다.

"우왕! 이 소리가 실제로 저기서 나는 거야?"

"그러~엄. 처음 보지? 이게 레코드 음반을 돌려 주는 턴테이블이라는 건데 말이다."

"나도 보긴 했어. 우리 별에 있는 고대 유물 박물관에서. 이렇게 귀한 고대 유물이 움직이는 걸 진짜 보게 되다니. 저거 가져가서 음악 틀어 주면 부자 되겠는데."

"가져가 봐야 전압이 안 맞아서 작동이나 되겠냐? 전압이 110볼트인 일본이나 미국만 가도 변압 플러그가 필요한데. 크크."

내 말을 듣던 토리가 턴테이블의 플러그를 뽑았다. 그러고는 손가락을 턴테이블에 대자 턴테이블이 돌기 시작했다.

"헤헤, 봤지? 나 외계 소년 토리야. 안 되는 게 없는 된다 토리. 그런데 지금 나오는 이 곡이 뭐야?"

"쇼팽의 〈녹턴〉이라는 피아노곡이다. 작품번호 9-2. 오늘같이 편안한 저녁에 들으면 정말 좋은 곡이지. 지구에 왔으니까 지구인이 작곡한 음악 몇 곡 알아 가는 것도 나쁘지 않을 거야. 얼마 안 있으면 너네 별로 돌아갈 텐데, 녹음했다가 우주 여행할 때 이 아저씨 생각하면서 들어 봐라."

감성적인 피아노 선율 때문일까, 아니면 돌아긴다는 말 때문일까. 갑자기 서운한 생각이 들었다. 기분이 묘했다. 유괴당한 사람이 시간이 지남에 따라 유괴범과 친밀해진다는 뭐 그런 아이러니한 심리 상태에 빠진 건가. 어느덧 레코드판 위를 돌던 바늘이 찰칵, 하고 제자리로 돌아왔다.

"내일은 진짜 쉬는 거다. 하나님도 우주 만물을 창조하실 때 일곱째 날엔 쉬셨거든. 잘 자."

토리에게 인사를 하고 방에 들어와 누웠다. 오랜 비행 때문인지 잠이 몰려왔다. 낮에 본 사신도 속 청룡과 백호와 주작과 현무가 힘차게 하늘을 날아다녔다. 환상이란 이런 거구나 생각하며 청룡, 백호, 주작, 현무의 현란한 움직임에 취해 있을 때, 문밖에서 이상한 소리가 들려왔다.

투투투투 투투투투, 헬리콥터 프로펠러 돌아가는 소리, 쿵쿵쿵쿵, 고도로

훈련된 군인들이 일사분란하게 달려가는 발자국 소리. 그 소리는 멀리서 차츰 가까이, 그리고 점점 더 또렷하게 들려왔다. 군인들의 발자국 소리에 따라 내 심장이 쿵쾅쿵쾅 뛰기 시작했다.

나는 침대에서 벌떡 일어나 거실로 뛰쳐나왔다. 이미 거실에 나와 있던 토리가 출입문을 응시하고 있었다. 누굴까? 이곳을 아는 지구인이 아무도 없을 텐데.

똑, 똑, 똑!

토리와 나는 불안한 눈빛으로 서로를 쳐다보았다.

부록

—

남북국 시대 왕계표

동아시아의 역사 변천

연표로 보는 한국사와 세계사

남북국 시대 왕계표

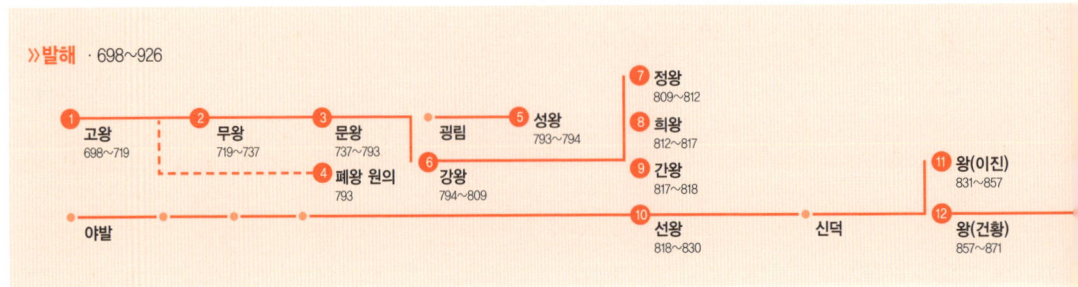

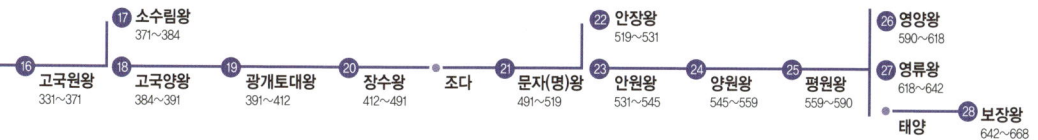

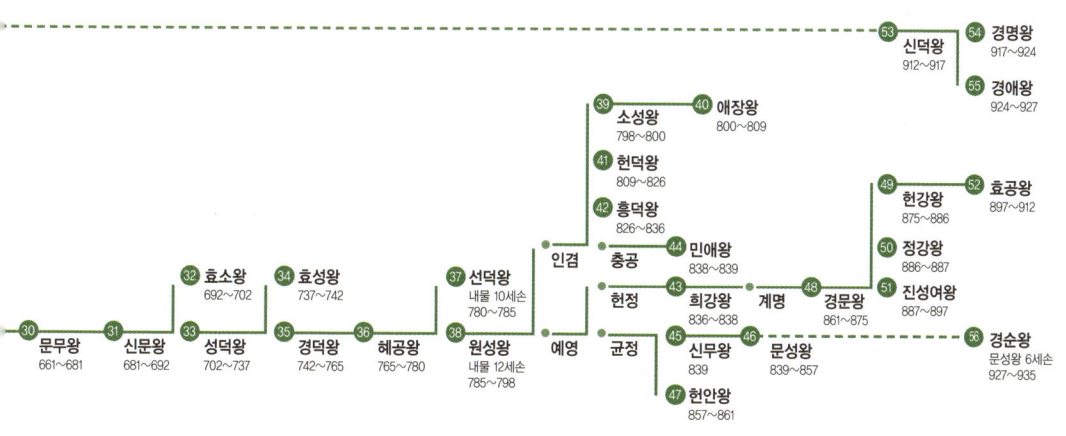

동아시아의 역사 변천

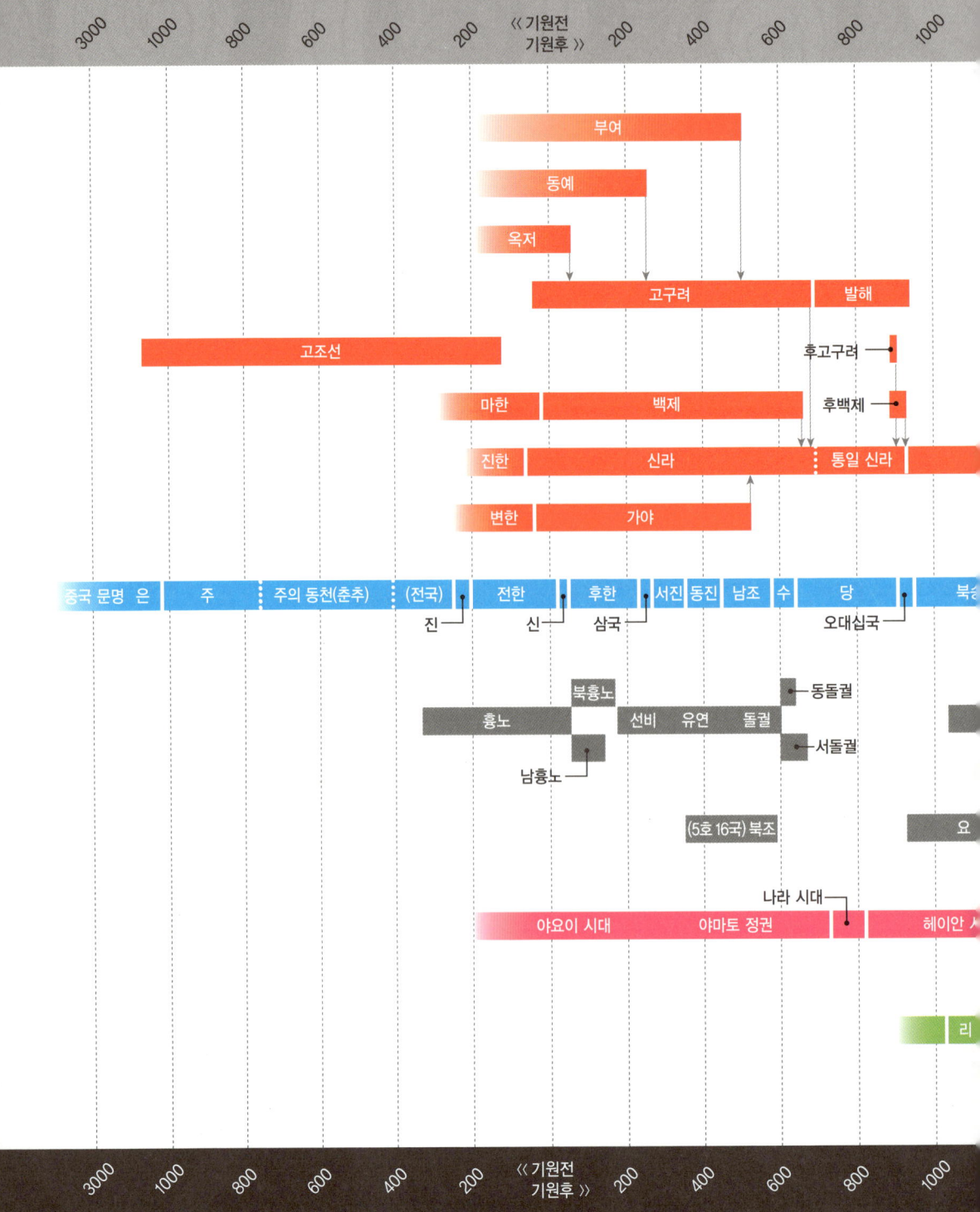

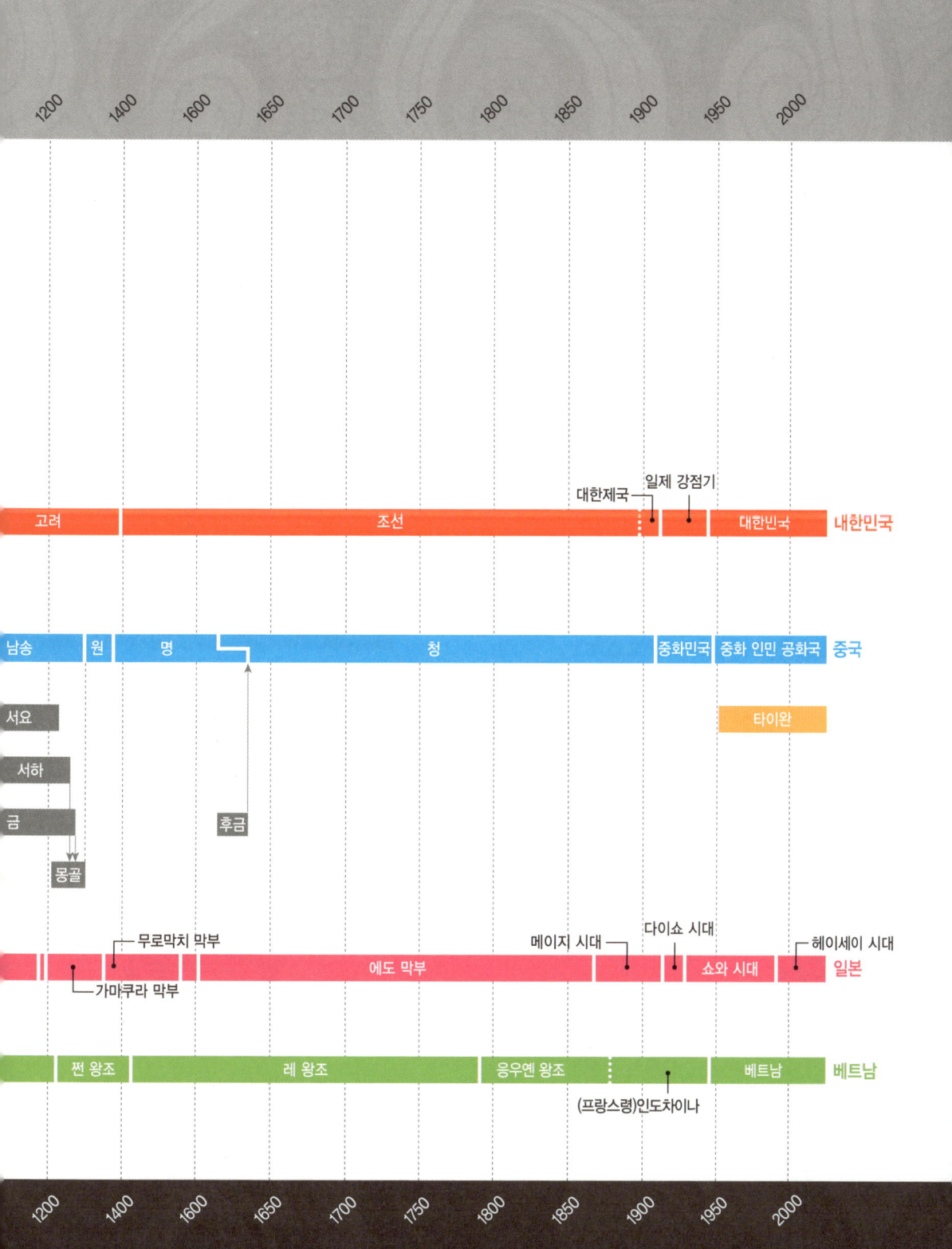

연표로 보는 한국사와 세계사

한국사

약 70만 년 전 구석기 시대 시작
약 1만 년 전 신석기 시대 시작

고조선

2333년 고조선 건국
1500년경 청동기 문화 보급

400년경 철기 문화 보급

빗살무늬 토기

194년 위만, 고조선 왕 즉위
108년 고조선 멸망, 한 군현 설치

삼국 시대

57년 신라 건국
37년 고구려 건국
18년 백제 건국

강서대묘 고분 벽화

42년 금관가야 건국

313년 고구려, 낙랑군 멸망시킴
372년 고구려, 불교 전래
384년 백제 침류왕, 불교 공인

405년 백제, 일본에 한학 전함
427년 고구려 장수왕, 평양 천도
433년 나제 동맹 성립
475년 고구려 장수왕, 백제 공격

복원된 미륵사지 석탑

세계사

메소포타미아 문명 시작	3900년경
이집트 문명 시작	3000년경
중국 황허 문명 시작 / 인더스 문명 시작	2500년경
함무라비 왕, 메소포타미아 통일	1800년경
석가모니 탄생	7세기경
공자 탄생	551년경
그리스, 페르시아전쟁 승리	479년
소크라테스 사형당함	399년
알렉산드로스 대왕, 동방 원정	334년
진시황제, 중국 통일	221년
유방, 한 건국	206년
로마, 포에니전쟁 승리	146년
중국 장건, 비단길 개척	138년경
로마 제정 시작	27년
예수 탄생	4년

↑ 기원전
기원후 ↓

후한 건국	25년
후한 멸망, 위·촉·오로 분열	220년

300

로마, 크리스트교 국교 채택	313년
중국, 5호 16국 시대	316년
게르만 민족의 대이동 시작	375년

400

중국, 남북조 시대	439년
서로마 제국 멸망	476년

사자의 서

함무라비법전

삼국 시대

494년 고구려, 부여 정복

503년 신라, 국호와 왕호 정함
520년 신라 법흥왕, 율령 반포
527년 신라, 불교 공인
538년 백제 성왕, 수도 사비로 옮김
552년 백제, 일본에 불교 전함
562년 신라 진흥왕, 대가야 정벌
598년 고구려, 수 문제의 1차 침입 격퇴

612년 수 양제의 2차 침입, 을지문덕 살수대첩 승리
642년 백제 의자왕, 신라 40여 개 성 점령
645년 고구려, 안시성 싸움 승리
648년 신라 김춘추, 당과 동맹
660년 백제 멸망
668년 고구려 멸망
676년 신라, 삼국 통일

남북국 시대

682년 통일 신라 신문왕, 국학 설립
698년 발해 건국

723년 혜초, 인도 순례길에 오름
751년 통일 신라 김대성, 불국사와 3층 석탑 건설

818년 발해, 성왕 즉위 후 '해동성국'이라 불림
828년 발해 장보고, 청해진 설치
894년 통일 신라, 최치원의 시무 10조 개혁안 좌절

900년 견훤, 후백제 건립
901년 궁예, 후고구려 건립
926년 발해 멸망

금동미륵보살반가사유상

프랑크 왕국 건설 486년

500

유스티니아누스 법전 편찬 529년
콘스탄티노플에 성 소피아 성당 건립 537년

성소피아 대성당

수, 중국 통일 589년

600

무함마드, 이슬람교 창시 610년
당 건국 618년
이슬람 기원 원년, 헤지라 622년
현장, 인도 여행〈대당서역기〉집필 629년
당, 서역 원정 658년
왜국, 국호 일본으로 개칭 670년

700

당, 현종 즉위 712년
당, 안녹산의 난 일어남 755년

800

카롤로스 대제의 대관식, 서로마 부활 800년
베르됭 조약으로 프랑크가 3개국으로 갈라짐 843년
당, 황소의 난 875년

900

당 멸망, 오대의 시작 907년
거란 건국 916년

찾아보기

ㄱ

가락국　76
가야　75~77
강서대묘　346~350
개로왕　118~127
걸걸중상　203
계백　163~171
고구려　85
고국원왕　98
고분 벽화　290, 344~350
고분　286~293
고인돌　288
고조선　33, 40, 43~44, 83, 85
골품 제도　141
관창　169
광개토대왕　104~115
구석기 시대　37
근초고왕　93~103
금동미륵반가사유상　364
금와왕　53~54
기독교　217
기벌포전투　195~197
김대성　355, 357
김우징　331, 334
김유신　154, 163~171, 192
김춘추　149~160

ㄴ

나·당전쟁　191, 196
나제 동맹　119
낙랑공주　229~235
남북국 시대　210~211
노리사치계　98

ㄷ

단군 신화　41
단군　33
당 태종　261~267
대조영　204~205
도독　203
도림　124
도침　171, 279
돌궐　135, 157
동맹　88
동북공정　214
동예　85, 87

ㅁ

마라나타　218
마애삼존불상　351~354
마한　85
말갈인　205
말갈족　205
매소성전투　191, 196
무령왕　132
무령왕릉　291
무왕　208, 269, 274~276
무천　88
문왕　208
민며느리제　87

ㅂ

박정희　52
박혁거세　69~74
발해　197~211
백제　65
법륭사　361~363
법화원　329
법흥왕　133, 218, 297~303
변한　85
복신　171, 279
부여　85, 87
불교　217
불국사 3층 석탑　355~360
불국사 다보탑　355~360

불국사　219
브론즈 에이지　82
비류　62~65
비파형 동검　83
빗살무늬 토기　81~82

ㅅ

살수대첩　257
삼국 통일　189~199
삼한　85
서동　268~276
서라벌　336~341
서옥제　87
석굴암　222~224
선왕　209
선화공주　268~276
설계두　141
설총　312
성왕　132, 134~136
세속오계　95, 169
소서노　56, 62~65
소수림왕　108, 218
소정방　166, 170
수로왕　76
순도　218
순장 제도　133

시무 10조　323
시저 → 카이사르
신라　73
신무왕　334
신석기 시대　38, 80, 82
신석기 혁명　80
십제　65

ㅇ

아사녀　357
아사달　357
아스카 문화　98
아직기　98
안시성 싸움(전투)　263~267
알영　73
야율보기　209
양만춘　249, 263
양제　250~258
연개소문　149~160,
　　　　　178~183, 263
영고　88
영양왕　251~252
오스트랄로피테쿠스　36
옥저　85, 87
온달　236~247
온조　59~63, 65

왕인　98
요석공주　312
우경법　133
우문술　253, 255~257
우중문　253~257
원술　191~193
원효　219, 306~316
위진 남북조 시대　119
위화도 회군　51
유교　217
유리　60~61
유하　53
을지문덕　248~259
의상　308~309
의자왕　165, 171
이성계　51
이슬람교　217
이차돈　296~304
임나가야　77, 96, 215
임나일본부설　114, 215~216,
　　　　　77, 96

ㅈ

장군총　290
장보고　325~335
장수왕　117~127

제천 행사 88
조공 122, 214
주몽 49~57
중앙 집권 국가 57
중화사상 214, 260
지증왕 132
진한 85
진흥왕 129~137

ㅊ

책봉 122, 214
철기 시대 84~85
청동기 시대 38, 82~83
청해진 325~326, 330
최치원 141, 317~324
칠지도 96
침류왕 218

ㅋ

카이사르 50

ㅌ

태종 무열왕 311

ㅍ

평강공주 239~247
평양성전투 177~187

ㅎ

허황옥 76
호동 228~235
호류지 → 법륭사
호모 사피엔스 사피엔스 36
호모 사피엔스 36
호모 에렉투스 36
호모 하빌리스 36
화랑 169, 195
화랑도 195
황국 사관 215
황산벌전투 163~171
흑치상지 277~285
흥덕왕 326~329
흥수아이 288